Rügen & Hiddensee

Zeit für das Beste

W0352076

Highlights – Geheimtipps – Wohlfühladressen

»Das Meer ist eine große
Verschönerung aller Landschaften.«

Karl Friedrich Schinkel,
Stadtplaner, Architekt, Maler, 1781–1841

BRUCKMANN

PALMENGARTEN

Rügen & Hiddensee

Zeit für das Beste

Carsten Dohme
Hans Zaglitsch

BRUCKMANN

Vorangehende Doppelseite: Blick auf die Seebrücke in Sellin
Oben: Seebrücke Göhren
Mitte: Peilturm in Arkona
Unten: Auf Rügen sind reich geschmückte Türen oft zu sehen

INHALTSVERZEICHNIS

Oben: Klassische Architektur in Putbus
Mitte: Steife Brise auf Rügen
Unten: Seltene Ansichten im Ozeaneum in Stralsund

DIE TOP TEN

DIE BADEORTE BINZ UND SELLIN (S. 25+58)

Die beiden wohl bekanntesten Badeorte der Insel bieten Wellness, Sport und Badespaß. Nur wenige Meter von den Strandpromenaden entfernt, gibt es exklusive Einkaufsstraßen mit Bernsteinschleifereien, Kunsthändlern und Glasbläsereien. Die weiß getünchten Bädervillen erscheinen in Sellin noch weißer als andernorts.

SCHLOSS GRANITZ (S. 44)

Wo einst die hohen Herrschaften Jagd auf Wild machten, steht Schloss Granitz. Auf der höchsten Erhebung im Osten Rügens, dem Tempelberg, weist der Turm des klassizistischen Bauwerks Wanderern den Weg. In den Kellergewölben befindet sich die alte Brennerei, die deftige Wegzehrung und selbstgebrannten Schnaps anbietet, bevor es weiter geht, immer tiefer in die Wälder der Granitz.

PRORA (S. 70)

Eine gigantische Ruine zieht sich 4,5 km die Küste zwischen Bodden und Ostsee entlang. »Kraft durch Freude« war der Leitspruch für die Errichtung des längsten Bauwerkes der Welt, in dem die Menschen zur Zeit des Nationalsozialismus Urlaub machen sollten. Für manche ein Schandfleck, für andere ein Ort der Inspiration und der Entdeckungen.

GÖHREN UND DAS MÖNCHGUT (S. 76+82)

Der Kneipkurort besticht durch seine heimelige Gemütlichkeit. Am Bahnhof beginnt die Reise mit dem »Rasenden Roland«. Die historischen Dampflokomotiven verbinden die Bäderorte und schaukeln ihre Fahrgäste durch das traditionelle Mönchgut, wo die Mönche einst ihre Güter bewirtschafteten und Bier brauten.

SASSNITZ (S. 108)

Vom letzten großen Hafen auf Rügen legen nicht nur die Fähren Richtung Skandinavien und Baltikum ab. Sassnitz ist auch das Tor zum Jasmund Nationalpark. Hinter der langen Mole liegen Restaurantschiffe vor Anker, auf denen fangfrischer Hering nach alter Tradition geräuchert wird.

NATIONALPARK JASMUND (S. 116)

Unzählige Wander- und Radwege entlang des Steilufers durchziehen das zum Weltnaturerbe ernannte Buchenwaldgebiet. Steil ragen die Kalkfelsen des Königsstuhls, der Wissower Klinken oder der Victoriasicht auf, die schon Künstler wie Caspar David Friedrich und Johannes Brahms zu ihren Werken inspirierten.

KAP ARKONA (S. 136)

Auf der einstigen Kultstätte der Slawen stehen heute Leuchttürme, die den Seeleuten den Weg in die Heimat weisen. Ein kleines Dorf schmiegt sich hier am nördlichsten Punkt der Insel Rügen in eine Schlucht an der Steilküste. Kunsthandwerker arbeiten in den alten Wirtschafts- und Wohngebäuden, die aus einer Zeit stammen, als man hier mit Fischfang und Feldarbeit noch seinen Lebensunterhalt verdienen konnte.

BERGEN (S. 182)

Auf dem Hügel einer eiszeitlichen Grundmoräne thronen die Marienkirche und die Überreste des alten Zisterzienserklosters. Zusammen mit dem Ernst-Moritz-Arndt-Turm sind sie die bedeutendsten Relikte der Backsteingotik auf Rügen. Bergen ist eine Station auf der Straße der Backsteingotik, die sich durch Dänemark, Deutschland, Estland und Polen zieht.

PUTBUS (S. 192)

Malte I. ließ hier eine fürstliche Residenz nach seinen eigenen Vorstellungen bauen. So entstand rund um das ehemalige Schloss eine sternförmig angelegte Stadt mit Badehaus und dem Hafen im Ortsteil Lauterbach. Weil vor jedem Haus eine Rose gepflanzt werden sollte, wird Putbus auch die Rosenstadt genannt.

KLOSTER AUF HIDDENSEE (S. 218)

Die Insel ohne Autos ist ein Ort, der schon Ende des 19. Jh. Magnet für berühmte Künstler und Literaten war. Gerhart Hauptmann hatte hier sein Sommerdomizil. Der Name des Ortes geht auf die Gründung eines längst zerstörten Klosters zurück.

Oben: Klippen von Kap Arkona
Unten: Formen wie sie nur die Natur erschaffen kann.

Rügen – die Sonnenscheininsel

Als wolle die Ostsee ihre schönste Insel auf einem silbernen Tablett servieren, erheben sich die strahlend weißen Klippen Rügens hoch über das Meer hinaus. Und wo die Sonne länger scheint als irgendwo sonst in Deutschland, schwimmen Schwäne in den Häfen mondäner Badeorte und tummeln sich Seehunde vor endlos scheinenden Stränden.

Rügen ist etwas ganz Besonderes in Vielerlei Hinsicht. Nirgendwo an der deutschen Küste ist die erdgeschichtliche Entwicklung einer Region so anschaulich für das Auge offen gelegt wie auf Rügen. Beim Spaziergang durch den Sand tritt man mit jedem Schritt auf fein gemahlenen schwedischen Granit, den einst die Gletscher als Felsbrocken hier ablegten. Dazwischen treiben die Reste winziger Muschel- und Schaltiere, die noch vor Jahrtausenden munter in der See umherschwammen und nach ihrem Tod in der kompakten Masse der Kalkfelsen gefangen waren.

Frost sprengte den Fels, der in das Meer stürzte und von der Brandung fein gerieben wieder an Land gespült wurde. Dazwischen finden sich Donnerkeile (Belemniten), den Kalmaren ähnliche, versteinerte Tintenfische und das Gold der Ostsee, der Bernstein.

Der Urkontinent

Vor ca. 150 Mio. Jahren, als Dinosaurier über die Erde stapften und fleißig Jagd aufeinander machten, war der europäische Kontinent noch kräftig in Bewegung. Genauer gesagt, es gab ihn noch gar nicht. Damals war er Teil von Pangaea, dem Urkontinent, erwachsen aus abgekühltem, flüssigem Magma. Daraus besteht der Kern unseres Erdballs und wie bei einem Topfkuchen im Backofen bildeten sich Risse. Pangaea zerbrach in zwei Teile, von denen der eine auf einem Bett flüssigen Gesteins nach Norden, der andere nach Süden driftete. Das nennt man im Fachjargon Divergenz. Als Folge drang basaltisches Magma aus dem Erdmantel, das wie beim Bau eines Swimmingpools das heutige Fundament der Ostsee bildet. Diese Entwicklung stellte den Beginn der Ausprägung der Kontinente dar, wie wir sie heute kennen. Während sich durch das Geschiebe der Kontinentalplatten im Norden und Süden Gebirgszüge wie die Skanden (Skandinavisches Gebirge) und die Alpen in die Höhe drückten, sich falteten, erodierten und neuerlich verschoben, blieb die Norddeutsche Tiefebene von derart gewaltigen Kräften verschont. Der Untergrund wurde von Sedimenten aus Erosionsmaterial aus den Gebirgen verfüllt, übereinandergekippt und unter dem gewaltigen Druck der eigenen Last in Gestein verwandelt. Die Kalkschichten, die wir unserer Tage aufgefaltet am Königsstuhl sehen, entstammen kurioserweise einem Meer viel weiter südlich, dessen Grund nach Norden verschoben wurde.

Oben: »Das Glück dieser Erde liegt auf dem Rücken unserer Pferde«.
Mitte: Auf der ganzen Insel lockt der Badespaß.
Unten: Blütenpracht in Vorgärten und auf Wildblumenwiesen sind keine Seltenheit auf Rügen.

Oben: Lagerfeuer sind an den meisten Stränden nur mit Genehmigung erlaubt – der Umwelt zuliebe.
Mitte: Historische Karte von Rügen
Unten: Schwäne am Meer, wo sich sonst die Möwen tummeln.

Die Eiszeit

Kaum war Ruhe eingekehrt und die Welt neu aufgeteilt, versuchte Schweden seinen Einfluss in Nordeuropa nach Süden zu erweitern, allerdings nicht in Gestalt schwer bewaffneter Soldaten. Vor etwa 700 000 Jahren begann ein Schild aus Eis von den Spitzen der Skanden die Gletscher herabzufließen und überdeckte das Land mit Geröll, Schutt, Sand und Ton. An der »Oberfläche« heute sichtbar sind die Sedimente aus der letzten Eiszeit, der Weichseleiszeit, die erst vor 10 000 Jahren endete. Erst als sich die Gletscher gänzlich aus dem heutigen Kattegat zurückgezogen hatten, wurde der Zufluss aus der Nordsee freigegeben. Es entwickelte sich, was auch heute noch so lecker vom Kutter auf dem Essteller landet, der Fischreichtum der Ostsee. Da die geologische Entwicklung kein Ende kennt, hob sich das Land nach der Befreiung durch die Last der Gletscher wieder, der Zugang zum Atlantik wurde abgeschnürt, und was heute die Ostsee ist, wurde zu einem gigantischen, mit Süßwasser gespeisten Binnenmeer. Rügen lag sozusagen wie eine Portion Kartoffelbrei auf dem Servierteller, und durch die Hinzugabe von immer mehr Soße bildete sich eine Insel. Die Gletscher schmolzen weiter und ein mehrfacher Anstieg des Meeresspiegels hat dann noch einmal die von den Gletschern geformte Landschaft und den Küstenverlauf der Insel Rügen stark verändert und die Bodden und Ausgleichsküste geschaffen, die den Rand Rügens bilden.

Jede Menge Natur

Tatsächlich scheint die Natur dieses Eiland ganz bewusst vom Festland abgetrennt zu haben. Nur so war es vielleicht möglich, die Naturlandschaften und den besonderen Schlag Menschen vor einer allzu eiligst vorgenommenen Erschließung zu bewahren. Der Inselkern, das Mutland, ist geprägt

Rügen – die Sonnenscheininsel

von landwirtschaftlich genutzten Flächen, da die Gletscher fruchtbare Böden hinterlassen haben. Moore und Salzwiesen wurden über die Jahrhunderte kultiviert und urbar gemacht. Von den einstigen Wäldern sind nach den großen Rodungen für den Schiffsbau im Mittelalter nur die Waldgebiete in der Stubnitz im Norden und im Südosten in der Granitz geblieben. Auf den kalkhaltigen Böden gedeihen gewaltige Buchen, während sich auf den sandigen Böden Kiefern ausbreiten. Die Bodden, welche die Halbinseln Jasmund, das Mönchgut, Zudar und Wittow umschließen, sowie die stark zerklüftete Ostseeküste sorgen für eine Küstenlinie von fast 600 Kilometern. Da ist viel Platz für wunderschöne (Natur-)Strände, kleine Fischerhäfen und jede Menge Urlaubsdomizile. Im Osten und am Kap Arkona bieten die Kliffe und Steilufer spektakuläre Ausblicke auf das Meer oder gegenüberliegende Küstenabschnitte und Ortschaften. Bei der unglaublichen Vielfalt wundert es dann auch nicht, dass einige Gebiete wie der Nationalpark Jasmund zum Weltkulturerbe gehören und das Biospärenreservat Südost-Rügen oder der Nationalpark Vorpommersche Boddenlandschaft im Westen und auf Hiddensee riesige Areale einnehmen, in der die Menschen versuchen, im Einklang mit der Natur zu leben. Das mussten die Bewohner der Insel ohnehin seit jeher. Denn durch das stetige Nagen der See an ihrem Land wird hier mal ein Stück abgetragen und dort als Nehrung wieder abgelagert. Schifffahrtswege müssen ständig ausgebaggert werden, damit sie befahrbar bleiben. Küsten müssen an vielen Stellen gesichert werden, damit das Meer das Land nicht, wie auf Hiddensee einst bei einer Sturmflut geschehen, teilt und fortreißt. Ein Eldorado für seltene Vogelarten und vor allen Dingen für Zugvögel wie die Kraniche, die in den vielen unzugänglichen und fischreichen Küstenbereichen perfekte Nist- und Rastbedingungen vorfinden. Und wo Fische sind,

Oben: Auf Hiddensee sind sogar die Warn- und Verbotsschilder hübsch anzusehen.
Mitte: Störche: Sie sorgen auch hier für die Nachkommen.
Unten: Das Binnenland Rügens ist agrarisch geprägt.

Oben: Die Boddengewässer bei Alt Reddevitz
Mitte: Das Pfarrwitwenhaus in Gross Zicker
Unten: Erntezeit auf der Halbinsel Mönchgut im Süden von Rügen

Ruhe herrscht und das Wasser sauber ist, dahin kommen dann auch die Seehunde zurück, wenn man nur noch Jagd mit der Kamera auf sie macht.

Die Besiedlung

So bewegend wie die naturräumliche Genese ist auch die Besiedlungsgeschichte Rügens. Wenn die Beweggründe sicherlich auch andere waren als die prachtvolle Natur der Küsten, Wälder und Bodden. Wikinger und Slawen, Schweden und Dänen, Franzosen und Preußen, sie alle haben Anspruch erhoben auf Deutschlands größte Insel. Erobert wurde das Eiland schließlich von den Touristen. Gebaut auf dem soliden Fundament des angehobenen Meeresbodens, wuchsen an der Westküste Villen empor, so weiß getüncht wie der Muschelkalk der Klippen, an denen sie errichtet wurden.

Von Riesen erbaut

Aus der Alt- und Mittelsteinzeit sind erste Zeugen menschlicher Besiedlung bekannt. Werkzeuge aus Horn und Pfeilspitzen aus Feuerstein verweisen auf die ältesten Kulturen.

Erste, für jedermann sichtbare Zeugen einer Besiedlung finden sich auf Rügen in Form von Hügelgräbern. Die Behausungen aus der Jungsteinzeit sind um die 3500 Jahre alt. Es lässt sich nicht mit Bestimmtheit sagen, ob es sich um Behausungen, Kultstätten oder Grabanlagen handelt. Fakt ist, dass die Menschen 1000 Jahre vor der Erbauung der Pyramiden in Gizeh tonnenschwere Findlinge stapelten, ohne einen Bagger zur Hand zu haben. Beeindruckend, wenn auch nicht ganz so formschön wie in Ägypten, stößt man in Wäldern, mitten auf Feldern und manchmal in den Fundamenten von Kirchen auf die grob arrangierten

Gebilde. Vielleicht stimmt ja die Sage. Riesen sollen die Erbauer gewesen sein, daher der Name Hühnengrab.

Auf Sand gebaut

Die Ranen, ein westslawisches Volk von Bauern und Fischern, haben der Nachwelt vor allen Dingen Ortsnamen hinterlassen. Namen wie Putbus (Hinter dem Holunderbusch), Sellin (Grünes Land) und Stubnitz (Stufenland) zeugen von ihren einstigen Siedlungsstätten. Tempelanlagen und Burgen waren über die gesamte Insel verteilt, aber auf Sand bzw. aus Holz gebaut, sodass sie der Eroberung durch die Dänen und der Verwitterung nicht standhalten konnten. Übrig geblieben sind nur die bis zu 10 Meter hohen und mehrere Meter breiten Wallanlagen, die den Menschen Schutz vor Eindringlingen boten, in Zeiten, als die Region noch stark umkämpft war und öfter mal den Besitzer wechselte. Erst nachdem sich das »heidnische Volk« den Dänen und damit dem christlichen Glauben unterwerfen musste, bauten Fürsten wie Jaromar I. (ca. 1141–1218) Kirchen aus Stein oder meißelten die vier Gesichter ihres Gottes Svantevit in Taufsteine, die bis heute überdauerten. Der Rugard in Bergen, die Herthaburg im Nationalpark Jasmund oder die Tempelanlagen am Kap Arkona sind nur noch für Archäologen aufzufinden und deren Fundstücke in den Museen Stralsunds zu bewundern.

Bauern auf dem Schachbrett Europa

Was hätte wohl Bruder Tuck, der treue Gefolgsmann des Robin Hood im Sherwood Forest dazu gesagt, wenn man ihn in die Wälder der Granitz oder die fruchtbaren Äcker des Mönchgut verfrachtet hätte, wo eine dänische Bruderschaft, die Zisterzienser, Kloster baute. Auf dem Mönchgut,

Oben: Sanddorn: Beliebter Rohstoff für eine Fülle von Mitbringseln
Unten: Dorfkirche von Altenkirchen

Oben: Café im reetgedeckten Haus in Middelhagen
Mitte: Das einstige Forst- und Gasthaus am Schloss Granitz beherbergt heute ein Informationszentrum des Biosphärenreservats.
Unten: Boote im Hafen von Ralswiek

wo alte Traditionen nach wie vor lebendig sind, errichteten sie Gutshöfe, Brauereien und Schulen in Gebäuden, die heute noch ein anschauliches Bild vom Treiben im Mittelalter zeichnen. Die Bauern hingegen waren der dänischen Lehnsherrschaft unterstellt. Mit Wizlaw III. (1265 oder 1268–1325) starben die slawischen Fürsten Anfang des 14. Jh. aus und die Pommern übernahmen die Ländereien, die für rund 150 Jahre in deren Hand blieben. Nach dem Ende des Dreißigjährigen Krieges, im Westfälischen Frieden, fiel die Insel dann an Schweden. Dänen und Preußen eroberten sich das begehrte Stück Land 1678 und 1715 zurück, bis die Truppen Napoleons die Insel besetzten. Als die Franzosen besiegt waren und Europa neu geordnet wurde, fiel das Land an Schweden zurück. Die hoben 1806 schließlich die Leibeigenschaft auf, bevor die Preußen 1815 die Macht übernahmen.

Der Kaperbrief

Zu jener Zeit war es durchaus üblich, dass sich Könige und Regierungen, um eigene Interessen durchzusetzen oder um den Feind zu schwächen, gern und häufig der Dienste von Freibeutern bedienten. In der Ostsee übernahmen Klaus Störtebeker und seine Vitalienbrüder diese Aufgabe. Wann er geboren wurde und wo er herkam, ist nicht bekannt. Ein Robin Hood, der es den Reichen nahm und den Armen gab, war er jedenfalls nicht. Das hieß im Klartext, ausgestattet mit einem Kaperbrief überfielen er und seine Mannen Ende des 14. Jh. im Auftrag des schwedischen Königs dänische Handelsschiffe. Einige Jahre später dienten sie bereits dem holländischen König, der Störtebeker einen Kaperbrief gegen die Hanse ausstellte. Wie sich herausstellen sollte, war es ein großer Fehler gewesen, diesen anzunehmen. Denn nun machte die Hanse Jagd auf den Freibeuter. Die »Hanse« war ein mittelalterlicher Kaufmannsver-

bund, der das gemeinsame Handeln in ökonomischer wie in politischer Sicht vereinte. Dazu gehörte die Errichtung von Außenhandelsposten ebenso wie der Schutz der Handelswege, dem auch Störtebeker zum Opfer fiel. Störtebeker wurde am 22. April 1401 vor Helgoland gestellt, nach Hamburg gebracht, vor Gericht gestellt und mit 30 seiner Gefährten auf dem Grasbrook bei Hamburg hingerichtet. Seit 1993 kreuzen Piraten wieder ihre Klingen mit schwer bewaffneten Knechten hanseatischer Kaufleute. Kanonendonner hallt über den Jasmunder Bodden und Schiffe gehen in Flammen auf. Der kleine Ort Ralswiek am Jasmunder Bodden ist seit 20 Jahren Austragungsort der Störtebeker Festspiele. Über fünf Mio. Besucher haben seit der ersten Vorstellung 1993 die Abenteuer des norddeutschen Piraten Klaus Störtebeker live miterlebt.

Oben: Abendstimmung im Hafen von Altefähr
Unten: Gedenktafel für Ernst Moritz Arndt, Schriftsteller und Sohn der Insel

Die Gründerzeit

Wo es Geld zu verdienen und reichlich Wild zu jagen gab, waren natürlich auch Fürsten, Industrielle und Kaufleute nicht weit. Malte I. (1783–1854) ließ 1816 eine ganze Stadt, die Rosenstadt Putbus, nach

Oben: Blick auf die Bäderarchitektur in Sellin
Unten: Pack die Badehose ein

seinen Vorstellungen errichten. Wie ein Hochstand mitten im Wald streckt Schloss Granitz die Türme über das ehemalige Jagdrevier des Fürsten. Ein lohnender Aufstieg, um den Blick über das grüne Blätterdach bis zur Ostsee, über die fischreichen Gewässer der Bodden hin zum Tor zur Insel, der Hansestadt Stralsund, streifen zu lassen. In Sassnitz hatte sie begonnen, die Entdeckung der Küsten für den Badeurlaub. Damals diente ein Badeort allerdings nicht dem Planschen im Wasser, sondern der medizinischen Behandlung. Das Salzwasser und Schlammbäder im Kalk dienten in den Badehäusern der Heilung von Hautkrankheiten. In der Altstadt von Sassnitz führen wieder geschwungene Gassen den Weg hinunter zur Uferpromenade und zum Hafen, wo die Fischer aus Silber Gold herstellen. So nennen zumindest die einheimischen Alchemisten den Prozess des Heringräucherns. Das Buchenholz, dessen Duft über den Fischerbooten schwebt, stammt aus den Wäldern des Nationalparks Jasmund, der sich direkt an die Stadt anschließt. Der Eingang wird bewacht von Wölfen – im heimischen Zoo. Eine Landschaft wie gemalt. Im wahrsten Sinne des Wortes. Caspar David Friedrich (1774–1840) schuf das wohl bekannteste Bild von

Radwege entlang der Küste gibt es auf ganz Rügen.

Rügen, die Wissower Klinken. Der Großteil der Kalkformation ist inzwischen ins Meer gestürzt. Einmal mehr ein Beweis für die Naturgewalten, mit denen sich die Bewohner der Insel seit jeher arrangieren mussten. Johannes Brahms wäre das Geräusch bestimmt einen weiteren Akt für seine erste Sinfonie wert gewesen, zu deren Vollendung ihn die Kalkfelsen, die inzwischen zum UNESCO-Weltkulturerbe ernannt wurden, inspiriert hatten. Eine Sage berichtet von Edelleuten, die am Königsstuhl um den Thron gerungen haben. Das klingt mindestens so aufregend wie die Überlieferungen vom schwedischen König Karl XII. (1682–1718), der von diesem Ort aus eine Schlacht mit der dänischen Flotte beobachtet haben soll. So viel königliches Blut hat seinen Preis. Unserer Tage muss man zahlen, um an diesen Ort zu gelangen. Dafür ist der lohnende Eintritt in das Nationalparkzentrum Jasmund gleich enthalten.

Promenaden und Naturstrände

Kaffee und Kuchen, eingenommen auf der Terrasse des Kurhauses Binz, sind nach wie vor wie eine Reise zurück in die Gründerjahre. Auf der Promenade flanieren die Damen an der Seite ihrer Begleiter und präsentieren den Schick aktueller Sommermode, während im Schatten der Seebrücke die neuesten Bikinis vorgeführt werden. Die entfallen an den zahlreichen Freikörper-Kulturstränden ein wenig südlich unterhalb der steil aufragenden Kalkwände der Naturstrände in Richtung Sellin und Göhren. Beides Orte, die sich so eng an die Küste schmiegen, dass man glauben könnte, vom Balkon der Ferienvilla aus in die Wogen springen zu können. Malte I. ließ in Putbus eine fürstliche Residenz errichten. So entstand rund um das ehemalige Schloss eine sternförmig angelegte Stadt mit Badehaus und Hafen in Lauterbach. Vom ehemaligen Glanz dieser Jahre ist

Oben: Rund um Rügen führt der Ostseeküstenradweg.
Mitte: Die Seebrücke in Göhren
Unten: Entspannen beim Rauschen des Meeres

Oben: Hafen und Fischereimuseum in Sassnitz
Mitte: Das Informationszentrum in Prora arbeitet die Geschichte des einstigen Seebades auf.
Unten: Exponate und Informationstafeln erinnern an die lange Fischfangtradition der Stadt.

das Badehaus in Goor erhalten geblieben, das seit der Wende ein Wellnesshotel beherbergt und damit der Tradition treu geblieben ist.

Der Nationalsozialismus

Wenn ein Ort auf Rügen mit dieser dunklen Ära deutlich sichtbar verwoben ist, dann ist es Prora. Eine gigantische Ruine zieht sich 4,5 Kilometer entlang der Küste zwischen Bodden und Ostsee. Unter dem Leitspruch »Kraft durch Freude« wurde das längste Bauwerk der Welt errichtet, in dem die Menschen zur Zeit des Nationalsozialismus Urlaub machen sollten. Für manche ein Schandfleck, für andere ein Ort der Inspiration und Entdeckungen. Waren die Seebäder für die Unterbringung einer gehobenen Klientel in schmucken Villen errichtet worden, sollten in Prora bis zu 20 000 Menschen 14 Tage im Jahr in einfach möblierten, 12 Quadratmeter großen Zimmern, Festsälen, Sporthallen und am Meer Energie zur Erhaltung der Arbeitskraft tanken. Immerhin, der Architekt Clemens Klotz (1886–1969) wurde dafür auf der Weltausstellung in Paris mit dem Grand Prix, dem ersten Preis der Weltausstellungen, gekürt. Der Großteil der über 5000 Arbeiter wurde noch vor der geplanten Fertigstellung 1941 abgezogen, um an kriegswichtigen Bauwerken eingesetzt zu werden. Einige Teilabschnitte wurden schließlich von Zwangsarbeitern fertiggestellt und dienten Flüchtlingen und Verwundeten als Zwischenlager.

Die Sozialisten

Nach dem Zweiten Weltkrieg funktionierten Rote Armee und NVA die KdF-Anlage zu einem Militärkomplex um, und 15 000 NVA-Soldaten verrichteten hier ihren Dienst, bis sie nach der Wende von der Bundeswehr abgelöst wurden. Zwei Regime, die die weißen Strände Proras für die Erziehung politisch korrekter Gesinnung nutzen wollten und genutzt haben. Die Wirtschaft wurde im Prinzip auf den Kopf gestellt. Hatten sich die Bauern erst vor 150 Jahren von der Lehnsherrschaft befreit, mussten sie nun zurück in den Schoß neuer Herren, die sie in Kombinaten zusammenschlossen und ihnen ihre Selbstständigkeit neuerlich nahmen. Ähnlich erging es den Fischern, die ihre kleinen Fischerboote nun gegen einen Arbeitsplatz auf einem der großen Fangschiffe eintauschten. Auch die zahlreichen Kreidewerke auf Rügen wurden verstaatlicht. Nach der Wende lohnte sich für viele die Landwirtschaft nicht mehr, und Fangschiffe wurden zu Restaurantschiffen oder Ausflugsbooten umgebaut. Nur wenige Produktionsstätten überlebten den Ideologiewechsel. Eine Ausnahme bilden dabei die Kreidewerke und einige Fisch verarbeitende Betriebe in Sassnitz. Viele Firmen jedoch, die nach der Wende hoffnungsvoll in die Zukunft blickten, mussten inzwischen aufgeben. Prominentestes Beispiel aus der jüngsten Vergangenheit ist die Volkswerft in Stralsund, die derzeit um ihr Überleben kämpft. Nur der Tourismus, der boomt bis heute.

Menschen, Kunst und Kultur(en)

Die Menschen im Norden sind unkompliziert und pragmatisch. Nicht lange schnacken, Kopp in'Nacken. Über die Jahrhunderte in Lehns- und Fronherrschaft wussten die Bewohner der Küsten sich zu helfen. Die schweren Stürme, die den Fischersfrauen Männer und Söhne nahmen, Fluten, die das fruchtbare Land und Vieh fortrissen, spülten dann und wann auch mal ein Schiff an die Küsten Rügens. In einigen Fällen machte man auch gerne mal ein Feuerchen am Strand, um die Besatzungen zu täuschen und auf Grund zu locken. Ist es da ein Wunder, dass die Menschen so verschwiegen sind. Darüber spricht man eben nicht gern. Da halten

Oben: Leuchtturm auf der Südinsel von Hiddensee
Unten: Erstaunlich, was sich aus diesen orangenfarbigen kleinen Beeren alles machen lässt.

Oben: Das Gold der Ostsee
Unten: Ausstellung im Jagdschloss Granitz

auch schon einmal die Einwohner einer ganzen Insel dicht, wie die auf Hiddensee, als der Schatz der Wikinger auftauchte und man den so lange vor den Augen der Öffentlichkeit verbergen musste, bis das Strandrecht geändert wurde und das Strandgut nicht mehr allein dem Fiskus gehörte. Was die Rüganer noch verschwiegener machte, war die Spitzelei der beiden totalitären Regime im letzten Jahrhundert. Bis heute finden sich hohe Zäune und völlig überdimensionierte Tore und Zäune um Grundstücke, die den Bewohnern ein wenig Privatsphäre garantieren sollten. Es wäre allerdings falsch zu glauben, dass jeder, der zum Bussi Bussi neigt, ein Münchner ist und jeder, der einem die Hand auf die Schulter legt und zum Bier einlädt, ein Rheinländer. Irgendwann taut auch mal ein Norddeutscher auf.

Kunst versus Kitsch – Fischbrötchen versus Gourmet

Die wunderschöne Landschaft und Natur haben bereits früh dafür gesorgt, dass auch noch nach der Völkerwanderung zahlreiche Menschen Rügen und Hiddensee zu ihrer neuen Heimat machten.

Rügen – die Sonnenscheininsel

Vor allen Dingen Künstler entdeckten die Insel für sich und gründeten Künstlerkolonien wie die auf Hiddensee. Nirgendwo wird man so viel Kunst angeboten bekommen wie hier. Das überflügelt sogar noch das Angebot an Sanddornprodukten. Fischer und Bauern pflegen die Traditionen ihrer Berufe besonders im Mönchgut, während es in den Badeorten Immobilienmakler und Hoteliers sind, die dort insbesondere nach der Wende ihr Glück versuchten. Nach einer, nennen wir es mal, Grundsanierung von Geldbörsen und Gebäuden, erstrahlen auch die Badeorte in neuem Glanz. Wellness ist Programm, denn damit lässt sich auch außerhalb der Badesaison der Betrieb aufrecht erhalten. Gegessen wird, was auf den Tisch kommt. In erster Linie denkt man natürlich an Fisch. In den Saisonzeiten stehen Hering und Hornhecht natürlich ganz oben auf der Speisekarte. Doch vom American Burger über Pizza, Pasta und Pommes bieten die Restaurants alles, was das Herz begehrt. Mal ein wenig einfacher in kantineartigen Etablissements, von denen man glaubte, dass es so was nicht mehr gibt, über rustikale Gasthäuser bis hin zu edlen Genusstempeln in Schlössern. Und es bleibt dabei: Gegessen wird, was auf den Tisch kommt.

Architektur

Über die Jahrhunderte haben neben den Hügelgräbern vier weitere Architekturformen die Zeit überdauert. Typisch für Rügen und Hiddensee sind die sich flach an den Boden duckenden Fischerhäuser mit den tief gezogenen Rohrdächern. Ähnlich, aber mit einer landestypischen Besonderheit ausgestattet, sind die Rookhuses der Bauern, die über keinen Schornstein, sondern einen Rauchabzug im Giebel des Hauses verfügen. Der Klassiker ist natürlich die Bäderarchitektur. Die weiß getünchten Häuser mit den verzierten Balkonen wurden

Oben: Denkmal zu Ehren von Fürst Maltes zu Putbus, der den Ort zu dem machte, was er heute ist.
Unten: Hinter den Fassaden der weiß getünchten Häuser in Putbus befinden sich auch heute noch einige Geschäfte.

Oben: Karls Erlebnisbauernhof in Zirkow: Gaumenspaß und Kinderfreuden
Mitte: Im Büchershop in Kloster auf Hiddensee
Unten: Viele Fischkutter aus der DDR-Zeit gehen auch heute noch auf Fischfang.

eigens für den Bäderbetrieb gebaut. Da die ersten Gäste sehr solvent waren, waren sie innen so eingerichtet, dass auch das mitgebrachte Personal Unterkunft und Küche vorfand. Erst später wurden die Räume immer kleiner und zu Appartements umgebaut. Daneben gibt es große Kurhäuser mit prachtvollen Säulenportalen, die den ganzen Charme des lässigen Luxus der Badeorte repräsentieren. Auf der Backsteinroute folgt man den charakteristischen Bauten der Backsteingotik. Auf Rügen sind es vor allen Dingen Kirchen oder die Reste des Klosters in Bergen. Wahre Prachtbauten aus dem roten Klinker finden sich rund um den Marktplatz und in der Altstadt der Hansestadt Stralsund. Auffällig sind die vielen kleinen Schlösser. Viele von ihnen haben den real existierenden Sozialismus nicht überlebt, andere waren nach der Wende aufgrund der ungewissen Besitzverhältnisse dem Verfall preisgegeben. Doch die meisten von ihnen haben inzwischen neue Besitzer gefunden, die die Gebäude liebevoll restauriert haben und Hotels und Restaurants darin betreiben. Die Liste der architektonischen Baudenkmäler wäre nicht komplett, wenn man nicht noch, nennen wir es mal die »Baumarktrenaissance«, nennen würde. Wer noch nie in den »neuen Bundesländern« war, wird erschrocken sein über die grauen Häuschen, die hier und da neue Fenster, ein neues Dach, den obligatorischen Carport bekommen haben, doch immer noch den Charme der ehemaligen DDR versprühen. Denn trotz Wellnessoasen bleibt der Tourismus ein Saisongeschäft. Die traditionellen Berufe und Industrien sterben langsam aus und die jungen Leute wandern ab. Zurück bleiben die Alten und die Ruinen der Zukunft, einstiger Stolz ihrer Besitzer.

Steckbrief Rügen

Lage: Rügen liegt in der Ostsee im Nordosten der Bundesrepublik Deutschland zwischen 54°10′ und 54°38′nördlicher Breite und 13°5′und 13°45′östlicher Länge.

Fläche: Mit 978 km² ist Rügen die größte Insel Deutschlands.

Küste: Die Küstenlänge hat aufgrund des Wechsels von Bodden und Ausgleichsküsten eine Länge von ca. 574 km mit sich ständig ändernder Tendenz nach oben oder unten durch Erosions- und Anlandungsprozesse.

Verwaltung: Die Verwaltungshauptstadt ist Stralsund, der Hauptort der Insel ist Bergen. Auf der Insel gibt es 41 Gemeinden und 4 Ämter.

Kennzeichen: Rügen gehört seit 2011 zum Landkreis Vorpommern-Rügen. Rüganer können wählen zwischen dem Kennzeichen VR (Vorpommern-Rügen) oder RÜG (Rügen). Hiddensee ist bis auf wenige Kommunalfahrzeuge autofrei.

Dialekte: Die Inselsprache ist Plattdeutsch. Dialekte können regional variieren, da sie durch die Dänen, Schweden und die Seefahrt stark beeinflusst wurden.

Geografie: Durch tektonische Hebungen liegt die Insel auf einem Sockel von Kreidekalk. Das »Mutland«, der Inselkern, ist relativ flach. Die höchste Erhebung ist mit 161 m ü. N.N. der Piekberg auf der Halbinsel Jasmund. Die Westküste ist geprägt durch steil abfallende Kliffe im Wechsel mit langen Sandstränden. Im Norden befinden sich die beiden großen Halbinseln Jasmund und Wittow, die bis auf schmale Landstreifen vom Inselkern abgetrennt sind. Im Süden schneidet der Greifswalder Bodden eine tiefe Bucht zwischen Insel und Festland. Im Westen sind die Inseln Ummanz und Hiddensee Rügen vorgelagert.

Wirtschaft: Der wichtigste Wirtschaftsfaktor auf Rügen ist der Tourismus. Dies drückt sich durch einen Beschäftigungsanteil von 82,7 % aus. 4,4 % der Beschäftigten arbeiten in der Land- und Forstwirtschaft und 12,8 % im produzierenden Gewerbe. Die Arbeitslosenquote liegt bei ca. 11,5 %.

Bevölkerung: Rügen hat 67 526 Einwohner mit abnehmender Tendenz und einer langsam fortschreitenden Überalterung. Den Hauptanteil bilden die 30–35-Jährigen.

Geschichte im Überblick

ca. 8000 v. Chr. Funde von Pfeilspitzen aus Flint und Werkzeugen aus Hirschhorn zeugen von einer Besiedlung Rügens im Mesolithikum, der Mittelsteinzeit.

200 n. Chr. Ein ostgermanischer Stamm, die Rugier, wandert ein und gibt der Insel ihren Namen.

700 n. Chr. Das kämpferische Volk der Ranen gelangt nach der großen Völkerwanderung auf die Insel. Heute zeugen zahlreiche Reste von Burgwallbauten aus dieser Zeit.

1168 Der dänische König Waldmar I. verbündet sich mit dem Sachsenherzog Heinrich dem Löwen und erstürmt die Kultstätten der Ranen in der Götterburg Arkona. Die Ranen werden getauft und errichten das erste christliche Gotteshaus.

1234 Stralsund erhält das Stadtrecht.

1252 Fürst Jaromar II. überträgt das Mönchgut dem Kloster Eldena bei Greifswald.

1296 Fürst Wizlaw II. schenkte die Insel Hiddensee dem Kloster Neuenkamp.

1302 Beginn der Errichtung des Klosters Hiddensee mit Zisterzienserabtei, der Gellenkirche auf dem Gellen im Süden der Insel, dem Leuchtfeuer, Luchte genannt, und dem ersten Hafen.

1325 Mit Wizlaw III. stirbt der letzte slawische Rügenfürst, und die Insel gelangt per Erbvertrag unter die Herrschaft der Herzöge von Pommern-Wolgast.

1618 Der Dreißigjährige Krieg bricht aus und Wallensteins Truppen ziehen mordend und plündernd über die Insel.

1648 Mit dem Westfälischen Frieden fällt Rügen an Schweden.

1795 Mit dem Jungbrunnen von Sagard beginnt die Gründung zahlreicher Bäder.

1808 Fürst Malte I. ruft in einer Zeitungsannonce Handwerker und Tagelöhner auf, sich in Putbus anzusiedeln.

1810 erfolgt die Gründung der Residenzstadt Putbus.

1815 Nach der Besetzung durch die Franzosen während der Napoleonischen Kriege fällt Rügen im Rahmen der territorialen Neuordnung auf dem Wiener Kongress an Preußen.

Um 1818 entsteht das Ölgemälde »Kreidefelsen auf Rügen« von Caspar David Friedrich.

Ab 1824 entdecken Künstler die Insel für sich und lassen sich von Landschaft und Natur inspirieren.

Um 1830 Die ersten Kreideschlämmereien nehmen ihren Betrieb in Sassnitz und Lauterbach auf.

1837 Beginn der Bauarbeiten am Jagdschloss Granitz.

1872 Eine verheerende Sturmflut zerreißt Hiddensee in zwei Teile. Nur durch aufwendige Landgewinnungsmaßnahmen kann die Verbindung der geteilten Insel wieder hergestellt werden.

1883 Die Trajektfähre und die Bahnlinie Altefähr-Bergen führen zu einem Bauboom in den Badeorten.

1895 Die Schmalspurbahn »Rasender Roland« nimmt den Fahrbetrieb zwischen Binz und Putbus auf.

1897 Die deutsch-schwedische Postdampferlinie, die sogenannte Königslinie von Sassnitz nach Trelleborg, wird gegründet.

1936 Der Rügendamm wird fertiggestellt und verbindet die Insel mit dem Festland.

1938 Die Bauarbeiten am Seebad Prora beginnen.

1945 Die Bodenreform tritt in Kraft und ermöglicht Tausenden von Umsiedlern, Bauern und Landarbeitern ohne Besitz jetzt auf eigenem Grund und Boden anzubauen.

1946 Der Literatur-Nobelpreisträger Gerhart Hauptmann wird auf Hiddensee beigesetzt.

1953 Die Regierung der DDR verstaatlicht unter dem Namen »Aktion Rose« den Hotel- und Dienstleistungssektor.

1958 Auf der neu errichteten Freilichtbühne bei Ralswiek wird zum ersten Mal die Ballade von Klaus Störtebeker aufgeführt.

1960 Der Landkreis Rügen arbeitet vollgenossenschaftlich und nach Planzahlen. Das bedeutet das Ende der bäuerlichen Freiheit.

1989 Die Menschen versammeln sich zu friedlichen Demonstrationen gegen das SED-Regime in der Marienkirche in Bergen.

1990 Das Biosphärenreservat Südost-Rügen wird von der UNESCO zum schützenswerten Reservat, erklärt und die ersten freien Wahlen finden statt.

2005 Die Wissower Klinken, eine Kreideformation an der Steilküste im Westen brechen ab und stürzen ins Meer. Angela Merkel, deren Wahlkreis Rügen/Stralsund war, wird Bundeskanzlerin.

2007 Die neue Rügenbrücke wird eröffnet, nachdem die Bauarbeiten 2004 begannen und 125 Mio. Euro verschlangen. Göhren wird zum Kneipp-Kurort ernannt.

2011 Der Nationalpark Jasmund wird UNESCO-Welterbe.

2013 Die 1913 nach dem Einsturz des Selliner Brückenkopfes gegründete DLRG feiert ihr 100-jähriges Jubiläum.

KURHAUS
SportStrand

DER OSTEN

Vorangehende Doppelseite: Kurhaus in Binz
Mitte: Typische Bäderarchitektur in Binz
Unten: Wenn es dunkel wird, laden zahlreiche Restaurants zum Abendessen ein.

1 Binz

Zauber vergangener Tage

Sehen und gesehen werden lautet die Devise für einen Besuch des traditionsreichen Seebades Binz. Die Stadt direkt am Meer ist der ideale Ort für Menschen, die im Urlaub oder während eines Wellnesswochenendes auf Unterhaltung, Abwechslung und eine Auswahl an Restaurants um die Ecke nicht verzichten möchten. Hier kann es schon mal kuschelig werden am Strand, und doch entführt ein Spaziergang schnell in die bezaubernden Wälder der Granitz.

Erstmals urkundlich erwähnt wurde das Fischerdorf *Byntze* um 1300. Beim Anblick der prachtvollen Bauten an der Hauptstraße fällt es schwer, sich vorzustellen, dass hier noch vor 150 Jahren nicht mehr als ein Fischerdorf mit 15 Häusern, einem Dorfkrug als einziger Übernachtungsmöglichkeit und 100 Einwohnern stand. Diese verdienten ihr Geld mit der Landwirtschaft, der Fischerei und in einer Heringspackerei. Das Wissen darüber mag manchen dabei dienlich sein, weise lächelnd über die saisonalen Stresssymptome des einen oder

MAL EHRLICH

Binz macht Spaß, wenn man gern Menschen um sich mag. Wer nicht zu den Flaneuren der Neuzeit gehört und sich an der Promenade nicht gern eine Wurst oder ein Kunstwerk aufschwatzen lassen möchte, der hält sich besser im Umland auf oder verlegt seinen Wellnessaufenthalt in den Winter. Da ist nämlich erheblich weniger Trubel in der schönen Stadt.

anderen Kellners hinwegzusehen. Denn auch ihre Vorfahren mussten ihr Geld mit harter und ehrlicher Arbeit verdienen. Und auch schon damals hat sich so mancher an dem Großprojekt Binz verhoben. Vier Berliner Millionäre waren es nämlich, die in großem Stil Pensionen, das Kurhaus, die Promenade und die Seebrücke bauten und Konkurs gingen.

Wie alles begann

Etwas bescheidener waren da schon die Anfänge um 1830, als der sonst für seine stilvollen und prächtigen Bauten in Putbus bekannte Fürst Wilhelm Malte I. einige Hütten für seine Badegäste aus Lauterbach aufstellen ließ. Denn mit dem Seebad Sassnitz kam es in Mode, im Meer zu baden, denn die stillen Boddengewässer waren den Besuchern nicht mehr aufregend genug. Inzwischen waren es ja nicht nur mehr kranke und gebrechliche Menschen, die die Badeorte aus rein medizinischen Gründen aufsuchten. Den Hütten folgte schließlich die Vermietung der Fischer- und Bauernhäuser. Während der Saison zogen die Bewohner dann einfach auf die Dachböden und freuten sich über die Auffrischung ihrer spärlichen Einkünfte, die diese Modeerscheinung, von der

Oben: Morgens ist es am Strand besonders schön.
Unten: Blick von der Seebrücke auf das Kurhaus in Binz

wahrscheinlich niemand annahm, dass sie bis in unsere Zeit überdauern würde, mit sich brachte. Die Kapazitäten waren auch hier bald erschöpft. 1875 waren es sagenhafte 500 Gäste, die es nach Binz an die See zog. Zum Vergleich: 2011 kamen an die 1,8 Mio. Besucher. Die nach und nach ausgebauten Häuser der Einheimischen waren den illustren Gästen bald nicht mehr komfortabel genug. Und so ordnete der Fürst, der reichlich Erfahrung bei dem Ausbau seiner ebenfalls auf dem Reißbrett entstandenen Residenzstadt Putbus gesammelt hatte, die Erweiterung des Ortes um, wie wir heute sagen würden, Ferienhäuser an. Die daraufhin schachbrettartig angelegten Straßenzüge prägen bis heute das Stadtbild von Binz. Stellvertretend für die Bäderarchitektur stehen die zwischen 1890 und 1910 gebauten massiven Klinkergebäude, die kunstvoll verzierten Balkone und Veranden. Die von schmalen Fluren und miteinander durch Türen verbundenen Räume, die Etagenküchen und einigen Häusern angeschlossenen Gesindehäuser lassen den Schluss zu, dass die Planungen auf größere Gesellschaften einer betuchten Klientel ausgerichtet waren, die ihr eigenes Personal mitbrachte. Eine Übernachtung kostete um die Jahrhundertwende immerhin zwischen 3,50 und 5,00 Mark und das bei einem Monatslohn eines Arbeiters von 25 bis 30 Mark.

Badehäuser

Die angeschlossenen Badehäuser in der Heinrich-Heine-Straße 7 dienten, wie man bei den damals vorherrschenden Hygienebedingungen vermuten könnte, nicht dazu, im erwärmten Meerwasser vergnüglich planschen zu können und sich zu reinigen, sondern sollten in erster Linie weitverbreitete Hautkrankheiten heilen helfen. In den Kurhäusern verschrieben die Ärzte die Einnahme von Mineralwässern und häufige Aufenthalte in

AUTORENTIPP!

GLASBLÄSEREI

Kunst ist auf Rügen allgegenwärtig. Viele verstehen darunter die Herstellung von Skulpturen und Gemälden. Doch so mancher, der sein Handwerk meisterhaft versteht, fehlt oft in einschlägigen Betrachtungen der Kunstszene. Dazu gehören auch die Glasbläser der Glasbläserei Binz. Jedes ihrer Werke ist ein Unikat und im wahrsten Sinne des Wortes im Schweiße ihres Angesichts hergestellt. Umgeben von Temperaturen bis 2500 °C formen, blasen und ziehen die Männer an ihrem offenen Arbeitsplatz aus einem Klumpen geschmolzenen Quarzes kunstvolle Schalen, Krüge und Gläser. Das Wort Trinkgeld erhält hier eine ganz eigene Bedeutung. Denn so wie die Männer schwitzen, brauchen sie auch ein extra Salär, um ihren Flüssigkeitshaushalt auszugleichen. Ohne es selbst geprüft zu haben: Dafür dürften die Männer eine babyzarte und reine Haut haben.

Glasbläserei Binz. Schillerstraße 11, 18609 Binz

der See oder dem erwärmten Seewasser in den Badehäusern. Zusätzlich sollte die frische Meeresluft den Gesundungsprozess von Erkrankungen der Atemwege und der Lunge unterstützen. Wann sich ein Ort Seebad oder Seeheilbad nennen darf, bestimmen heute noch Gesetze und Verordnungen der jeweiligen Landesregierung. Gut so, denn der begehrte Titel, der in Mecklenburg-Vorpommern auf 30 Jahre vergeben wird, sichert das Bemühen um eine einwandfreie Wasser- und Luftqualität. Selbstverständlich gehören zur Entspannung förderliche Spazierwege am Strand, in Parks und der freien Natur ebenso dazu. Welche Kriterien im Detail gelten und ob die fast 2 Mio. Besucher des Seebades dem förderlich sind, unterliegt wiederum den wirtschaftlichen und kommerziellen Erfordernissen, den Badebetrieb überhaupt aufrechterhalten zu können. In einer im medizinischen Sinn nicht ganz so eng gefassten Definition sind deswegen auch »Spiel & Sport« ein Kriterium.

Bussi Bussi und ein Käffchen

... auf den Terrassen des Kurhauses Binz ist es wie es ein Kurzurlaub in den Gründerjahren. Man ersetze das Gewusel auf der Promenade einfach durch Bilder aus der Anfangsfrequenz des Kinoerfolges *Titanic* und schon meint man, Kate Winslet zu sehen, die das prachtvolle Schiff besteigt, dessen Jungfernfahrt und Untergang in das gleiche Jahr fallen wie der Zusammenbruch der Seebrücke in Binz. Kann es da noch Zufall sein, dass im selben Monat, genau 100 Jahre später, die Indienststellung eines des modernsten Seenotrettungskreuzers, der »Harro Koebke«, in Sassnitz gefeiert wurde? Eine bewegte Geschichte hat das Wahrzeichen des Seebades allemal vorzuweisen. 1906 abgebrannt, wurde die Seebrücke 1907 nach Plänen des Berliners Otto Spalding (1883–1945) von der Gemein-

AUTORENTIPP!

DAS SANDSKULPTUREN-FESTIVAL
Die Zeiten, als man mit einer Kinderschaufel bewaffnet einfach einen Wall aus Sand um seinen Strandkorb aufschüttete und mit den hier ohnehin kaum vorhandenen Muscheln und ein paar Flintsteinen schmückte, scheinen der Vergangenheit anzugehören. Aus gutem Grund werden die Kunstwerke aus Sand auf der Festwiese in Zelten gebaut und bleiben so einige Monate vor Wind und Wetter geschützt. Denn die von Künstlern aus aller Welt geschaffenen Skulpturen sind wahre Meisterwerke. Zum Repertoire gehören prächtige Bauten mit einer Höhe von über 2 m ebenso wie zu Sand gewordene Erzählungen aus der Märchenwelt, skurrile Fabelwesen genauso wie zarte Schönheiten, Buddha oder der Jediritter Joda. Dann mal ran, Vattern. Das kann doch nicht so schwer sein. Inspiration und Vorlagen sind ja genügend vorhanden.

Sandskulpturenfestival Rügen.
www.sandfest-ruegen.de

AUTORENTIPP!

KOSTENLOS: STILGERECHT INS RESTAURANT PER TAXI

Man achte auf die Nummer, die man wählt, wenn man über die 07 00/08 15 47 11 ein Taxi für einen Restaurantbesuch in »Oma's Küche« ordert. Dahinter verbirgt sich ein versteckter Hinweis, dass hier handfeste Hausmannskost (0815) in der Tradition unserer Großmütter serviert wird, die das gute alte Kölnisch Wasser (4711) sicher zu einem besonderen Anlass aufgetragen hätten. Die Fahrt hierher ist innerhalb der Stadtgrenzen bei vorheriger Reservierung kostenfrei, aber nicht weniger stilvoll in dem originalen London Taxi International. Mehr über »Oma sein Tut Tut« erfährt man beim Fahrer und Geschichten über all die Accessoires an den Wänden und die Zubereitung der Leckerbissen aus regionalen Produkten bei Oma oder der freundlichen Bedienung.

Oma's Küche. Proraer Chaussee 2A, 18609 Binz, Tel. 03 83 93/1 35 56, www.omas-kueche-binz.de

de neu errichtet, um nur 14 Jahre später für 165 Mio. Reichsmark an Adalbert Kaba-Klein verkauft zu werden. Der hätte auf ein anderes Pferd setzen sollen. Er wurde 1938 von den Nazis enteignet, bekam das Haus von den Sozialisten zurück, nur um 1953 abermals enteignet zu werden. Seit 1960 steht das Kurhaus wieder den Badegästen offen und erlangte nach der Zusammenlegung mit dem »Hotel Kaiserhof« nach der Wende als erstes Haus Mecklenburg-Vorpommerns den Titel »5-Sterne-Superior«. 2012 gibt das Hotel seine Sterne freiwillig zurück, um sich einen größeren Kundenkreis zu erschließen.

Badespaß und Lebensretter – die Gründung der DLRG

Am 28. Juli 1912 brach der Brückenkopf der Binzer Seebrücke unter der Last Hunderter Schaulustiger und Passagiere zusammen. Eine Gedenktafel an der Promenade erinnert an die 17 Menschen, die damals ihr Leben gelassen haben. Hilfe war zwar schnell vor Ort, doch die meisten der Opfer konnten nicht schwimmen. Im selben Jahr, so schätzt man, ertranken rund 5000 Menschen in Deutschland. Dies war die Initialzündung für die Gründung der »Deutschen Gesellschaft zur Rettung Schiffbrüchiger« im Jahr 1913 in Leipzig. In der Hochsaison kann es an dem fünf Kilometer langen Strand vor Binz schon einmal eng werden. Zahllose freiwillige DLRG-Rettungsschwimmer überwachen seitdem den Strand. Sie bieten übrigens auch Schwimmkurse an. Wer sich traut, anderen zu helfen, so dachten es vielleicht die Gemeindeväter, der lässt sich auch trauen und widmeten die skurril anmutende Rettungswache der DLRG, die 1968 von dem namhaften Architekten Ulrich Müther errichtet worden war, in einen Trauraum des Standesamtes um. Zu beidem gehört eben Mut.

Stadtrundgang

Ein Stadtrundgang durch Binz ist wie ein Spaziergang durch die Geschichte des 19. Jh.

A Museum Ostseebad Binz im Kleinbahnhof – Historische Fotos, Postkarten und Kostüme vermitteln einen Eindruck von der Bäderkultur im 19. Jh.

B Kurpark – Der Kurpark dient seit 1926 den Gästen der Stadt als zentraler Treffpunkt. Ein Schachspielfeld, Klettergerüste für Kinder, ein Kneippbecken und eine Bocciabahn dienen dem Zeitvertreib.

C Seebrücke – Die Seebrücke bietet eine gute Sicht auf die Stadt vom Meer aus und ist Ausgangspunkt für Bootsausflüge.

D Kurhaus und Kurplatz – Vor historisch modänem Ambiente finden hier während der Saison jeden Tag Kurkonzerte statt.

E Promenade – Mit 4,5 km ist die Promenade von Binz ein beachtlicher Wandelpfad, um zu sehen und gesehen zu werden.

Blick von der Strandpromenade auf das Meer

F Villa Undine – Die Villa Undine ist eines der wenigen Wolgasthäuser, das seit seiner Errichtung nicht in Weiß getüncht wurde und sich damit von dem klassischen Bäderstil seiner Zeit absetzt.

G Rettungsturm – Der Turm wurde 1968 als Rettungsturm gebaut. Heute kann man darin heiraten.

H Glasbläserei – Aus Glas und Schweiß entstehen hier kunstvolle Kreationen vor den Augen der Besucher.

I Künstlermeile – Auf der Künstlermeile der Margaretenstraße reihen sich einige Kleinkunstgalerien aneinander.

J Kolonialstübchen – Das Kolonialstübchen ist ein Laden in historischem Ambiente, der Schokoladen, Tee, Whisky, Essig & Öle und vieles mehr zum Kauf und Verzehr anbietet.

K Bernsteinfischer – Glück hat, wer den Hausherren oder seine Tochter zu einem kleinen Plausch über das Sammeln von Bernstein verleiten kann.

L Schmachter See – Ein romantisches Erlebnis in der untergehenden Abendsonne.

Infos und Adressen

ESSEN UND TRINKEN

Braugasthaus »Zum alten Fritz« Binz. Urgemütliche Atmosphäre mit deftigen Speisen in einer denkmalgeschützten Villa. Schillerstr. 8, 18609 Binz, Tel. 03 83 93/66 33 33, bgh-binz@alter-fritz.de, www.alter-fritz.de

Bootshaus Binz. Im Stil eines Landgasthauses eingerichtetes Restaurant mit vorwiegend Fisch auf der Speisekarte. Das Gebäude steht unter Denkmalschutz, da sich hier die erste Seenotrettungsstation an der Ostsee befand. Mit Außenterrasse. Strandpromenade 49, 18609 Binz, Tel. 03 83 93/5 79 44

Restaurant Orangerie. Internationale und regionale Gourmetküche bei Musik in elegantem Ambiente. Das Restaurant ist dem Hotel Vier Jahreszeiten angeschlossen. Zeppelinstr. 8, 18609 Binz, Tel. 03 83 93/5 04 44

Frühstück in frischer Seeluft, so mag der Tag beginnen.

BARS UND CAFÉS

Byntze 1318. Eine sogenannte Genusslounge. Ein Genuss ist auf jeden Fall das Ambiente eines alten Weinkellers. Die Bar ist dem Hotel Vier Jahreszeiten angeschlossen. Zeppelinstr. 8, 18609 Binz, Tel. 03 83 93/5 04 44

Villa Salve. Mit diesem Barmann wird es nie langweilig, und man bleibt nicht durstig. Strandpromenade 41, 18609 Ostseebad Binz, Tel. 03 83 93/22 23, urlaub@ruegen-schewe.de, www.ruegen-schewe.de

ÜBERNACHTEN

DJH Jugendherberge Binz. Modern eingerichtete Zimmer und schöner Esssaal. Die Lage direkt am Strand ist traumhaft. Die Jugendherberge ist ganzjährig geöffnet. 23.–27. Dez. geschlossen, saisonale Einschränkungen der Öffnungszeiten von Nov.–Febr., Tel. 03 83 93/3 13 60 (für Gruppen) Tel. 03 83 93/3 25 97 (für Einzelgäste u. Familien). Strandpromenade 35, 18609 Ostseebad Binz, jh-binz@jugendherberge.de, binz.jugendherbergen-mv.de

Hotel Vier Jahreszeiten. Besser gehts kaum. Zeppelinstr. 8, 18609 Binz, Tel. 03 83 93/5 04 44

Villa Rusch. Zur Meerseite hat man aus den gemütlich eingerichteten Appartements einen schönen Blick auf das Meer. Strandpromenade 31, 18609 Binz, Tel. 03 83 93/1 49 10, info@villa-ruscha.de, www.villa-ruscha.de

EINKAUFEN

Kolonialstübchen. Einkaufen wie zu Omas Zeiten. Tee, Kaffee, Süßes, Essig & Öle, Kräuter & Dips und Badeschokolade. Zeppelinstr. 7, 18609 Ostseebad Binz, 03 83 93/14 70 74, post@kolonialstuebchen.de, www.kolonialstuebchen.de

Monte Vino. Mehr als nur eine Weinhandlung. Käse, Würste, Spirituosen, Antipasti und Tapas zum Mitnehmen oder zum Essen vor Ort. Viele Produkte stammen von regionalen Herstellern. An Themenabenden werden Menüs über mehrere Gänge serviert. Paulstr. 1, Tel. 03 83 93/1 36 71, monte_vino@gmx.de, www.weinhandlung-ruegen.de

Hier kann man stundenlang am Strand spazieren gehen.

VERANSTALTUNGEN

Binzer Herbstfest. Höhepunkt der Veranstaltung ist das Pferderennen am Samstagnachmittag am Strand. Jedes Jahr im Oktober. Anmeldungen zur Teilnahme bei der Kurverwaltung Ostseebad Binz, Tel. 03 83 93/14 82 60, sportkv@ostseebad-binz.de, www.ostseebad-binz.de

Binzer Promenaden- und Crosslauf in Binz auf Rügen & Binzer Halbmarathon. Teilnahme ab 3 Jahren möglich. Heinrich-Heine-Straße 7, 18609 Ostseebad Binz, Tel. 03 83 93/14 82 60, sportkv@ostseebad-binz.de, www.ostseebad-binz.de

Rügenclassic. Jedes Jahr zu Himmelfahrt treffen sich 50 Oldtimerfahrer zu einer Rundtour über die Insel Rügen. Binz ist einer der Präsentationsstandorte, wo man Benzingespräche mit den stolzen Besitzern führen kann. www.ruegenclassics.de

AKTIVITÄTEN

Binz Therme. Badelandschaft, Fitnessraum, Saunalandschaft, Wellness & Beauty sind die Schlagworte für Entspannung pur. Beim Baden muss man sich weniger anstrengen, da es sich um eine Sole aus bis zu 1200 m Tiefe handelt, die unter dem Dünenwald gefördert wird. Seehotel BINZ-THERME Rügen, Strandpromenade 76, 18609 Ostseebad Binz, Tel. 03 83 93/60, info@binz-therme.de, www.binz.therme.de

Führungen historischer Ortskern. Heiteres und Wissenswertes zu unterschiedlichen Themen je nach gebuchter Tour. Treffpunkt 10 Uhr am Haus des Gastes, Heinrich-Heine-Straße 7, 18609 Ostseebad Binz, www.ostseebad-binz.de

tVariete Boddenbarsch. Hat so viel Biss wie der Namensvetter. Zauberer, Artisten und Clowns bescheren einen lustigen und spannenden Abend im Saal des Kurhauses. Kurhaus-Saal Binz, Strandpromenade 27 (Eingang Schillerstraße), 18609 Ostseebad Binz, Tel. 03 83 93/66 55 23, kurhaus-saal@tc-hotels.de, www.boddenbarsch.de

Herrschaftlich präsentiert sich das Kurhaus.

2 Binz – unter der Oberfläche

Die Unterwasserwelt vor der Küste

70 Prozent der Erdoberfläche sind mit Wasser bedeckt. Genügend Fläche, die es zu erkunden gibt, zumal sich ein großer Teil davon unseren Blicken entzieht. Ca. 1500 Schiffswracks vor der Küste Rügens und Meldungen wie die von 2012 über den Fund eines deutschen Bombers (Aufklärers) aus dem Zweiten Weltkrieg machen die Gewässer vor der Insel zu einem spannenden Tauchrevier. Vorausgesetzt, man kann die Kälte der Baltischen See ertragen.

Mitte: Wracktaucher an dem 1920 gesunkenen Frachter »Amazone«
Unten: Ein feuchtes Grab in den Gewässern vor dem Königsstuhl

Feuchte Grabstätten

Von Prora bzw. Neu Mukran aus gelangt man mit einem 225 PS starken Aluminium-Tauchboot in Gruppen von fünf bis acht Teilnehmern schnell auf die See hinaus. In 17 bis 30 Metern Tiefe liegen Fischkutter wie die »SAS 33 Sturmvogel«, die am 2. November 1984 in dichtem Nebel von einer Eisenbahnfähre gerammt wurde. Der Kapitän und der Maschinist konnten nicht mehr gerettet werden. Über 25 Jahre nagt bereits der Zahn der Zeit an den Überresten. Die Aufbauten sind längst verschwunden. Ironie des Schicksals. Taucher berichten davon, dass in den Fischkisten an Deck des Kutters Jungfische aufwachsen. Erst 2010 endeckte das Tauchteam von Tauchen-Rügen aus Prora den dänischen Gaffelschoner »Harald« in 30 Meter Tiefe. Rumpf, Spanten und Tauwerk sind zwar fast vollständig von Muscheln überwachsen, doch bleibt genügend Raum darüber zu spekulieren, was sich in den beiden Laderäumen befunden haben mag.

Die Vorfahren der dort häufig anzutreffenden Dorschschwärme wüssten bestimmt davon zu berichten. Neben den heimischen Fischarten begegnen Taucher auch immer wieder Seehunden.

Mit dem Strom schwimmen

Auf Rügen gibt es eine Vielzahl von Angeboten, die vom Wracktauchen bis zu Landschaftstauchgängen reichen. Erfahrene Taucher wissen um die Gefahren unbekannter Reviere. Das Tauchen in der Ostsee vor Rügen ist insofern ein brisantes Unterfangen, da viel Munition in den Gewässern versenkt wurde. Gleiches gilt für den Fundort des kürzlich von Marinetauchern geborgenen Flugzeugwracks. Sollte für jemanden die Ostsee vor Rügen ein unbekanntes Revier sein, ist es besser, sich einem erfahrenen Guide anzuschließen. Sich einem Ortskundigen Taucher anzuschließen macht auch deswegen Sinn, weil die Sichtweite oft nur wenige Meter beträgt. Das ist eben nicht der Indische Ozean.

Luft anhalten

Wer es langsam angehen lassen möchte und noch keine Taucherfahrung hat, kann in Göhren seine Unterwasserkarriere mit einem Schnorchelkurs beginnen. Die meisten Menschen haben in ihrer Kindheit schon einmal nach Ringen getaucht und dabei eine günstige Taucherbrille aus dem Spielwarengeschäft benutzt. Doch zum »richtigen« Schnorcheln braucht man nicht nur eine gute Ausrüstung. Binnen eines Tages kann man die wichtigsten Fertigkeiten erlernen, um auf lange Frist Spaß am Schnorcheln zu haben. Dazu gehört das Ausblasen des Wassers aus der Tauchermaske ebenso wie der richtige Schlagrhythmus mit den Flossen, um sich flink wie ein Fisch durch das Wasser bewegen zu können. Das Schöne an diesem Sport ist, dass man ohne sperrige Ausrüstung auskommt.

Infos und Adressen

ESSEN UND TRINKEN

Fischrestaurant Poseidon. Nach einem erfolgreichen Tauchgang sollte man »Poseidon huldigen«. Zu den 100 besten Fischrestaurants gekürt. Lottumstraße 1, 18609 Ostseebad Binz, Tel. 03 83 93/26 69, urlaub@schewe-ruegen.de, www.schewe-ruegen.de

Restaurant Fischmarkt. Maritimes Ambiente mit Sonnenterrasse an der Promenade. Strandpromenade 33, 18609 Ostseebad Binz, Tel. 03 83 93/38 10, info@strandhotel-binz.de, www.strandhotel-binz.de

BARS UND CAFÉS

Konditorei Café Torteneck. Kuchen aus eigener Herstellung auf der Terrasse oder im Café. Dünenstraße 57, 18609 Ostseebad Binz, Tel. 01 52/53 18 76 31, torteneck@web.de www.torteneck.de

ÜBERNACHTEN

Loev Hotel Rügen. Das beim Tauchgang gefundene Wikingergold kann man hier in der angeschlossenen Spielbank einsetzen. Hauptstr. 20–22, 18609 Ostseebad Binz, Tel. 03 83 93/3 90, reservierung@loev.de, www.loev.de

3 Der Bernsteinfischer von Binz

Ein Mann mit einer Passion

Manchmal müssen Menschen erst ihre Heimat verlassen und Meere überqueren, um ihre Passion zu erfüllen. So wie Finbarr Corrigan. Von England hat es den gebürtigen Iren auf die Insel Hiddensee verschlagen. Dort hat er seine Frau kennengelernt und seine Leidenschaft für die Suche nach dem Gold des Nordens entdeckt. Unternehmungslustig wie die Iren sind, ist er das Wagnis eingegangen, mit der Suche und dem Verkauf seinen Lebensunterhalt zu bestreiten.

Mitte: Der Bernsteinfischer Finbarr Corrigan vor seinem Laden in Binz
Unten: Fast wie Gold: Bernstein gewaschen

Doch was macht diesen Mann so besonders, wo es doch so viele Bernsteinsammler auf Rügen und Hiddensee gibt. Es ist nicht allein das sympathische Auftreten oder der Dialekt, mit dem er von der Verarbeitung des Bernsteins zu erzählen weiß. Betritt man sein Geschäft in Binz und hat das Glück, seine Tochter Tina kennenzulernen, gelingt es dieser zierlichen Person mit ihrem offenherzigen Auftreten, die ganze Leidenschaft, mit der sie selbst ihrer Arbeit nachgeht, in kürzester Zeit auf ihr Gegenüber zu übertragen. Der kleine Laden mit den Regalen voller schöner Schmuckstücke, rohen unbearbeiteten Bernsteinen und den Keschern an der Wand verwandelt sich mit jedem Wort in die aufgewühlte Brandung der Ostsee nach einem Sturm aus Südwest. Dann kann man sich lebhaft vorstellen, wie diese kleine Person mit einem Kescher bewaffnet bis zur Hüfte oder tiefer im Wasser watet und das Fanggerät hin und her schwingt, während die übrigen Gäste der Insel sich noch einmal die Decke über den Kopf ziehen, weil der Tag nicht gerade Badewetter verspricht.

»Manchmal bin ich danach so durchgefroren, dass ich es nur auf allen vieren schaffe, aus dem Wasser zu kriechen.« Und selbst dabei schnellen die jungen, wachen Augen noch von einer Seite zur anderen, und die klammen Hände schütteln wie automatisch den gestrandeten Seetang auf, damit ihr keines der begehrten Stücke entgehen mag.

Die Quelle

Da pickt vor Jahrmillionen ein Vogel in der Rinde eines Urwaldmammutbaumes auf der Suche nach einem Frühstückswurm oder ein Brontosaurus bahnt sich seinen Weg durch den Urwald und bricht dabei einen Ast ab. Der Baum beginnt zu »bluten« und Baumharz fließt heraus. Die mächtigen Gewächse konnten dabei viele Liter ihres Lebenssaftes verlieren, der über viele 1000 Jahre aushärtete. Entgegen der landläufigen Meinung handelt es sich dabei nicht um einen Versteinerungsprozess, sondern um eine simple Aushärtung am Baum. Noch bevor das geschah, landete gelegentlich eine Mücke darauf, eine Spinne versuchte den Weg des Saftstroms zu kreuzen oder ein Gecko hüpfte auf die klebrige Masse, verewigte sich so für Jahrmillionen und hatte die Chance als ein besonders wertvolles Fundstück in die Geschichte einzugehen. Die Fachwelt nennt solche Einschlüsse Inklusionen. Erwirbt man einen Bernstein mit einem Seepferdchen darin, wurde man gewaltig übers Ohr gehauen. Bernstein entsteht ausschließlich an Land. Wenn das Objekt der Begierde im Preis vergleichbar ist mit einem Schmuckstück aus dem Kaugummiautomaten, befindet man sich entweder auf dem Flohmarkt oder man hält eines der in der Verarbeitung dem Pressfleisch ähnlichen Produkte in der Hand. Aus kleinen Bruchstücken und Schleifresten werden manchmal größere Stücke unter Druck und Hitze geformt, die sich auf den ersten Blick nicht von einem »Original« unterscheiden lassen.

AUTORENTIPP!

TIPPS UND TRICKS FÜR DIE BERNSTEINSUCHE

Finbarr Corrigan macht kein Geheimnis daraus, wo und wie der Bernstein zu finden ist. Das zeichnet ihn nicht nur als einen liebenswerten Mitbürger aus, sondern zeugt davon, unter welch schwierigen Bedingungen größere Mengen davon überhaupt zutage gefördert werden können. Abgesehen von Menschen, die ihren Lebensunterhalt mit der Suche und dem Verkauf von Bernstein verdienen, gibt es eine große Gemeinde von der Sammel- und Suchleidenschaft besessener Zeitgenossen, die dieses Hobby nicht kommerziell betreiben, ihre Fundorte und Tricks aber gern mit anderen teilen. Wer sich also im Urlaub die Zeit mit der Suche nach dem Wikingergold vertreiben oder Schlechtwetterlagen für eine sinnvolle Beschäftigung nutzen möchte, steht nach einem Sturm früh auf, schaut einmal in die einschlägigen Foren im Internet und macht sich mit einem kleinen Beutelchen auf, den Strand zu harken.

Finbarr Corrigan. Paulstrasse 1, 18609 Ostseebad Binz, Tel.03 83 93/ 43 64 44

AUTORENTIPP!

VOM SAMMLER ZUM »GOLDSCHMIED«

Wer mehr über die Verarbeitung von Bernstein erlernen möchte, sollte an einem der zahlreich angebotenen Kurse dazu teilnehmen. Es wäre nämlich sehr schade, wenn man mit groben Feilen, Schleifpapier oder womöglich maschinell versuchen würde, Glanz in das spröde Material zu bringen. Tina schleift trotz ihrer reichhaltigen Erfahrung im Umgang mit dem Material jedes Stück ganz vorsichtig an und versucht erst einmal mit Lupe oder Mikroskop herauszufinden, ob sich wertvolle Einschlüsse in dem Stein befinden. Wäre doch schade, wenn man einem eingeschlossenen Skorpion die Schwanzspitze wegfräst. In solchen Kursen kann man zudem lernen, wie man mit feinem Schleifpapier möglichst wenig von der Kostbarkeit verschwendet oder es unbearbeitet in Kombination mit anderem Strandgut zu einem individuellen Dekorationsobjekt verarbeitet. Das gibt es dann mit Sicherheit kein zweites Mal auf der Welt.

Finbarr Corrigan. Paulstrasse 1, 18609 Ostseebad Binz, Tel. 03 83 93/43 64 44

Ein langer Weg

Wie der Bernstein nun an die Strände und an die Steilküsten von Rügen gelangte, dafür gibt es verschiedene Theorien. Eingelagert in Schichten von 20 bis 35 Mio. Jahren alten fossilen Waldböden, wurde aller Wahrscheinlichkeit nach der Bernstein entweder von Flüssen aus dem Süden in das Meer gespült, von Gletschern mit jeder Menge anderer Materialien vermengt, von Norden aus Skandinavien oder dem Baltikum hierher verschoben oder in Sedimente verpackt und bei tektonischen Landhebungen aus dem Meer gehoben.

Erster Eindruck

Jahrtausende von Schaufensterbummeln entlang der Auslagen von Juweliergeschäften haben uns darauf gedrillt, wie eine Elster nach etwas Funkelndem Ausschau zu halten. Doch Bernstein präsentiert sich in der Natur nur in den seltensten Fällen fertig geschliffen und poliert. Da die Stücke nur selten in einer Schmuckschatulle eingelagert wurden, sondern in unvorstellbaren Zeiträumen den Verwitterungsprozessen im Erdboden ausgesetzt waren, hat das fossile Harz das Aussehen

Rohbernstein: Unscheinbar und doch so begehrt

eines verwitterten Stück Holzes oder von etwas, dass die Dinosaurier haben fallen lassen und wir meistens nicht gewillt wären, anzufassen (Rohbernstein). Erst wenn die Herbst- und Frühjahrsstürme den Bernstein aus den Sedimenten der Steilküsten ausgewaschen und im permanenten Auf und Ab der Wellen hin und her gerollt haben, weisen die Schmucksteine die bekannte Form auf. Neben den Verwitterungsprozessen wird das Aussehen eines Bernsteins durch die Menge von Lufteinschlüssen, mikroskopisch kleinen Bläschen, bestimmt, die, in umso größerer Zahl vorhanden, den Stein trüb oder ganz undurchsichtig machen können.

Die Nagelprobe

Es gibt verschiedene Methoden, einen Stein darauf zu prüfen, ob es sich um Bernstein handelt. Bevor man das Fundstück einer näheren Betrachtung unterzieht, kann man einen vergleichbaren Stein aufsammeln und das Gewicht vergleichen. Da die wenigsten von uns das Feingefühl einer Laborwaage besitzen, reicht diese Methode nur zu einer ersten Einschätzung. Mit einer feinen Nadel oder einem scharfen Stein lässt sich Bernstein anritzen.

Oben: Die Bearbeitung des Bernsteins ist etwas für Profis.
Unten: Bernstein bei der Reinigung

Oben: Nicht alles, was es hier zu kaufen gibt, kommt auch aus den Küstengewässern.
Unten: Solch ein Fund macht nicht nur das Insekt »unsterblich«.

Mit einem Feuerzeug oder einer offenen Flamme lässt sich das Baumharz entzünden. Dabei setzt es den typischen Duft brennenden Holzes frei. Im Zweifelsfalle empfiehlt es sich, erst mal mitzunehmen, was die Aufmerksamkeit erregt. Eine zerstörungsfreie Methode ist es, in einem Viertel Liter Wasser 2 Esslöffel Kochsalz aufzulösen. Damit ist die Dichte des Wassers größer als die des Bernsteins, sodass er im Wasser schwebt .

Kulturelle Bedeutung

Der Name Bernstein geht auf das mittelniederdeutsche Wort *Börnsteen* – Brennstein – und damit auf seine Eigenschaft zurück, entzündlich zu sein. Viele Sagen ranken sich um das gern als Wikingergold bezeichnete Fossil. Funde aus der Steinzeit zeugen von der frühen Faszination, die das Material auf den Menschen ausübte. Das Material war so begehrt, dass Handelsrouten, sogenannte Bernsteinstraßen, von der Ostsee bis nach Italien und Südfrankreich führten. Das hatte zur Folge, dass im Mittelalter nur auf Geheiß der Feudalherren Bernstein gesammelt und veräußert werden durfte. Edle Schmuckstücke, Gefäße, Uhren und Intarsien in Möbelstücken belegen den Wert, den der Bernstein an der Ostsee seit jeher besaß. Das wohl opulenteste und sagenumwobenste Gewerk dürften die mit aufwendigen Verzierungen bestückten Wandverkleidungen des sogenannten Bernsteinzimmers sein, das König Friedrich I. im Berliner Schloss anfertigen ließ. Sein Sohn, der Soldatenkönig, tauschte das Zimmer bei dem russischen Zaren Peter dem Großen gegen Soldaten ein. Deutsche Truppen demontierten das Prunkstück im Zweiten Weltkrieg wieder und brachten es nach Königsberg. Damit war der Schatz im heutigen Kaliningrad nach 1945 wieder in russischer Hand und gilt seitdem als verschollen.

Infos und Adressen

ESSEN UND TRINKEN

Münsterteicher. Hier werden Sushi und Austern aus der offenen Küche serviert. Strandpromenade 76, 18609 Ostseebad Binz, Tel. 03 83 9/3 15 64, www.strandhalle-binz.de/03-muensterteicher.html

Restaurant »Bernstein«. Vitalkost steht ebenso auf der Speisekarte wie regionale und internationale Küche. Strandpromenade 76, 18609 Ostseebad Binz, Tel. 03 83 93/60, www.binz-therme.de

Strandhalle. Klingt zwar nach Fritten und Bockwurst, tatsächlich wird in einem unglaublich schönen Ambiente »fein-bürgerliche« Küche angeboten. Das ist die Urgemütlichkeit, die man sich von einem Badeort erwartet. Strandpromenade 5, 18609 Ostseebad Binz, Tel.03 83 93/3 15 64, www.strandhalle-binz.de

Blick in den Wellnessbereich des »artepuri hotel meerSinn«

Viele Hotels haben auf der »Sonneninsel« gemütliche Außenterrassen.

BARS UND CAFÉS

Rialto. Das Café liegt unterhalb des gleichnamigen Aparthotels. Im Sommer gibt es auch draußen frisches Sanddorneis. Hauptstraße 21/23, 18609 Ostseebad Binz, Tel. 03 83 93/3 38 97. info@aparthotel-rialto.de, www.aparthotel-rialto.de

ÜBERNACHTEN

artepuri hotel meerSinn. Biohotel mit Bio-Restaurant und angeschlossenem Gesundheitszentrum, 18609 Ostseebad Binz, Tel. 03 83 93/66 30, info@meersinn.de, www.meersinn.de

EINKAUFEN

Der Bernstein Fischer. Hier kann man eigene Funde bearbeiten lassen und fachsimpeln. Paulstrasse 1, 18609 Ostseebad Binz, Tel. 03 83 93/43 64 44

Goldschmiede Stoll. Die edle Variante, Bernstein einzukaufen. Hauptstraße 1, 18609 Ostseebad Binz, Tel. 03 83 93/2 13 25, office@goldschmiede-stoll-binz.de, www.goldschmiede-stoll-binz.de

Kaufhaus Stolz. Outdoor-Store für die richtige Bekleidung zum Bernsteinsuchen. Proraer Chaussee 6, 18609 Binz, Tel. 03 83 93/6 66 60

Mitte: Schloss Granitz ragt über die Wipfel der Bäume in den Himmel.
Unten: Foyer des Jagdschlosses

4 Granitz – das Jagdschloss

Rapunzels Turm

Bereits von Weitem sichtbar, ragt der Turm des Jagdschlosses Granitz über die Wipfel der Bäume. Märchenhaft schön thront der Prachtbau auf dem Tempelberg. Wenn einem dann noch, in den Tagtraum vertieft, eine Stimme zuflüstert, »Rapunzel, Rapunzel, lass dein Haar herunter«, kann jeder für sich selbst entscheiden, ob er der Sohn des Königs oder die Hexe sein möchte, der oder die um Einlass bittet.

Für die meisten endet die Geschichte bzw. der Traum spätestens dann, wenn der Jagdschlossexpress um die Ecke getuckert kommt und eine ganze Schar Touristen auf den Vorplatz des Schlosses entlässt. Neben einer Wanderung oder einer Radtour ist dies nämlich die einzige Möglichkeit, auf vier Rädern tief in das Herz des Biosphärenreservats und die Wälder der Granitz vorzudringen.

Mal wieder Malte

Wer sonst außer Malte von Putbus sollte wohl dafür verantwortlich zeichnen, noch lange nach seinem Tode der Nachwelt ein derart perfekt anmutendes Bauwerk in den Nachlass zu legen. Die beiden für manch anderes von Malte zu Putbus beauftragte Bauwerk verantwortlichen Architekten namens Karl Friedrich Schinkel (1781–1841) und Johann Gottfried Steinmeyer (1780–1851), planten und errichteten das Schloss zwischen 1837 und 1846. Die besondere Lage auf der höchsten Erhebung Ostrügens und in einem der beliebtesten Jagdreviere Norddeutschlands war allerdings schon

über 100 Jahre zuvor einem Vorfahren Maltes, Moritz Ulrich I. zu Putbus (1699–1769), bewusst. Der ließ dort 1726 am Fuß des Berges ein zweigeschossiges Jagdhaus bauen, das später zum Forst- und Gasthaus umfunktioniert wurde. Heute ist in dem sogenannten Granitzhaus die Informationsstelle des Biosphärenreservats Südost-Rügen untergebracht. An der Stelle, wo heute das Jagdschloss steht, baute Ulrich 1730 ein zweistöckiges Fachwerkgebäude mit Belvedere, einem sechseckigen Aussichtspunkt, der eine gute Aussicht über das Jagdgebiet bieten sollte. Nachdem das Haus baufällig geworden war, wurde es 1810 abgerissen und durch das Schloss im klassizistischen Stil ersetzt.

Fürstliche Zweckbauten

Malte I., der seinen Gästen mit Putbus schon einen kompletten Badeort baute, fühlte sich wohl verpflichtet, seinen hochrangigen Gästen auch zum Zwecke der Jagd repräsentative Räumlichkeiten zur Verfügung zu stellen. Der äußerlich wehrhafte Eindruck der Türme und Zinnen täuscht. Zwar ermöglicht der 145 Meter über dem Wasserspiegel der Ostsee liegende Aussichtspunkt bei schönem Wetter einen Blick bis zur Insel Usedom, doch schon dem jüngsten Fachmann mit dem *Was ist Was* über Ritterburgen in der Hand fällt das Fehlen eines Grabens und der Zugbrücke auf.

Oben: Kutschfahrt durch die Wälder der Granitz
Mitte: Im Sommer spenden die Wälder kühlenden Schatten.
Unten: Mit dem Auto gelangt man jedenfalls nicht zum Schloss.

AUTORENTIPP!

SCHLEMMERSPEKTAKEL

Nach einem ausgiebigen Spaziergang durch die Geschichte locken der Waldbiergarten oder das Wirtshaus Alte Brennerei im Keller des Schlosses. Die Schenke unter den steinernen Gewölben ist rustikal eingerichtet. Landknechtbrot und Griebenschmalz stehen ebenso auf der Speisekarte wie Schweinerücken und Bärentatzen. Nichts für die zierliche Figur von zarten Waldelfen, die vielleicht lieber auf Matjesfilet und Salat zurückgreifen. Für Gruppen ab zwölf Personen bietet das Haus das sogenannte Schlemmerspektakel an. In mittelalterlicher Atmosphäre spielen während des Essens Gaukler auf und machen das Mahl zu einem Kleinkunstabend der besonderen Art. Einen fürstlichen Empfang und einen Rundgang durch das Schloss bieten auf Wunsch die Jagdhornbläser. Ganz wie in alten Zeiten.

Wirtshaus Alte Brennerei. Im Jagdschloss Granitz, Tel. 03 83 93/3 28 72, www.alte-brennerei.com

Radweg zum Jagdschloss Granitz

Rundgang durch das Schloss

Dafür besitzt das Schloss einen Rittersaal, Speise- und Empfangszimmer und alle Räumlichkeiten, die ein repräsentatives Gästehaus sonst noch benötigt. Die Trophäensammlung im Eingangsbereich beeindruckt wahrscheinlich nur Jäger und treibt allen Bambifans die Tränen in die Augen. Erheblich geschmackvoller sind die aufwendig verzierten Wandvertäfelungen im Speisezimmer mit den eingelassenen Porzellantellern, den handbemalten Kacheln und Stuckdecken. Leider ist das Mobiliar nicht original, da nach dem Krieg alle beweglichen Gegenstände verschwanden. Die Teller mit den Jagd- und Tiermotiven stammen aus der Porzellanmanufaktur Fürstenberg und sind 2003 nach dem Vorbild des letzten noch bekannten Originals im Besitz von Franz zu Putbus (1927 bis 2004) gefertigt worden. Der scheiterte bei dem Versuch, das von der sowjetischen Besatzungsmacht enteignete Anwesen vor Gericht zurück zu erstreiten. Immerhin ging es bei diesem Rechtsstreit nicht nur um das Jagdschloss Granitz, sondern um ca. ein Sechstel der Fläche von Rügen. Dazu gehörten neben den klassizistischen Bauten land- und forstwirtschaftliche Flächen, Kreidebrüche und Hafenanlagen.

Marmor aus Rom

Im Marmorsaal ziert eine in Marmor gehauene Jagdszene den Kamin. Das filigran gearbeitete Stück hatte Malte in Rom anfertigen lassen. Im krassen Gegensatz dazu steht die Sitzgruppe aus Hirschgeweihen im Herrenzimmer. Da ist man erleichtert, wenn ähnliche Prunkstücke männlichen Jagdfiebers nicht auch noch die übrigen Räume zieren. Das Damenzimmer mit dem originalen Sofa und dem Flügel vermittelt schon eher den Eindruck, dass hier nicht nur Jägerlatein ausgetauscht wurde. Im Ankleide-, Schlaf- und Dienst-

Wanderung durch die Granitz

Die Wanderung durch das Jagdrevier beginnt an der Seebrücke Sellin und führt über Moritzdorf nach Baabe.

AN- UND ABFAHRT

Wer mit dem Auto anreist, steuert den Parkplatz Biosphärenreservat Südost-Rügen in der Warmbadstraße 4 an. Als öffentliche Verkehrsmittel stehen der »Rasende Roland« und die Buslinie 25 (Haltestelle Seebrücke in der Wilhelmstraße) zur Verfügung. Da die erste Station die Seebrücke Sellin ist, bietet es sich an, die Wanderung mit einer Anreise per Bäderschiff zu beginnen.

RÜCKFAHRT

Vom Bahnhof Baabe fahren der »Rasende Roland« oder ein Bus der Linie Linie 20 zurück nach Sellin.

WEGBESCHAFFENHEIT

Überwiegend Feld- und Waldwege und einige Teerstraßen.

LÄNGE

Die dreieinhalbstündige Tour führt über eine Strecke von 16 km.

AUSRÜSTUNG

Als Ausrüstung genügen bequeme (Wander-) Schuhe, etwas zu trinken, ein kleiner Snack, im Sommer Sonnencreme und Mückenspray, im Herbst Regenzeug und im Winter warme Kleidung.

VERPFLEGUNG

In den Kellergewölben von Schloss Granitz befindet sich ein Restaurant und vor dem Schloss ein Biergarten. Für eine spätere Pause bietet sich die Moritzburg an.

VARIANTE

Anstatt mit Bus oder Zug zurück nach Sellin zu fahren, kann man von Baabe aus über den Strand zurück zum Startpunkt gehen.

WICHTIGE STATIONEN

A **Seebrücke Sellin** – Vom Ende der Seebrücke hat man einen schönen Blick auf die Stadt.

B **Schloss Granitz** – Man kann wählen zwischen der Besichtigung des Schlosses, der Ausstellung im Nationalpark-Haus, einer deftigen Mahlzeit oder einem kühlen Bier.

C **Bahnhof Garlitz** – Hier wird die Trasse der Schmalspurbahn gekreuzt.

D **Neuensiener See** – Nach der Fußgängerbrücke über die Lanckener Bek geht es rechts am Hafen entlang auf einem schönen Uferpfad durch das gleichnamige Naturschutzgebiet.

E **Moritzburg** – Keine Burg, sondern ein Restaurant, das einen schönen Panoramablick über die Granitz bietet.

F **Ruderbootfähre** – Mit gerade mal 1 Min. ist das wohl die kürzeste Bootstour auf Rügen, die Wanderer und Radfahrer über die Baaber Rinne zum Bollwerk bringt.

G **Bahnhof des »Rasenden Rolands« in Baabe.**

Oben: Die »Himmelsleiter« führt auf den Aussichtsturm des Schlosses. **Unten:** Hier fühlt sich der leidenschaftliche Jäger wohl.

zimmer finden sich Ausstellungen des bekannten Tiermalers J. E. Ridinger (1698–1767) und des Schlachtenmalers und leidenschaftlichen Jägers Max Hünten (1869–1936).

Stairway to Heaven

Eine stählerne Wendeltreppe schraubt sich im Aussichtsturm hinauf. Wer die 154 Stufen erklimmt, hat einen noch beeindruckenderen Ausblick von dem 38 Meter hohen Turm über die Wälder der Granitz bis hinaus auf die Bodden unddas Meer. Bereits der Aufstieg ermöglicht einen eindrucksvollen Blick aus den Fenstern überdie Schlossanlage. Mit jeder Stufe, die man erklimmt, kann man seine Schwindelfreiheit mit einem Blick hinab in den Treppenaufgang testen. In dessen Mitte kreist ein Adler. Wer zu erschöpft ist für den Abstieg, macht es wie der Zauberer Gandalf in Tolkiens *Herr der Ringe* und lässt sich einfach von dem Greifvogel hinabtragen. Zuviel Pomp und Gloria sollte man beim Besuch des Schlosses nicht erwarten. Es war ein Jagd- und kein Lustschloss. Vieles ging in den Wirren der wechselhaften Geschichte der Insel Rügen verloren. Die Atmosphäre ist eher kühl und die Einrichtung spartanisch. Doch mit ein bisschen Fantasie fällt es nicht schwer sich vorzustellen, wie Edelleute hier einst den Jagdfreuden frönten.

MAL EHRLICH

Der Ausflug zum Schloss Granitz sollte auf gar keinen Fall während einer Rügenreise fehlen. Doch schnell kann ein Besuch des Schlosses mit einer vierköpfigen Familie inklusive Fotografiererlaubnis zu einem kostspieligen Vorhaben werden. Wer hofft, im Inneren komplett eingerichtete Räume zu entdecken und einen Eindruck vom mondänen Ambiente zu bekommen, wird enttäuscht werden und sollte besser auf die Mönchguter Museen oder Putbus ausweichen.

Infos und Adressen

ÜBERNACHTEN

Hotel Schloss Ranzow. Zu einem Schlossbesuch gehört eigentlich auch die Übernachtung in einem Schloss. Schlossallee, 18551 Lohme, Tel. 038302/88910, www. hotel-schloss-ranzow.de

AKTIVITÄTEN

Jagdschloss Express. Die einzige Variante, um auf vier und mehr Rädern zum Jagdschloss zu gelangen. Abfahrten ab Seebrücke Binz oder vom Parkplatz Binz Ost, abgehend von der L 29, Gewerbegebiet 2 Nr. 19, 18609 Ostseebad Binz, OT Prora, Öffnungszeiten des Büros Mo–Fr 07.30–16 Uhr, Reservierungen und Anfragen Tel. 038393/33880, info@jagdschlossexpress.de, www.jagdschlossexpress.de

Jagdschloss Granitz. Mai – Sept. tägl. 9–18 Uhr, Okt. und April tägl. 10–16 Uhr, Nov.–März Di–So 10–16 Uhr, 24. und 23 Dez. bis 14 Uhr, letzter Einlass jeweils 30 Min. vor Schließzeit, PF 1101, 18609 Ostseebad Binz, Tel. 038393/663816, jagdschloss-granitz@mv-schloesser.de, mv-schloesser.de

Die einzige Möglichkeit, motorisiert zum Jagdschloss zu gelangen.

Die Zinnen täuschen Wehrhaftigkeit lediglich vor.

VERANSTALTUNGEN

Schlossfest. Jedes Jahr im Juli oder August findet das Mittelalterspektakel mit Gauklern und Händlern am Schloss statt. www.volksfeste-in-deutschland.de

Klassische Konzerte. Klassische Musik im perfekten Rahmen. Postadresse der Geschäftsstelle: Lindenstr. 1, 19055 Schwerin Mo–Do 9–18 Uhr, Fr. 9–16 Uhr, www.festspiele-mv.de

Mondscheinwanderungen: Die einzige Chance, dem Schlossgeist zu begegnen. Die Wanderungen finden nur bei Vollmond in Begleitung statt. Der hat immer eine silberne Kugel im Lauf. Kurverwaltung Binz, Heinrich-Heine-Straße 7, 18609 Ostseebad Binz, Tel. 038393/148148

Mitte: Zugang zum Biosphärenreservat Südost-Rügen
Unten: Die Baaber Ruderbootfähre: die wohl kürzeste Fährverbindung auf Rügen

5 Biosphärenreservat Südost-Rügen

In bester Gesellschaft

Das Biosphärenreservat Südost-Rügen befindet sich mit weitaus populäreren Reservaten wie dem Ayers Rock in Australien oder den Everglades in Florida in bester Gesellschaft. 1990 von der UNESCO zum schützenswerten Reservat erklärt, sichert das Vorhaben die Existenz einer abwechslungsreichen Urlaubslandschaft. Engagierte Ranger und die lokale Touriswirtschaft bieten eine Fülle von Aktivitäten, um zu sehen, zu verstehen und zu genießen.

Nachdem lange Zeit der Fokus von Umweltschützern ausschließlich auf dem Schutz der Natur lag und die Belange von Mensch, Wirtschaft und Politik dabei unberücksichtigt geblieben sind, zielt das 1971 von der UNESCO ins Leben gerufene Programm darauf ab, repräsentative Modellregionen für ein Miteinander von Mensch und Natur zu schaffen. Laut Definition sind Biosphärenreservate »Modellregionen für eine nachhaltige Entwicklung«. Zu den vorrangigen Zielen zählen die Vermarktung regionaler Produkte, biologische Vielfalt, die Förderung eines naturverträglichen Tourismus, einer umweltschonenden Landwirtschaft, Förderung von Bildung und Erkenntnisprozessen in der Forschung sowie die Zusammenarbeit in internationalen Netzwerken.

Klein aber oho

Das zweitkleinste Reservat Deutschlands mit einer Fläche von 235 Quadratkilometern umfasst die Granitz, das Mönchgut, den Rügischen Bodden zwischen Putbus und Thiessow, die Küste zwischen Binz und Thiessow sowie die Insel Vilm. Orte, von denen jeder einzelne einen Aufenthalt, eine Wanderung, eine Radtour oder einfach nur einen Strandspaziergang zu einem einzigartigen Erlebnis für den Menschen macht. Für das Biosphärenreservat Südost-Rügen bedeutet dies gleichzeitig den Schutz einer einzigartigen Vielfalt von Flora, Fauna, Landschaftselementen, Küstenformen und kulturellen Begebenheiten, wie sie in dieser Kombination exemplarisch für Mecklenburg-Vorpommern nur im Südosten der Insel Rügen vorzufinden ist. Der Wechsel von Halbinseln, Nehrungen und Küstenvorsprüngen wie dem Nordpferd, breite Sandstrände vor Thiessow, die schmalen Blockstrände südlich von Sellin, an denen sich Findlinge, ausgewaschen aus den Steilküsten, türmen, breite Schilfgürtel an den Bodden, die Buchenwälder der Granitz, Magerrasen, die Wiesen und Weiden im Mönchgut prägen ein Terrain, das nicht nur einen einzigartigen Lebensraum für eine artenreiche Tierwelt bietet, sondern seit 5000 Jahren vom Menschen geschätzt und genutzt wird. Davon zeugen Großsteingräber, Kirchen, Klöster, das Schloss Granitz und die unverwechselbare Bäderarchitektur des 19. Jh.

MAL EHRLICH

So schön eine Fahrradtour durch das Mönchgut auch ist, so ist es schlau, sich von den Hauptverkehrsstraßen fernzuhalten, da sich die öffentliche Hand nicht besonders viel Mühe mit dem Ausbau des Radwegenetzes gegeben hat. Eine gute Fahrradkarte mit einer Zustandsbeschreibung des Fahrbahnbelages bietet sich insbesondere für solche Radler an, die größere Strecken zurücklegen möchten. Eine weitere Hilfe ist es, den Beschilderungen der ausgewiesenen Radtouren zu folgen.

Oben: Alter Baumbestand prägt viele Wälder des Biosphärenreservats Südost-Rügen.
Mitte: Blick auf den Selliner See
Unten: »Kuhschellen« auf einem Magerrasen im Mönchgut

Oben: Blick auf die Hegensche Wiek und Gager
Mitte: Auf dem Mönchgut findet man viel Ruhe.
Unten: Boote der Boddenfischer

Alles hübsch geordnet

Biosphärenreservate sind in verschiedene Zonen eingeteilt. Zu den Kernzonen gehören unter anderem die Insel Vilm, die Küstenrandzone der Granitz, das Kesselmoor Große Wiese, das Kliff und die Laubwälder am Zickerschen Höft. Es sind Gebiete, die in erster Linie dem Schutz der Natur, dem Erhalt der sogenannten Biodiversität (Artenvielfalt) und der Wissenschaft als Referenzflächen für Forschungsarbeiten dienen und deren Zugang und Nutzung starken Reglementierungen unterliegt. Also kein Platz, um ein Zeltlager aufzuschlagen oder ein Lagerfeuer zu entfachen. So lässt sich der nächtliche Sternenhimmel über der Insel ohnehin besser betrachten.

Die Pflegezone umfasst die vom Menschen genutzten Kulturlandschaften, wie die Schafweiden auf dem Zickerschen Höft. Diese Gebiete unterliegen den Bestimmungen eines Naturschutzgebietes. Möchte man ein derartiges mit einer Eule im Fünfeck gekennzeichnetes Gebiet erkunden, geht dies nur ohne Fahrzeug, egal, ob Motor- oder Muskelkraft betrieben, der Hund muss an die Leine und Wege dürfen nicht verlassen werden. An Kräutern und Blumen riechen ist erlaubt, mitnehmen nicht.

Denn die kann man genauso gut in der letzten der drei Zonen, der Entwicklungszone, pflücken, in der »alle Nutzungs- und Wirtschaftformen umwelt-, natur- und sozialverträglich umgesetzt werden«. Dazu gehören Hotelanlagen ebenso wie Werftanlagen oder landwirtschaftliche Flächen. In der sogenannten Schutzzone 3 sollen unter Beteiligung der Bevölkerung ökonomische und ökologische Interessen in Einklang gebracht werden.

Think global, act local!

Dass niemand von sich behaupten kann, »die Weisheit mit Löffeln gefressen zu haben« und uns nur die wenigsten globalen Zusammenhänge eines lokalen Handelns bekannt sind, haben auch die Mitgliedsstaaten der UNESCO erkannt und die Schutzzonen deswegen zu Modellregionen erklärt. Denn hier soll die tatsächliche Entwicklung, von wissenschaftlichen Untersuchungen begleitet, beobachtet werden, und es sollen Modelle zur Übertragung in andere Natur- und Kulturgesellschaften entwickelt werden, ohne dem Menschen den Zugang zu verwehren.

Was ist die UNESCO

Die UNESCO dürfte den meisten Menschen ein Begriff im Zusammenhang mit dem UNESCO-Welterbe sein. Dazu gehören die Pyramiden von Gizeh ebenso wie der Kölner Dom, die National- und Provinzialparks in den kanadischen Rocky Mountains oder das Wattenmeer vor der deutschen Küste. 1945 wurde die internationale Organisation aufgrund der Erfahrungen des Zweiten Weltkrieges gegründet, als Sonderorganisation der Vereinten Nationen (United Nations – UN) mit Sitz in Paris zur Erhaltung von Zeugnissen vergangener Kulturen, einmaligen Kunstwerken und Naturlandschaften, die bei Verlust nie wieder zu ersetzen wären. Wie eine Feuerwalze war der Krieg über Europa und die Welt gerollt und hatte unzählige Natur- und Kulturdenkmäler unwiederbringlich zerstört. Eines

AUTORENTIPP!

WANDERUNG MIT EINEM RANGER

Bei der UNESCO ist die Aufsicht über schützenswerte Güter und Landschaften deswegen gut aufgehoben, weil sie in ihren Bemühungen sehr stark auf Bildung und Aufklärung setzt. Wer also Lust hat, mehr über seine Urlaubsregion, Sinn und Zweck eines Biosphärenreservats zu erfahren, kann an einer der geführten Wanderungen teilnehmen. Fragen erwünscht: Die Ranger zeichnen sich durch ein profundes Wissen über Flora und Fauna aus und führen ihre Schützlinge sicher entlang von Steilküsten, durch Moore und Wälder. Die Wanderungen dauern zwischen zwei und dreieinhalb Stunden und finden zu festen Terminen in den Monaten Mai bis Oktober statt. Die Uhrzeiten und Treffpunkte sind der Broschüre *Auf Schusters Rappen durch die Natur* zu entnehmen.

AUTORENTIPP!

GESCHICKT KOMBINIERT

»RADzfatz über die Insel« lautet das Motto der Rügener Personennahverkehrs GmbH (RPNV), die auch im Biosphärenreservat die wichtigsten Orte im 15-, 30- oder 60-Minutentakt anfährt. Das Schöne daran: Die Fahrräder werden auf einem Hänger am Bus transportiert. So lässt sich manche Distanz zu den schönsten Zielen schnell und unkompliziert überwinden. Kombiniert man eine derartige Ausfahrt dann noch mit der Schmalspurbahn »Rasender Roland« oder einem der Fahrgastschiffe, die zwischen den Seebädern verkehren, gibt es kaum einen Ort, der sich nicht auf bequeme und entspannte Art und Weise erreichen lässt. Die Broschüre *Mobil ohne Auto – der Natur ganz nah* bietet interessante Routenvorschläge, die alle Verkehrsmittel inkl. Wanderungen miteinander kombinieren. Sie ist im Internet und vor Ort an jeder Touristeninformation erhältlich.

der populärsten Beispiele ist das Bersteinzimmer, das seit dem Krieg als verschollen gilt. So heißt es in der Präambel des Vertrages der 37 Gründerstaaten: »Ein ausschließlich auf politischen und wirtschaftlichen Abmachungen von Regierungen beruhender Friede kann die einmütige, dauernde und aufrichtige Zustimmung der Völker der Welt nicht finden. Friede muss – wenn er nicht scheitern soll – in der geistigen und moralischen Solidarität der Menschheit verankert werden.«

Mitmachen und Spaß haben

Nun hat die Geschichte gezeigt, dass die UN im seltensten Falle in der Lage war, Kriege zu verhindern, ebenso wie die UNESCO nicht operativ eingreifen kann, um die Zerstörung von Natur- und Kulturdenkmälern abzuwenden. Aus diesem Grund setzt man auf Aufklärung, Bildung und Kooperation, um alle Beteiligten und Betroffenen für die Sache zu sensibilisieren und das Miteinander zu fördern. Da mag sich mancher fragen, wie soll schon der Verlust des Wattenmeeres vonstatten gehen, wenn nicht gerade die Welt untergeht oder die Gezeiten durch einen Meteoriteneinschlag auf dem Mond ausbleiben. Doch es geht nicht um die Dinge, die nicht in der Macht des Menschen liegen, sondern gerade um die Einflüsse, die der Mensch in der Wechselwirkung mit der Natur im Negativen ausüben könnte und im Positiven zur Erhaltung beitragen kann und muss. Brandaktuell in der Diskussion ist die sogenannte Energiewende, um einer möglichen Erderwärmung entgegenzuwirken, die zum Abschmelzen der Polkappen führt. Einige Landzungen und Nehrungen im Gebiet des Biosphärenreservats Südost-Rügen liegen so tief, dass ein Meeresspiegelanstieg von nur wenigen Zentimetern ausreichen würde, dass Sturmfluten nicht nur Erdreich und Naturdenkmäler wie die Wissower Klinken, sondern auch Häuser und Menschen fortreißen könnten. Kein Problem, dann baut man einfach Deiche oder erhöht die vorhandenen. Doch das kostet viel Geld, und bedeutet nicht mehr als ein Rumdoktern an den Symptomen. Außerdem sind die Kommunen pleite, und in anderen Erdteilen fehlen die Mittel für Küstenschutzmaßnahmen ganz.

Ein schmackhafter Beitrag

Der Transport von Früchten und Gemüse zu den großen Discountern scheint selbst über große Entfernungen immer noch günstiger als die Produkte vor Ort einzukaufen. Die berühmten Tomaten aus holländischen Gewächshäusern sind ein gutes Beispiel, wie solche Billigprodukte vielleicht den Durst löschen können, der Geschmack aber nicht mehr als dem von in Zellen eingeschlossenem Wasser gleicht. Gerade auf Rügen hat sich ein sehr dichtes Netzwerk von Herstellern regionaler Produkte und deren Vermarktung etabliert, das man nutzen kann, wenn man seinen Beitrag leisten möchte. Auf den Geschmack gekommen, regt das vielleicht dazu an, zu Hause ebenfalls regionale Produkte einem Apfel aus Neuseeland vorzuziehen.

Alternativen

Ein andere Möglichkeit, sich an einem umweltverträglichen Tourismus zu beteiligen, ist es, sich ein Fahrrad zu leihen und dem ohnehin Nerven aufreibenden Verkehr aus dem Weg zu gehen. Besonders schön sind Radtouren durch die Wälder zu Schloss Granitz, durch die hügelige Landschaft des Mönchguts über Thiessow, zum Südpferd nach Klein Zicker oder von Middelhagen zum Reddevitzer Höft, einer schmalen Halbinsel inmitten des Rügischen Boddens. Die Badehose und ein Handtuch sollte man grundsätzlich im Gepäck haben, da sich unterwegs immer wieder die Möglichkeit zu einem erfrischenden Sprung ins feuchte Nass bietet.

AUTORENTIPP!

ROBBENBEOACHTUNG
Was von einigen Damen gern in Form von Mänteln getragen wurde, ist vor Rügen zu einem Symbol für die Fortschritte eines verantwortlichen Miteinanders von Mensch und Natur geworden – Robben. Sicher das Highlight einer jeden Tierbeobachtung vor der Insel. Sind die meisten wild lebenden Schutzobjekte oft sehr scheu, hat man auf einer Robbenbeobachtungstour schnell mal das Gefühl, selbst zum Objekt der Feldarbeiten zu werden. Wenn die possierlichen Tierchen nicht gerade auf einer Sandbank dösen, dümpeln sie gern im Wasser vor sich hin und lauschen den euphorischen Ausrufen einer begeisterten Horde von Naturbeobachtern, wenn sie denn mal mit den schwarzen Knopfaugen zwinkern. Fahrten zu den »Laufstegen« der Meeressäuger finden regelmäßig von Lauterbach in Begleitung eines Biologen statt, den man bei der Zählung für wissenschaftliche Zwecke unterstützen kann.

Infos und Adressen

EINKAUFEN

Bauer Kliewe. Erlebnisbauernhof mit Hofladen, Angeboten zu Urlaub auf dem Land und Reitschule. Mursewiek 1, 18569 Ummanz, Tel. 03 83 05/81 30, Bauernhof-Kliewe@t-online.de, www.bauernhof-kliewe.de

Bauer Lange. Hofladen, Trödelmarkt und Maislabyrinth. Hof Nr. 37, 18569 Lieschow, Tel. 03 83 05/5 51 17, info@bauer-lange.de, www.bauerlange.de

Handwerkermarkt Gutshof Arkona. Trödel, Schilder, Spielzeug, Lederwaren, Keramik und einiges mehr wird am Wochenende auf dem Gutshof angeboten. Hier und da kann man bei der Herstellung auch helfen oder dabei sein und etwas lernen. Ganzjährig geöffnet Fr–So, Dorfstraße 22, 18556 Putgarten, Tel. 03 83 91/40 00, kap-arkona@t-online.de, www.kap-arkona.de

Mal was anderes als Fisch: Erbsensuppe mit Bockwurst im Biergarten

Kornrade Bioland Imkerei & Hofladen. Erstaunlich, was man alles aus Honig machen kann. Im Hofladen gibt es aber noch mehr. Berger Straße 20, 18581 Putbus, Tel. 03 83 01/ 88 27 58, korn.putbus@freenet.de, www.kornrade.de

Kutter- und Küstenfisch Rügen GmbH. Fisch direkt vom Kutter. Zum Essen vor Ort und zum Mitnehmen, Hafenstraße 12, 18546 Sassnitz, Tel. 03 83 92/51 30, info@kutterfisch.de, www.kutterfisch.de

Molkerei Naturprodukt GmbH Rügen. Der Molkerei ist ein gemütliches Café angeschlossen. Im Hofladen bekommt man Milchprodukte und Brotaufstriche. Poseritz Hof 15, 18574 Poseritz, Tel. 0 03 83/07 404 29, post@ruegener-inselfrische.de, www.ruegener-inselfrische.de

Naturparadies Teutenberg. Alles rund um den Bioapfel. Von der rohen Frucht über Marmeladen bis zu Säften kann man aus veschiedenen Sorten wählen. Außerdem kann man hier übernachten und am Privatstrand baden. Alt Reddevitz 35, 18586 Middelhagen, Tel. 03 83 08/24 19, D.Teutenberg@web.de, www.natur-paradies.de

Rügen-direkt, Online-Shop. Da muss man nicht alles im Koffer nach Hause schleppen. Dorfstraße 22, 18556 Putgarten, Tel. 03 83 91/43 99 90, info@ruegen-direkt.de, www.ruegen-direkt.de

Rügenmarkt. Über 50 Produzenten regionaler Produkte und Kunsthandwerker finden sich jeden Dienstag und Freitag im Hafen von Thiessow ein. Am Hafen, 18586 Ostseebad Thiessow, Tel. 0 38 38/30 95 63, Mai–Okt. Di und Fr 10–17 Uhr

AKTIVITÄTEN

Fahrradverleih Binz. Der Verleih liegt in unmittelbarer Nähe des Bahnhofs. Dollahnerstr. 17, 18609 Ostseebad Binz, Tel. 03 83 93/3 24 20 Zweirad-Deutschmann@t-online.de, www.zweirad-deutschmann.de/impressum/

Mit dem Fahrrad lässt sich das Mönchgut entspannt erkunden.

Fahrradverleih & Fahrradservice Casa-Atlantis. Hier kann man auch Elektrofahrräder mieten. Strandstraße 5, 18586 Ostseebad Baabe, Tel. 01 51/18 42 70 10, www. fahrradverleih-baabe.de

Fahrrad-Tilly. 500 m vom Bahnhof des »Rasenden Rolands« entfernt. Hier in der Gegend wird es hügelig. Da bietet sich vielleicht ein Elektrofahrrad an. Schulstraße 7, 18586 Göhren, Tel. 03 83 08/22 40, www.fahrrad-tilly.de

Geführte Wanderungen durch das Bisophärenreservat. Die Ranger wissen nicht nur über die Natur zu berichten. Fischerei und Bootsbau gehören ebenso ins Repertoire. Mai–Okt. Die Treffpunkte erfährt man unter Tel. 03 83 03/80 77 80, www.discover-ruegen.de

Granitz Haus. Informationszentrum des Biosphärenreservats Südost-Rügen mit wechselnden Ausstellungen. Blieschow 7a, 18506 Lancken-Granitz, Tel. 03 83 03/88 50, poststelle@suedostruegen.mvnet.de, www.biosphaerenreservat-suedostruegen.de

RADzfatz. Während der Sommermonate führen einige Busse des Öffentlichen Personennahverkehrs spezielle Anhänger mit, auf die man sein Fahrrad laden kann. Friedenstraße 24, 18528 Bergen, Tel. 0 38 38/20 29 55, infothek@rpnv.de, www.rpnv.de/radzfatz

Rental-Station Fahrradverleih Sellin. Der Verleih befindet sich gegenüber dem Bahnhof der Schmalspurbahn. Parkstraße 2, 18586 Sellin, Tel. 03 83 03/8 66 55, www.rental-station.de

Robbenbeobachtungstour. Die Boote fahren zur Insel Vilm ab Hafen Lauterbach. Schiffe und Werbung sind kaum zu übersehen. Die Fahrt dauert 2,5 Stunden. Auf jeden Fall sich vorher erkundigen, ob die Fahrten stattfinden. Mo und Do 9.30–12 Uhr Chausseestraße 7, 18581 Putbus/Lauterbach, Tel. 0 38 31/ 26 81 38

6 Sellin

Perle Rügens

40 Meter über den Meeresspiegel ragen die Klippen von Sellin auf und ermöglichen damit einen erhabenen Blick auf die längste Seebrücke der Insel, das Meer und die Lichter der gegenüberliegenden Seebäder. Eingebettet in die Wälder der Granitz, wirkt die Architektur hier noch filigraner als in den anderen Badeorten. Ob im Sommer oder Winter, die Stadt ist eine traumhafte Kulisse für einen entspannten Urlaub und Ausgangspunkt für Ausflüge in die Granitz und das Mönchgut.

Der Name Sellin leitet sich vom slawischen Wort *Zelino* ab und bedeutet Grünes Land. Damit ist vielleicht das grüne Blätterdach gemeint, durch das hier und da wie glänzende Perlen das Weiß der Villen strahlt. Es scheint, als hätten sich Architekten und Bauherren nach dem Bauboom in den anderen Seebädern in Sellin die Zeit genommen, auf noch feinere Details in den Verzierungen und Ornamenten der Bädervillen zu achten. Gleichzeitig wurde man mutiger. Die Häuser verströmen einen mehr oder minder starken Hauch von Pomp und Gloria erfolgreicher Unternehmer der Gründerjahre, welche den großen Börsenkrach 1873 überstanden hatten. Türmchen an den Hausecken, ausladende Treppen und Säulen im Eingangsbereich sind Ausdruck des neuen Selbstbewusstseins und nach der Reichsgründung 1871 des Bedürfnisses, sich am Wohlstand des alten Adels zu orientieren. Deutschland hatte sich zur größten Industrienation Europas entwickelt. Unternehmen wie die Badischen Anilin- und Sodafabriken (BASF) oder die Allgemeine Elektricität-Gesellschaft AEG, Siemens oder Carl Zeiss eroberten die Weltmärkte. So

Mitte: Blick auf die Seebrücke in Sellin
Unten: Mal Sonnen- und mal Windschutz: Strandkörbe auf der Seebrücke

bedienten sich die Architekten gern repäsentativer Stilrichtungen aus früheren Epochen, die sich nicht nur in den Fassaden widerspiegelten. Schwere Möbel waren ebenso in Mode gekommen wie reichlich verzierte Wohnaccessoires, schwere Vorhänge und Teppiche.

Die Himmelsleiter

Die breite Allee der Wilhelmstraße führt, gesäumt von den prachtvollen Villen, wie eine Sichtachse schnurgerade auf den Strand und die Seebrücke zu. Eigentlich dient eine Seebrücke einfach dazu, trockenen Fußes die Distanz zwischen dem Ufer und dem Fahrwasser eines anlegenden Schiff zu überwinden. Anders in Sellin. Denn auch am Wasser wollte man auf den aus den Städten gewohnten Luxus nicht verzichten. So entstand am Fuße des damals fast 500 Meter langen Landungsstegs ein Brückenhaus mit Musikpavillon und Lesehalle. Der Aufstieg in die Stadt über die 99 Stufen der sogenannten Himmelsleiter war eben beschwerlich. Und ist es auch heute noch. Doch letztend-

Oben: Romantischer geht es kaum. Abendstimmung auf der Seebrücke
Unten: Treppe und Fahrstuhl führen vom Strand hoch zur Wilhelmstraße.

lich hatten die Naturgewalten und das Meer immer das Sagen. Nicht nur die Herbststürme nagten am Grundbesitz der Herrschaften bzw. der Steilküste, sondern der Eisgang im Winter war es, der neben dem Brand 1920, vier Jahre später und nochmals 1929, weite Teile fortriss. Doch die Stadtväter und Reedereien setzten immer wieder alles daran, das Bauwerk erneut herzurichten, um den Status der Gemeinde aufrechterhalten zu können. Auf den Hauch von Luxus, der Sellin noch viel stärker umwehte wie Putbus, Binz und erst recht Sassnitz, wollte man auch nach 1945 nicht verzichten.

Luxus im real existierenden Sozialismus

So etablierte sich der Ort zu einem beliebten Urlaubsziel politischer Größen des Honecker-Regimes. Zwischen den 50er- und 70er-Jahren befand sich hier ein beliebtes Tanzlokal. 1978 wurde das heutige Cliff-Hotel mit Schwimmbad und eigenem Kinosaal zu einem »Erholungsheim« des Zentralkomitees der SED ausgebaut. Honecker und seine Vasallen hatten offensichtlich auch keine Lust, zu Fuß die Treppen zum Strand zu erklimmen und ließen deshalb einen Fahrstuhl installieren. Wer mag da Böses denken. Das Geld, die Seebrücke zu erhalten, stand wohl nicht mehr zur Verfügung. Denn die verrottete langsam und wurde noch im gleichen Jahr abgerissen.

Prächtiger und großzügiger denn je sorgten die Deutsche Wiedervereinigung und der damalige Bundespräsident Richard von Weizsäcker dafür, dass die Mittel zum Neubau bereitgestellt wurden und die Seebrücke wie der heutige Kaiserpavillon nach dem historischen Vorbild von 1927 wieder aufgebaut wurden. Und nun bekam auch der gemeine Bürger seinen Fahrstuhl zum Strand.

Oben: Mit der Tauchglocke kann man einen Blick unter die Oberfläche werfen.
Mitte: Die verzierten Balkone sind typisch für die Badeorte.
Unten: »DDR-Kino« im Cliff-Hotel

Sellin Stadtrundgang

A Seebrücke – Die Seebrücke ist mehr als nur ein Anleger. Ein Ort zum Verweilen. 394 Meter zwischen Himmel und Meer. Auch heute legen hier noch die Bäderschiffe an.

B Kurhaus – Das traditionelle Kurhaus Sellin fällt durch seinen Turm an der Seeseite auf. Schnell keimt der Wunsch auf, sich hier oberhalb der Seebrücke ein Zimmer mit dem fantastischen Blick auf das Wasser zu mieten.

C Gnadenkirche – Die Gnadenkirche fällt durch ihre achteckige Form auf.

D Bernsteinmuseum – Das einzige Bernsteinmuseum der Insel Rügen. In der Werkstatt kann man bei der Verarbeitung zuschauen.

E Galerie Hartwig – In dem ehemaligen Feuerwehrhaus befinden sich die Ausstellungsräume der Galerie Hartwig.

F Museum Seefahrerhaus – Es sieht aus wie ein schmuckes Reetdachhaus am Selliner See. Innen finden wechselnde Ausstellungen.

G Inselparadies Sellin – Selbst auf der Sonneninsel soll es auch mal regnen. Wer auf Badespaß trotzdem nicht verzichten will, hat hier drei Schwimmbecken inkl. Außenbecken.

H Cliff-Hotel – Das Cliff-Hotel an den Klippen von Sellin erfreute sich schon zu DDR-Zeiten großer Beliebtheit bei der »Prominenz«. Auch den Fahrstuhl und das Kino gab es schon.

AUTORENTIPP!

IMMER SCHÖN LÄCHELN
Schaut man sich die Bewertungen der Dienstleistungsbetriebe auf Rügen und insbesondere auf Hiddensee an, fällt immer wieder auf, dass die nicht wegen des schlechten Essens negativ ausfallen, sondern wegen unhöflicher Bedienungen. Zunächst ist dies ein subjektiver Eindruck. Wenn die nicht gleich einen rheinisch fröhlichen Schnack auf Lager haben, liegt es einfach daran, dass man hier im Nordland ist. Ein weiterer Grund könnten die vielen ausländischen Saisonkräfte sein, die nicht unhöflich, sondern nur unsicher sind, weil sie die Sprache nicht so gut beherrschen, geschweige denn deutsche Häschenwitze kennen. Sagt Ihnen ein Lokal nicht zu, dann stehen Sie einfach auf und gehen Sie. Natürlich, bevor Sie bestellt haben – und mit einem freundlichen Lächeln.

Mit Freundlichkeit geht es immer weiter.

Aktion Rose

Ähnlich wie der Seebrücke erging es vielen Gründervillen. Wer sein Eigentum nicht schnell genug dem Volke überließ, bei dem konnte man bestimmt Beweise mangelnder Ideologietreue finden. So strömten ab Februar 1953 Scharen von linientreuen Genossen aus, um sich auf die gezielte Suche nach handfesten Beweisen zu machen, vorzugsweise bei den Besitzern von Hotels und Dienstleistungsunternehmen. Da konnte schon einmal eine Quittung über 30 Westmark für ein Paar Schuhe Grund genug sein, zu einer Gefängnisstrafe verurteilt zu werden und Haus und Grund an die Volksgemeinschaft zu verlieren. Die Grundlage dafür bildete das Volkseigentumsgesetz von 1952. Zunächst hatte man damit begonnen, Kriegsverbrecher zu enteignen. Rügen hatte es damals besonders hart getroffen. Der »Große Bruder« aus Russland plante nämlich, die Insel zur Sicherheits-

Die Rose ist typisch für die Verzierungen an den Balkonen in Sellin.

zone zu erklären und einen militärischen Vorposten zu schaffen, der die Zufahrt zur Ostsee kontrollieren und die eigenen Häfen schützen sollte.

Pfiffi(g)

Um das Benehmen des besten Freundes des Menschen den örtlichen Gegebenheiten anzupassen und mit dem Hund über die Wilhemstraße flanieren zu können und nicht umgekehrt, hat sich das Travel-Charme-Hotel im Kurhaus Sellin etwas Besonderes einfallen lassen. Das Hotel oberhalb des Strandes bietet für die schönsten Tage des Jahres spezielle Arrangements für Hund und Herrchen an, die unter anderem Trainingskurse in Gruppen oder im Einzelunterricht umfassen. Das Prinzip ist so simpel wie effektiv. Was bei Katzen mit der Bereitstellung von ausreichend Futter und Streicheleinheiten funktioniert, ist beim Hund noch viel einfacher. Eingerahmt von der herrlichen Natur der Granitz, erklärt man dem Vierbeiner einfach, dass man ab sofort das Leittier ist, zeigt ihm, wo es langgeht und dass er sich darauf verlassen kann, dass man selbst derjenige ist, der aus dem Wald zurück zum Futternapf findet. Das ist Vertrauenssache. Und auf Vertrauen basieren die Trainingsmethoden von Michael Riedel, der sich seit einigen Jahren hauptberuflich dieser Aufgabe widmet. Er ist der Meinung: »Was der Hund von seinem Herrchen oder Frauchen hält, zeigt er, wenn er frei, ohne Leine läuft.« Eine Wanderkarte der Region gibt es übrigens dazu. Nachdem man Lassies Enkel in den Griff bekommen hat, fehlt eigentlich nur noch Flipper, der Herrchen oder Frauchen aus den Fluten der Ostsee rettet, wenn die sich mal verlaufen haben und über die Klippe ins Wasser gefallen sind. Das zu vermeiden und das Vertrauen in die Orientierung des *Homo sapiens* nicht zu enttäuschen, hilft aber vielleicht auch einfach die Wanderkarte, die es im Hotel dazu gibt.

Oben: Geschäfte laden auf der Wilhelmstraße zum Bummeln ein.
Mitte: Die Tauchglocke am Ende der Seebrücke
Unten: Sandspielzeug, Kitsch und Souvenirs findet man auch hier.

Infos und Adressen

ESSEN UND TRINKEN

Ambiance. Gemütliches Spa-Hotel mit Schwimmbad, Kaminzimmer und Bibliothek. Dazu gehören ein stilvoll eingerichtetes Restaurant, eine Brasserie, eine Terrasse und Bar. Wilhelmstr.34, 18586 Ostseebad Sellin, Tel. 03 83 03/12 20, info@roewers.de www.hotel-ambiance.de

Kleine Melodie. Hier gibt es alles, was das Herz begehrt. Die Palette reicht vom Snack über à la carte bis zum 3-Gänge-Menü auf einer großzügigen Terrasse mit Blick auf das Meer. Im angeschlossenen Biergarten herrscht Selbstbedienung. Südstrand 3, 18586 Ostseebad Sellin, Tel. 03 83 03/8 56 16, info@kleinemelodie.net, www.kleinemelodie.net

Seebrücke Kaiserpavillon und Palmengarten. Restaurant auf der Seebrücke. Von der Lage her kaum zu übertreffendes Restaurant, das nach einem Brand 2012 frisch renoviert wurde. Seebrücke Sellin, Wilhelmstr.25, 18586 Ostseebad Sellin, Tel. 03 83 03/92 96 00, info@seebrueckesellin.de, www.seebrueckesellin.de

Selliner Kleinbahnhof Restaurant und Café. Sehr gemütlich und rustikal eingerichtetes Restaurant. Man hat einen guten Blick auf die Schmalspurbahn. Auf der Speisekarte stehen Gulasch, Schnitzel und Soljanka zu angemessenen Preisen. Bahnhof Sellin, An der B196 3, Tel. 03 83 03/8 79 71

Zum Skipper. Das Restaurant hat etwas von einer Hafenkneipe. Entsprechende Speisen stehen auf der Karte. Tolles Ambiente. Nov.–Febr., Wilhelmstr.31, 18586 Ostseebad Sellin, Tel. 03 83 03/9 07 40, skipper-sellin@email.de, www.skipper-sellin.de

ÜBERNACHTEN

Cliff-Hotel. Schon zu DDR-Zeiten eine angesehene Adresse. Einen Fahrstuhl zum Strand gab es damals schon, und manchmal werden hier noch Kinofilme mit dem alten Pojektor gezeigt. Cliff am Meer 1, 18586 Ostseebad Sellin, Tel. 03 83 03/80, www.cliff-hotel.de

Haus Arkona. Hell und modern eingerichtete Appartements, Wilhelmstr.8, 18586 Ostseebad Sellin, Tel. 03 83 03/1 69 77, www.haus-arkona.de

Hotel Bernstein. Wellnesshotel am Steilufer oberhalb der Seebrücke gelegen. Für gut 1000 € in der Hauptsaison ist auch ein ganzes »Strandhaus« zu haben. 100 m bleiben allerdings noch bis zum Wasser. Hochuferpromende 8, 18586 Ostseebad Sellin, Tel. 03 83 03/17 17, www.hotel-bernstein.de, www.strandhäuser-sellin.de

Roewers Privathotel. 4-Sterne-Superior-Wellnesshotel direkt an der Wilhelmstraße. Im Schatten der Bäume lässt es sich auf den Relaxliegen aushalten. Wilhelmstr. 34, 18586 Ostseebad Sellin, Tel. 03 83 03/12 20, www.roewers.de

Travel Charme Kurhaus. 97% der Besucher würden das Hotel weiterempfehlen. Kein Wunder bei der Lage direkt an der Promenade oderhalb der Seebrücke und direkt im Zentrum des Geschehens. Wilhelmstr. 27, 18586 Ostseebad Sellin, Tel. 03 83 03/9 51 00, www.travelcharme.de

Ein Restaurant direkt auf der Seebrücke

Villa Subklew. Nichtraucherhotel mit modern eingerichteten Zimmern. Warmbadstr.1, 18586 Ostseebad Sellin, Tel. 03 83 03/8 59 87, www.villa-subklew.de

Villa Wiking Hall. 1–3-Zimmer-Appartements in einer wunderschönen alten Villa mit eigenem Garten, Grillplatz und Spielecke. Granitzer Str.36, 18586 Ostseebad Sellin,Tel. 03 83 03/8 76 12, sollwedel@web.de, www.wiking-hall.de

EINKAUFEN

Galerie Hartwich. Für echte Kunstliebhaber. Schulstr.5, 18586 Ostseebad Sellin, Tel. 03 83 03/8 67 25, info@galeriehartwich.de, www.galerie-hartwich.de

Zum Katen. Rügener Kunsthandwerk. Granitzer Str.11a, 18586 Ostseebad Sellin, Tel. 0 38 303/8 66 89

VERANSTALTUNGEN

German Beach Polo Championship. Man braucht nicht unbedingt Karten für die VIP-Lounge. Zuschauen, wie Ross und Reiter dem orangenen Ball hinterherjagen, kann man kostenfrei vom Spielfeldrand an der Seebrücke. Jedes Jahr im September. www.ostseebad-sellin.de

Piratenfest. Rutschen, schminken und verkleiden. Alles, was die Kleinen zu echten Piraten macht. Jedes Jahr im Juli. www.ostseebad-sellin.de

Seebrückenfest. Jede Menge Musik und am Ende ein Feuerwerk: letztes Wochenende im Juli. www.ostseebad-sellin.de

AKTIVITÄTEN

Bernsteinmuseum. Funkelndes Gold der Wikinger. Mo–Fr 10–12 und 14–17 Uhr, Sa 10–12 Uhr, Granitzer Str. 43, 18586 Sellin, Tel. 03 83 03/8 72 79, www.bernsteinmuseum-sellin.de

Vom Restaurant Palmengarten hat man einen Blick auf Meer und Steilküste.

Bowlingcenter Woge. Eine Abwechslung für Regentage. Ostbahnstr. 21, 18586 Ostseebad Sellin, Tel. 03 83 03/78 57

Erlebnisbad Inselparadies. Mai–Okt. tägl.9–22 Uhr, Nov.–April tägl.10–22 Uhr, Badstr.1, 18586 Ostseebad Sellin, Tel. 03 83 03/12 30, www.inselparadies.de

Fahrradverleih Rehnig. Granitzer Str.46, 18586 Ostseebad Sellin, Tel. 03 83 03/9 55 77

Seekajakreisen. Geführte Touren durch das Biosphärenreservat. Seekajakreisen Thomas Trojan, zum Höft, 18586 Gager, Tel. 03 83 08/3 48 80, info@seekajakreisen.de, www.seekajakreisen.de

Tauchgondel. Trockenen Fußes abtauchen ins Meer. Apr./Mai,Sep./Okt. tägl,10–18 Uhr,Juni –Aug. tägl.10–21 Uhr, Nov.–März Mi–So 1–16 Uhr Seebrücke, Tel. 03 83 03/9 27 77, www.sellin.tauchgondel.de

INFORMATION

Kurverwaltung Sellin. Mo–Fr 8.30–18 Uhr, Sa–So 10–18 Uhr, im Winter Mo–Fr bis 16.30 bzw.17 Uhr, Sa bis 14 Uhr, So geschlossen, Warmbadstr.4, 18586 Ostseebad Sellin, Tel. 03 83 03/1 60, www.ostseebad-sellin.de,

Mitte: Mitten im Wald gelegen: die Feuersteinfelder von Neu Mukran
Unten: Wer Geduld oder Glück hat, findet einen »Hühnergott«.

7 Schmale Heide und Feuersteinfelder
Schutz vor Geistern

Das ganze Jahr über kann man sie am Strand beobachten – die Steinsammler. Der Anblick ist ein gewohnter und nur selten schaut jemand auf, wenn ein Fund voller Begeisterung mit einem freudigen Ausruf kundgetan wird. Doch jetzt gehen Sie einmal in Badehose oder Bikini in die Feuersteinfelder in der Schmalen Heide. Egal, welche Figur Sie in dem Kleidungsstück machen, die volle Aufmerksamkeit ist Ihnen gewiss.

Kaum jemand wird vermuten, dass Sie einige Kilometer landeinwärts auf der Suche nach genau den geologischen Besonderheiten am Strand sind, die bei vielen Menschen Sammelleidenschaft auslösen – Hühnergötter. So bezeichnet man einen Feuerstein, auch Flint genannt, mit einem Loch darin. Der Name stammt aus dem Slawischen und steht für einen Talisman, der die Hühner vor bösen Geistern schützen soll. Warum dann allerdings diese verheißungsvollen Glücksbringer auf Rügen an Schnüren aufgereiht überall an Zäunen und in Fenstern hängen, lässt sich wohl am ehesten mit der Freude darüber erklären, solch ein gar nicht mal so seltenes Stück gefunden zu haben – oder um der Tatsache Ausdruck zu verleihen, dass man sehr viel Zeit am Strand verbracht hat. Für Sammler ein untrügliches Indiz für das Vorhandensein dieser Feuersteine in unmittelbarer Nähe.

Die Masse machts

Das Ausgangsmaterial für einen Hühnergott ist ein Feuerstein. Bereits die Steinzeitmenschen konnten durch das Aneinanderschlagen Funken und somit Feuer erzeugen.

Seine Entstehung geht einher mit der Ablagerung mächtiger Kalkschichten in dem sehr flachen und warmen Yoldiameer, dem Vorläufer der heutigen Ostsee. Unvorstellbare Mengen mikroskopisch kleiner einzelliger Geißel- und Strahlentierchen sanken in der Kreidezeit (ca. 100 bis 65 Mio. Jahre v. Chr.) auf den Meeresboden. Deren Skelette aus Opal lagerten sich in die mächtigen Kalkschichten ein, wie sie heute am Nationalpark Jasmund aufgeschlossen sind. Dort bildeten sich durch Ausfällung von Kieselgel die Knollen, deren vielfältige und lebendige Formen vom organischen Ursprung zeugen und in Millionen Jahren aushärteten. Mit ihnen segneten natürlich auch größere Lebewesen das Zeitliche, sodass man in den Feuersteinlagen und am Strand manchmal versteinerte Seeigel, Muscheln oder Korallen findet. Die Versteinerung dieser Tiere erfolgte durch das Ausfüllen ihrer Schalen, mit dem gleichen Material, nämlich Kieselgel, aus dem der Flint besteht.

Wie kommt das Loch da rein?

Wie nun das Loch in den Feuerstein kommt, dazu gibt es verschiedene Theorien. Grundsätzlich handelt es sich erst einmal um Auswaschungen von Kalk, der sich in Gasblasen ablagerte oder ausfällte, wie sie bei der Entstehung von Feuerstein entstehen. Vielleicht war es auch der Tentakel eines urzeitlichen Lebewesens, der einst diesen Hohlraum ausfüllte oder ein Wurmgang durch den Kalkschlamm. Nichts Genaues weiß man nicht, und so bleibt es der Fantasie überlassen, wie diese Öse für Lederschnüre eines schönen Amuletts in den Stein gekommen ist. Flintsteine mit einem Loch darin gibt es allerdings nicht nur in handlichem Format, das in die Hosentasche passt. Der Sassnitzer Blumen-

AUTORENTIPP!

ZÜNDELN WIE DIE NEANDERTALER

Wer sein Wissen über das Naturphänomen Feuerstein vertiefen möchte, dem sei das Büchlein *Feuersteine Hühnergötter* von Rolf Reinecke empfohlen. Auf 80 Seiten beschreibt er sehr anschaulich die Entstehung, Verbreitung, Nutzung und Faszination des Feuersteins. Es lässt sich allerlei Nützliches aus diesem Material herstellen, das härter als Stahl ist und dessen Splitter so scharf sind, dass man damit Glas schneiden kann. Also Vorsicht! Neben der Herstellung von Werkzeugen wie Pfeilspitzen oder Beilen ist in dem Buch die Herstellung eines Feuerzeugs der Vorzeit mit weiteren Funden vom Strand und aus dem Wald beschrieben. Neben einem flachen Feuerstein braucht man zum Kokeln nur noch einen golden glänzenden Stein mit Pyritkristallen und einen Baumschwamm, der im Volksmund »Zunder« genannt wird. Viel Spaß dabei.

Seit ihrer Entstehung werden die Feuersteinfelder langsam aber sicher von Pflanzen überwuchert.

topf kann ein Gewicht von mehr als 200 Kilogramm haben und schmückt so manchen Eingang auf Rügen. Man nennt diese Flintsteine dann Paramoudra. Im Nationalpark Jasmund stehen die Steine inzwischen unter Naturschutz und dürfen nicht mehr mitgenommen werden.

Das »Steinerne Meer«

Eiszeit und Gletscher haben den Flint weit weg von seinen Entstehungsgebieten an der Ostsee bis nach Mitteldeutschland oder die Westküste Dänemarks transportiert. Die Feuersteinfelder auf der Schmalen Heide sind damit nicht zu erklären. Sie sind ein Beweis für die gewaltige Kraft des Meeres, die das Gestein aus der Steilküste auswusch und bei Sturmfluten vor ca. 4000 Jahren auf dem Landstreifen zu gewaltigen Wällen aufwarf, bevor sich das Wasser wieder zurückzog. Ein vier Kilometer langer Wanderweg, der an einem, wie sollte es anders sein, kostenpflichtigen Parkplatz kurz vor Neu Mukran beginnt, führt durch einen Kiefernwald, der langsam aber sicher das »Steinerne Meer« zu überdecken beginnt. Anders als am Strand bekommt das Sammeln von Feuersteinen eine besondere Würze durch eine mögliche Begegnung mit Kreuzottern, die hier beheimatet sind.

Auch hier wie an vielen anderen Orten: Sanddornprodukte im Angebot

Infos und Adressen

INFORMATION

Parkplatz. Zwischen Mukran und Prora kommt Richtung Süden auf der rechten Seite ein ausgeschilderter Parkplatz. Leider ist auch der kostenpflichtig.

Koordinaten. Da die Feuersteinfelder keine richtige Adresse besitzen, anbei die Koordinaten nach WGS 84 des Parkplatzes, von dem aus ein Wanderweg in das Areal führt: 54° 26 N, 13° 33 0

Radtouren. Die Kurverwaltung Binz bietet geführte Radwanderungen zu den Feuersteinfeldern in die Schmale Heide zu bestimmten Terminen an, jeden Di von April bis Okt. außer an Feiertagen, Treff: 10 Uhr am Zweiradhaus Großbahnhof, Dauer: ca. 4 Stunden Mindestteilnehmerzahl: 5 Personen, Preis: 2 € mit Kurkarte, 5 € ohne Kurkarte (Fahrradausleihe nicht enthalten), Gemeinde Ostseebad Binz – Kurverwaltung, Im Haus des Gastes, Heinrich-Heine-Straße 7, 18609 Ostseebad Binz, Tel. 03 83 93/14 81 48, info@ostseebad-binz.de, www.ostseebad-binz.de

Mitte: Prorarer Wiek: einer der schönsten Strände auf Rügen
Unten: Mit 4,5 Kilometern das längste Gebäude bzw. die längste Ruine der Welt

8 Prora

»Kraft durch Freude«

Prora ist heute zum Synonym für eine gigantische Bauruine aus der Zeit des Nationalsozialismus geworden. Dabei verbirgt sich hinter dem Namen einer der schönsten Strandabschnitte Rügens zwischen Binz und dem Fährhafen von Sassnitz, die Proarer Wiek. Zu übersehen ist das auf einem schmalen Landstreifen zwischen Ostsee und Jasmunder Bodden gelegene 4,5 Kilometer lange und damit längste Gebäude der Welt aber nicht.

Was für die einen Ruine ist, ist für die anderen ein Ort künstlicher Inspiration. Beklagen die einen die vor sich hin rottenden Betonklötze als einen Schandfleck inmitten einer ansonsten perfekt hergerichteten Urlaubsregion, ist es für andere eine geheimnisvolle Welt, die es zu entdecken gilt. Allen gemeinsam ist sicherlich, dass man sich der Faszination für diesen im Nationalsozialismus errichteten, vom Sozialismus fertiggestellten und vom Kapitalismus vergessenen Zeugen der Zeitgeschichte nicht entziehen kann. 1936 begannen unter dem Leitspruch »Kraft durch Freude« (KdF) die Bauarbeiten an dem künftigen Seebad Prora. Der Komplex sollte ein Urlaubsdomizil für einfache Arbeiter, Angestellte und linientreue Gefolgsleute des nationalsozialistischen Regimes werden. Waren die Seebäder Binz, Sellin, Göhren und Sassnitz für die Unterbringung einer gehobenen Klientel in schmucken Villen errichtet worden, sollten in Prora bis zu 20000 Menschen 14 Tage im Jahr in einfach möblierten, 12 Quadratmeter großen Zimmern, Festsälen, Sporthallen und am Meer Energie zur Erhaltung der Arbeitskraft tanken. Und das mit Blick auf das Meer für alle.

Nomen est omen

Dem Architekten Clemens Klotz (1886–1969) wurde im Februar 1936 der Auftrag zur Errichtung des Seebades Prora unter Einflussnahme des KdF-Führers Robert Ley und Adolf Hitlers erteilt. Bis dahin hatte er schon andere Propagandabauten wie die Ordensburg Vogelsang geplant und errichtet – ähnlich größenwahnsinnige Projekte, die der gesinnungsgerechten Erziehung des Nachwuchses dienen sollten. Auch diese wurden nie fertiggestellt, und trotzdem konnte Herr Klotz mit seinen Ideen nicht nur die Nationalsozialisten überzeugen. Für Prora wurde er auf der Weltausstellung in Paris mit dem Grand Prix, dem ersten Preis der bis heute bekannten Weltausstellungen gekürt.

Streng geheim

Die über 5000 Arbeiter wurden noch vor der geplanten Fertigstellung 1941 abgezogen, um an kriegswichtigen Bauwerken wie den Raketenanlagen in Peenemünde oder als Kanonenfutter eingesetzt zu werden. Einige Teilabschnitte wurden schließlich von Zwangsarbeitern fertiggestellt und dienten Flüchtlingen und Verwundeten als Zwischenlager. Nach dem Zweiten Weltkrieg funktionierten Rote Armee und Nationale Volksarmee die KdF-Anlage in einen Militärkomplex um. Als geheime Verteidigungsbastion gegen den Kapitalismus geplant, verschwand der Ort sogar von den Landkarten. Wie geheim er tatsächlich war, zeigt ein Spiegelbericht aus dem Jahr 1953, der die militärischen Anlagen auf eigenen Karten verzeichnet. Klingt wie ein Spionageroman, ist aber »blutiger« Ernst. Die Sowjets wollten von hier aus den Erstschlag gegen den Westen organisieren und sind erst abgezogen, als ihnen die eigenen Kollegen aus der NVA nicht mehr vertrauenswürdig erschienen. 15000 NVA-Soldaten verrichteten hier ihren Dienst, bis sie nach der Wende von der Bundeswehr

AUTORENTIPP!

BÜCHERHALLE PRORA

An der alten Landstraße steht in Richtung Binz linker Hand ein quietschbuntes Gebäude, die Bücherhalle Prora. Hier lohnt es sich, nach alten Titeln aus den Tagen der VEB-eigenen Betriebe zu suchen und darin zu schmökern. Es liest sich, mit ein wenig Abstand betrachtet, zuweilen sehr lustig, wie die Kollegen ihre Insel zu Zeiten des real existierenden Sozialismus beschrieben haben. Es hilft zu verstehen, dass Sozialismus und Kapitalismus in Kernfragen der Ökonomie gar nicht so unterschiedlich waren. Die Ausführungen über die Einhaltung der Fangquoten für volkseigene Fischereiboote klingen nicht viel anders als die Umsatzvorgaben auf einer Vertriebsleiterversammlung einer Westdeutschen Bank.

Bücherhalle Prora.
Tägl. ab 11 Uhr, Post Straße 27, 18609 Prora, Tel. 01 72/3 15 19 24, www.bücherhalle-prora.de

AUTORENTIPP!

EISENBAHN- UND TECHNIK-MUSEUM

Da kann die Fantasie auf Reisen gehen, wenn elegant gekleidete Damen edle Karossen besteigen, waghalsige Piloten mit der »Mig« im Tiefflug über die Insel donnern oder ein kleines Kind fasziniert auf das Räderwerk der Lokomotive starrt. Inmitten alldem blinkenden Chrom, glänzendem Lack und der von Motoren- und Schmieröl schwangeren Luft werden bei dem einen oder anderen sicherlich Erinnerungen an die Tage wach, als Trabanten noch den lieblichen Duft von 2-Takt-Gemischen versprühten, Lokomotiven mit Kohle, Wasser und Feuer betrieben wurden und regelmäßig für Böschungsbrände an den Bahndämmen sorgten. Die Sammlung historischer Feuerwehrwagen findet sich ebenfalls auf dem 10 000 m² überdachten Ausstellungsgelände.

Eisenbahn-und Technikmuseum. Tägl. April–Okt. 10–17 Uhr, im Winter geschl., Am Bahnhof, Tel. 03 83 93/23 66, www.etm-ruegen.de

abgelöst wurden. Die blieb allerdings nur zwei Jahre, und seitdem muss ein Großteil des Komplexes dem natürlichen Verlauf der Dinge bzw. der Verwitterung harren, bis die verschiedenen Interessengruppen aus Politikern, Architekten und Investoren die Muse küsst.

Das Dokumentationszentrum

Das Dokumentationszentrum befasst sich mit der dunklen Seite zweier Regime, die Prora für die Erziehung politisch korrekter Gesinnung nutzen wollten und genutzt haben. An Dutzenden von Schautafeln, mit Video- und Hördokumenten wird versucht, nicht allein die Geschichte von Prora zu erzählen, sondern auch Hintergrundinformationen zu liefern, die einem solchen Projekt den Weg ebnen konnten. Faszinierend sind die akribisch gesammelten und ausgestellten Zeitungsartikel, Fotos und Hördokumente als authentische Zeitzeugen, die abseits von einem kollektivierten schlechten Gewissen jedem Besucher ermöglichen, sich ein eigenes Bild von einer Geschichte zu machen, die Leid und Tod weit über Deutschland und Europa hinaus brachte.

Kulturkunststatt Prora

Auf fünf Stockwerken in Block drei wird die Geschichte des Gebäudekomplexes und der Menschen, die dort zwischen 1934 und 2002 arbeiteten und lebten, lebendig. Im Erdgeschoss befindet sich unter der Überschrift *Malereien als Liebeserklärung an die Insel* eine Ausstellung von Originalen lokaler Künstler, die hier Werke unterschiedlichster Stilrichtungen anbieten. Von Seidenmalerei über Aquarelle, Öl auf Leinwand und Mischtechniken bis hin zu Grafiken und natürlich Kreide fangen die Werke die unterschiedlichsten Blicke der Künstler auf ihre Heimat ein. Vielleicht liegt es daran, dass beide Gewerke Öl benötigen, um ihre volle Kraft zu ent-

falten. Denn zwischen den Bildern stehen 70 restaurierte Motorräder aus DDR-Produktion. Namen wie MZ, EMW oder Schwalbe rufen nicht nur Erinnerungen bei ehemaligen DDR-Bürgern hervor. Einige Modelle wurden in die ganze Welt exportiert.
So macht es, auch wenn es sich eigentlich nicht gehört, viel Spaß, denjenigen Besuchern zuzuhören, die mit ihren Kindern oder Enkeln von Erlebnissen und Reisen mit diesen Gefährten berichten. Und so finden Kunst und Motorentechnik noch einen gemeinsamen Nenner, nämlich die Erzählungen von Menschen und dem, was sie gesehen, erlebt und wie sie es empfunden haben.

Luxus-Sozialismus

Ein Zimmer, wie es niemals einen Gast beherbergte, dokumentiert den geplanten Luxus, wie er in den 30er-Jahren im eigenen Zuhause nicht zum Standard gehörte. Waren die Räume auch klein, so sollten sie doch über eine Zentralheizung und fließend Kalt- und Warmwasser verfügen, was damals nicht in jeder Arbeiterwohnung zum Standard gehörte. Was den Nationalsozialisten nicht gelungen war, haben die Sozialisten schließlich geschafft. Zwar

Oben: Das Dokumentationszentrum Prora klärt über die dunklen Seiten des Ortes auf.
Unten: So hätten die Gästezimmer einmal aussehen sollen.

Oben: Da werden bei manchem Erinnerungen an die Jugendzeit wach.
Mitte: Originalfotos helfen beim Verständnis.
Unten: Das längste Gebäude der Welt im Modell

waren es keine 20 000, sondern nur 850 Gäste, die hier in den Zimmern des Erholungsheimes Walter Ulbricht ab 1956 Urlaub machen konnten, dafür waren die Zimmer noch komfortabler eingerichtet.

Der Militärstützpunkt

Eine Zeitreise in die über 40-jährige militärische Nutzung des Seebades Prora in der Nachkriegszeit bietet das NVA-Museum der 16. Kompanie in Prora. An einem originalen Schauplatz, nämlich der Militärtechnischen Schule der NVA, sind 16 Räume originalgetreu eingerichtet, sodass man glaubt, jeden Moment Soldaten von einer Übung zurückkommend die Flure herunterlaufen zu hören.
Zu besichtigen sind neben den Mannschaftsunterkünften der Kompanieclub, die Waffenkammer, eine Panzer-Schieß-Simulationsanlage und die Bibliothek mit ca. 7000 Büchern – man kann sogar in den Dienstvorschriften blättern. Dem genauen Beobachter wird auffallen, dass es eigentlich nicht anders aussah als eine Kaserne im Westen. Auch der Dienstplan klingt ganz ähnlich.

MAL EHRLICH

Kulinarisch anspruchsvollen Hochgenuss kann man in Prora nicht erwarten. Es muss ja auch nicht immer Kaviar sein. Ein Fischbrötchen am Strand sorgt jedenfalls dafür, dass man nie allein und wenigstens in Gesellschaft nimmer satter Möwen ist. Man soll schon Leute dabei beobachtet haben, wie sie den weiten Marsch von Binz in Kauf nahmen, um abseits hochgelobter Genusstempel mit einer Currywurst, einem leckeren Eis am Stiel und einem Störtebeker-Bier in den Ruinen verschwunden sind.

Infos und Adressen

ESSEN UND TRINKEN

Gaststätte Fischerklause. Der Wirt war Seemann. Eine einfache Gaststätte mit einfachen und deftigen Speisen. Saisonbedingt tägl. ab 11 Uhr, Strandstr. 51, Tel. 03 83 93/3 26 44

Gaststätte Zur Mücke. Gutbürgerliche Küche in gemütlichem Ambiente. Im Sommer kann man auch auf der Terrasse sitzen. Die Sammlung an Bierkrügen kündigt eine ordentliche Auswahl an verschiedenen Biersorten an. Feb./März tägl. 12–15 Uhr, April–Okt. tägl. ab 12 Uhr, Prorarer Chaussee 30, Tel. 03 83 93/3 28 58, www.gaststaette-zur-muecke-binz.de

Wiener Kaffeehaus. Am Ende eines Museumsrundgangs muss man einfach dieses im oberen Stockwerk gelegene Café besuchen. Der Charme der NVA-Unterkünfte setzt sich hier fort, und der Blick aus dem Fenster hätte schon vor über 50 Jahren Urlaubern ermöglicht werden sollen. Sommer tägl. 10–18.30 Uhr, Winter tägl. 11–15.30 Uhr, Objektstraße 2 Block 3/H2, Tel. 03 83 93/1 30 96, www.kulturkunststatt.de

ÜBERNACHTEN

Campingplatz Meier. Nah an der Bahn und der während der Saison hochfrequentierten Landstraße ist der Platz sicherlich kein Ort der Stille, dafür liegen Strand, Kletterwald und Museen von Prora in unmittelbarer Nähe. Die Verkehrsanbindung an Binz ist ebenfalls gut. Proraer Chaussee 30, Tel. 03 83 93/20 85, www.camping-meier-ruegen.de

Für Mutige: der Hochseilgarten in Prora

Alternative Nutzungen bestimmen heute das Bild von Prora.

Jugendherberge Prora. Die Zimmer sind komfortabler eingerichtet als es die Planer der Ferienanlage vor langer Zeit für den ursprünglich erdachten Zweck vorgesehen hatten. Murkaner Straße, Gebäude 15, Tel. 03 83 93/6 68 80, www.prorajugendherberge.de

AUSGEHEN

M3. Ein Tanzschuppen. Objektstr. 51, Tel. 03 83 93/3 26 45, www.m3-disco.de

AKTIVITÄTEN

Bücherhalle Prora. Tägl. ab 11 Uhr, Poststr.27, Tel. 01 72/3 15 19 24, www.bücherhalle-prora.de

Dokumentationszentrum Prora. Tägl., März–Mai und Sept./Okt. 10–18 Uhr, Juni–Aug. 9.30–9 Uhr, Nov.–Febr. 11–16 Uhr, Objektstr.1, Tel. 03 83 93/39 91, www.proradok.de,

Kulturkunststatt Prora. Tägl. April–Sept. 10–18 Uhr, Okt.–März 10–16 Uhr, Objektstr.3, Tel. 03 83 93/3 26 96, www.kulturkunststatt.de

Seilgarten Prora. Ruhetag: Mo außer in den Ferien, März/April, Mai und Okt. 10–17 Uhr, Juni und Sept. 10–18 Uhr, Juli und Aug. 10–20 Uhr, Objektstr. 5 Block 3, Tel. 0 38 31/3 56 94 73, www.seilgarten-prora.de

INFORMATION

Prora Zentrum. Mukraner Str.12, Tel. 0162/7 35 03 07, www.prora-zentrum.de

Mitte: Wanderweg entlang der Steilküste
Unten: Das Mönchgut kann auch hügelig sein.

9 Das Mönchgut
Im Land der Mönche

Der Südosten ist wohl die landschaftlich variantenreichste Region auf Rügen. An der Ostsee wechseln sich feinsandige Strände mit Steil- und Kliffküsten ab. Entlang der Bodden wiegt sich das Schilf im stetigen Wind, der durch die engen Gassen kleiner, gemütlich verschlafen wirkender Dörfer mit alter Tradition und wunderschönen reetgedeckten Häusern weht.

Die Menschen, die in diesem Landstrich seit Jahrhunderten leben, wissen die Vielfalt ihrer Naturlandschaft nicht erst zu schätzen, seitdem das Mönchgut Teil des Biosphärenreservats Südost-Rügen geworden ist. Über 5000 Jahre alt sind die Hügelgräber, die überall in der Region verteilt liegen. Mag die Sage um die Entstehung der Insel Rügen durch den Wurf eines Restes Erde aus der Hand Gottes auch noch so schön klingen, entstanden ist das Mönchgut wie der Rest Rügens durch den wechselweisen Anstieg des Landes und des Meeresspiegels. Das Abtrennen vom Festland bescherte den Mönchgutern die reichen Fischgründe des Greifswalder und Rügenschen Boddens. Der Wind und das Meer modellierten Haken und Nehrungen, die das Küstenrelief formten und die Sander, also das Schwemmland vor den Gletschern, hinterließen sandige und wenig fruchtbare Hügel und Täler. Auf kalkhaltigen Böden wuchsen Buchen-, auf sandigen Moränenstandorten Kiefernwälder. Jahrhunderte von Kultivierungsmaßnahmen machten aus den mageren Böden fruchtbare Ackerflächen und aus Wäldern, Mooren und Magerrasen Weideland für das Vieh. Was man heute auf einer Wanderung durch das Mönchgut vorfindet, ist keine natürliche Wildnis, sondern eine Kulturlandschaft, in der man die naturgegebenen wie die von Menschenhand geschaffenen Landschaften in einem Biosphärenreservat erhalten oder wiederbeleben möchte.

»Poken« und »Kollen«

Fürst Jaromar II. (um 1218–1260) übertrug das Land 1252 dem Kloster Eldena bei Greifswald. Damals hieß die Halbinsel noch Land Reddevitz. Noch heute trägt die Landzunge am nördlichen Ende der Hagenschen Wiek den namen Alt Reddevitz. Das Kloster erwarb weitere Ländereien bis zu dem von ihnen gebauten Mönchgraben nördlich von Baabe. Die Mönche lebten in Middelhagen, und man vermutet, dass an der Stelle des heutigen Gutshofes der eigentliche Wirtschaftshof des Klosters lag. Was Jaromar nicht ahnen konnte, war, dass sich aus seinem Handel ein ganz eigener Menschenschlag entwickeln würde, der Fremden gegenüber nicht immer aufgeschlossen war. Grund ist die »Wirtschaftspolitik« des Klosters, das eine mehr oder weniger autarke Versorgung mit allem, was man zum Leben brauchte, vorsah. Lediglich einige Handwerker hieß man aus praktischen Gründen willkommen und ließ sie sich ansiedeln. Ansonsten betrieb man eine »Einwanderungspolitk«, die ganz auf die eigenen Bedarfe abgestimmt war. Küstenbewohner und Binneninsulaner nannten sich gegenseitig »Poken« und »Kollen«. Das Poken war das Herauspulen von Heringen aus den Maschen der Fischernetze, und Kollen nannte man diejenigen, die die Keulen bzw. Dreschflegel auf den Feldern schwangen. Erst als nach dem Zweiten Weltkrieg die Flüchtlingsströme aus dem Osten auch das Mönchgut erreichten, änderte sich diese Einstellung mit den Jahren. Bis heute sind die Mönchguter wie kaum ein anderes Völkchen auf der Insel stolz auf ihr Trachtentum und setzen alles daran, dies nicht in Vergessenheit geraten zu lassen. Am

AUTORENTIPP!

FISCHBRÖTCHEN BEI FAMILIE DUMRATH

Nicht nur nach einer Wanderung bietet sich Groß Zicker für eine kleine Mahlzeit an. Ein Besuch bei Familie Dumrath in der Boddenstraße macht nicht nur schlauer und satt, sondern trainiert im Zweifelsfalle auch die Lachmuskeln. Im Hinterhof ihres Hauses hat sich die Familie ein kleines Fischgeschäft eingerichtet, in dem es leckere Fischbrötchen mit Hering und anderen Meeresbewohnern zu kaufen gibt. Der Preis ist kaum zu unterbieten. Wenn sich Herr Dumrath erst einmal warm läuft, unterscheidet sich der Kauf eines Fischbrötchens kaum noch von einem Varietébesuch. Bei gutem Wetter kann man sich in den Garten setzen und eine Rast einlegen – oder noch besser, man bleibt im Hof sitzen. Von dort kann man weiter den Geschichten und Anekdoten lauschen, die die anderen Kunden serviert bekommen.

P. Dumrath, Boddenstr. 25, 18586 Groß Zicker

Oben: Backsteinkirche in Groß Zicker
Unten: Der Hafen von Gager

Ortseingang von Baabe wird mit den hölzernen Figuren und dem reetgedeckten Eingangsportal zur Stadt der alten Traditionen und Bauweisen gedacht. Interessant ist auch, dass der Einfluss des Zisterzienserklosters bis nach Hiddensee reicht. Die Trachten ähneln sich erstaunlich, sodass man davon ausgehen kann, dass es zumindest einen kulturellen Austausch im Rahmen dieser christlichen Gruppierung der Zisterzienser gegeben haben muss.

Silber des Meeres

Der Fang des silberfarbenen Herings im Greifswalder Bodden ist ein Saisongeschäft. Von Januar bis Mai fangen die Fischer den sogenannten Frühjahrshering, eine Unterart des Ostseeherings. Wenn die Heringe zum Ablaichen in die salzarmen Gewässer der Bodden ziehen, stellen die Fischer ihre Stellnetze auf. Eisgang und Wassertemperatur haben erheblichen Einfluss auf die Fischerei. Je länger das Eis bleibt, desto später können die Netze aufgestellt werden. Je schneller das Wasser warm wird, desto schneller laichen die Heringe ab und sind wieder verschwunden. Wie so ein Stellnetz funktioniert und aussieht, wird im Hafen von Thiessow gezeigt. Dort lagert außerhalb der Saison palettenweise Fanggerät, dass aus Kiemennetzen, Ankern und jeder Menge Tau mit Schwimmkörpern besteht. Einmal drin, kommen die Heringe nicht mehr zurück und verheddern sich mit den Kiemen beim Fluchtversuch in den Maschen, aus denen man sie poken – herausfummeln – muss. Die Maschenweite garantiert, dass nur Fische mit einer vorgeschriebenen Größe gefangen werden.

Die Lotsen

Der erste Lotsenturm in Thiessow wurde 1909 gebaut. Hier arbeitete ein anderer, besonderer Menschenschlag, die Lotsen von Rügen. Zumeist waren es ortskundige Fischer oder gestandene Kapitäne, die überall auf der Welt ihre Erfahrung mit den Widrigkeiten des Meeres gemacht hatten. Anfänglich setzten die Männer noch mit Segelbooten zu den Schiffen über, die sie durch die Untiefen des Greifswalder Boddens nach Stralsund manövrieren sollten. Erst Ende des 19. Jh. kam der Dampfer »Thiessow« zum Einsatz. Bis in unsere Tage ist es

MAL EHRLICH

Das Engagement, das kulturelle Erbe der Region in den Mönchguter Museen zu bewahren, ist sicherlich sehr lobenswert. Doch jemanden unter dem Begriff Museum zum Mönchguter Küstenfischermuseum in Baabe zu locken, verdirbt nur den guten Ruf des Museumsverbundes. Zwar wird auf einigen Informationstafeln z. B. die Heringssortiermaschine erklärt, doch ist und bleibt dieser Ort ohne Leben. Da ist man viel besser in Thiessow am Hafen aufgehoben, wenn die Fischer heimkehren oder von Mai bis Oktober dienstags und freitags ab 10 Uhr der Rügen-Markt stattfindet.

AUTORENTIPP!

STRÄNDE OHNE ENDE

An der L292 von Lobbe nach Thiessow liegt hinter einem kleinen Kiefernwald ein feinsandiger Strand, der sich hervorragend zum Baden eignet. Stichwege führen direkt zum Wasser. Außerdem sind die verschiedenen Strandabschnitte bereits an der Straße mit Schildern klar in FKK, Hundestrand und Textilstrand gegliedert. Der Küstenabschnitt bei Thiessow gilt nach wie vor als Geheimtipp und ist selten überfüllt. Toiletten, einen Strandimbiss und einen Strandkorbverleih gibt es auch. Einige Bereiche sind während der Saison von der DLRG überwacht. Einen Parkplatz findet man am östlichen Ende der Strandstraße. Leider ist er kostenpflichtig. Wer übernachten möchte, findet auf der Camping-Oase ein Plätzchen für die Nacht oder den gesamten Urlaub. Interessant für junge Eltern, denn hier gibt es auch Kinderanimation.

AUTORENTIPP!

PFARRWITWENHAUS
Die vielen Backsteinkirchen und die Literatur darüber zeugen vom Einfluss der Mönche auf der Insel. Doch kaum Erwähnung findet das Schicksal der Pfarrwitwen, die nach dem Tode des Ehemannes nach geltendem Recht den Nachfolger heiraten mussten. Gleiches galt übrigens für die Töchter und trug den Namen Pfarrwitwenkonservierung. Der dänische König Friedrich IV. (1671–1730), der damals das Land regierte, hob diese Regelung auf und ließ 1720 das Pfarrwitwenhaus bauen. Das aus Lehm, Holz und Reet erbaute niederdeutsche Hallenhaus trägt den Spitznamen »Zuckerhut« und ist längst zu einem Symbol für das Mönchgut und zum Motiv für zahlreiche Maler geworden. Der Vorgarten ist im Sommer ein einziges Blütenmeer vor der weißen Front. Eine kleine Ausstellung erinnert an das Leben der Witwen, denen dieses Haus bis 1811 zur Verfügung stand.

Pfarrwitwenhaus. www.moenchguter-museen-ruegen.de

ein aufregender Augenblick, wenn der Lotse vom Lotsenboot, die internationalen Gepflogenheiten gemäß heute Pilot-Boats heißen, die Strickleiter ergreift und selbst bei heftigem Wellengang senkrecht an der Bordwand hochklettert. So verwegen sind wahrscheinlich auch nur Männer, die schon um Kap Hoorn gesegelt sind. Der 13 Meter hohe Turm in Thiessow kann besichtigt werden, und von seiner Plattform hat man einen grandiosen Blick die endlos scheinenden Strände entlang. Im Erdgeschoss, neben der alten Lotsenwache, im Haus des Gastes, wo auch die alte Lotsenglocke zu sehen ist, und in einer Broschüre, die man dort kaufen kann, wird von der Arbeit dieser mutigen Männer berichtet. Sollten Sie mit einem Tanker durch den Greifswalder Bodden Stralsund anlaufen wollen, ist die Lotsenbrüderschaft bzw. sind die Stralsund-Pilots mit Sitz in Stralsund zuständig. Auf Rügen gibt es keine eigenen Lotsenstationen mehr.

Die Siedlungsflächen

In dem spärlich besiedelten Gebiet wuchsen durch die Siedlungspolitik der Mönche Orte wie Baabe, Göhren, Middelhagen, Lobbe, Klein und Groß Zicker und Thiessow heran. Während Baabe, Göhren und Thiessow zu Badeorten mit allerlei Touristenrummel avancierten, blieben Middelhagen, Klein und Groß Zicker, Gager und Lobbe schnuckelige ruhige Orte. Auch hier lebt man heute in erster Linie vom Tourismus. Der ist aber weit davon entfernt, die hektische Betriebsamkeit der Badeorte an der Ostküste zu verbreiten. Viel schneller als die Schafe beim Grasen scheint sich hier kein Urlauber bewegen zu wollen. Da bleibt dann ein abgesoffenes Restaurantschiff in der Marina von Gager als hübsches Fotomotiv einfach liegen und erinnert an die Zeit, als die Schweden 1715 ganz in der Nähe 20 Schiffe versenkten, um die feindlich gesinnten Dänen an der Einfahrt in den Greifswalder Bodden zu hindern.

Wanderung durch die Zickerschen Berge

Wer einen Eindruck vom »wahren« Mönchgut bekommen möchte, der muss auch schon einmal die Herausforderung annehmen, unglaubliche Höhenunterschiede von über 60 m in Kauf zu nehmen.

AN- UND ABFAHRT

Mit dem Auto steuert man den gebührenpflichtigen Parkplatz in der Boddenstraße in Groß Zicker an. Die Zuwegung biegt an der Bushaltestelle am Ortseingang von Westen kommend nach links ab. Mit öffentlichen Verkehrsmitteln gelangt man mit der Buslinie 20 hierher.

RÜCKFAHRT

Mit dem Bus der Linie 20.

AUSGANGSPUNKT

Parkplatz an der Backsteinkirche in Groß Zicker.

WEGBESCHAFFENHEIT

Die Route hat einen mittleren Schwierigkeitsgrad, die ein wenig Wandererfahrung voraussetzt und nur von trittsicheren Wanderern begangen werden sollte. Es gibt kurze, aber steile Anstiege. Aufgrund der vielen Abzweigungen sollte man einen recht guten Orientierungssinn haben.

LÄNGE

Die zweistündige Tour führt über eine Strecke von knapp 9 km.

AUSRÜSTUNG

Feste (Wander-)Schuhe, etwas zu trinken, einen Snack, im Sommer Sonnencreme, im Herbst Regenzeug und im Winter warme Kleidung.

VERPFLEGUNG

In Groß Zicker befinden sich einige Restaurants und Fischgeschäfte, die nicht zu verfehlen und gut ausgeschildert sind.

WICHTIGE STATIONEN

A Parkplatz Gross Zicker – Hier beginnt die Tour. Zunächst folgt man rechts dem ausgeschilderten Wanderweg zum Bakenberg. Nach wenigen Metern bietet sich ein erster Stopp an.

B Die Dorfkirche – Welche Kraft die Natur besitzt und wie vergänglich die menschliche Existenz ist, zeigt der um einen alten Grabstein geschlungene Efeu gleich am Tor.

C Bakenberg – Ein Gipfelkreuz findet man nicht vor, dafür aber einen tollen Panoramablick in alle Richtungen.

D Strand – Der Weg oberhalb des Strandes führt zu einem Rastplatz.

E Nonnenloch – Der Sage nach wurden hier Nonnen aus dem Kloster Bergen hineingeworfen, die sich nicht an ihren Eid gehalten hatten. In anderen Klöstern wären sie bei lebendigem Leibe eingemauert worden. Später hat man die Grube verschlossen, um Ruhe vor den nächtlich umherwandernden Gestalten zu haben.

F Gross Zicker – Im Ort folgt man einfach der kopfsteingepflasterten Straße, vorbei an liebevoll restaurierten Gebäuden und blühenden Vorgärten bis zum Ausgangspunkt.

10 Göhren

Zum Kurort ernannt

Wie ein Vorposten der Seebäder Rügens schiebt sich das Göhrener Kliff in die Ostsee und verrät dem von See anreisenden Besucher, welche Vielfalt und Schönheit ihn auf der Insel Rügen erwarten. Es hat seinen Grund, dass je nach Standpunkt hier die Deutsche Alleenstraße und die Trassenführung des »Rasenden Rolands« beginnen oder enden. Der beschauliche Kurort eignet sich als Startpunkt für eine Entdeckungsreise der Insel und vermittelt das Gefühl, am Ziel einer langen Reise angekommen zu sein.

Mitte: Tief Luft holen – Göhren ist Kurort.
Unten: Eine Fahrradmitnahme im Zug nach Göhren ist möglich.

Die Fahrt nach Göhren mit der Schmalspurbahn »Rasender Roland« ist etwas Besonderes. Der Ruf des Schaffners: »Endstation Göhren, alles aussteigen« könnte beim Anblick von Sonne, Sand und Meer missverstanden werden. Handelt es sich nun um die Aufforderung, sein altes Leben hinter sich zu lassen oder ist es einfach nur das Ende der Streckenführung? Egal, wie man sich entscheidet, der Ort wirkt wie eine Versuchung und wenn es nur für einen Tag, ein Wochenende oder den ge-

MAL EHRLICH

Der feinsandige Nordstrand ist vier Kilometer lang und bietet im Sommer alles von Strandkorbvermietung über Cafés, bis hin zu Eis- und Würstchenbuden auf der Promenade. Er fällt flach ins Meer ab und ist deswegen ideal für Kinder. Doch wer Ruhe sucht, sollte gen Süden ziehen. Auf der anderen Seite des Nordpferdes ist es nicht ganz so schön, dafür aber weniger frequentiert.

samten Urlaub ist. Die nostalgische Kulisse des Bahnhofs, die Dampf- und Rauchschwaden aus der Lokomotive, der Lokführer, der aus dem Führerhaus springt, um die Weichen von Hand zu stellen, Kohlenrutschen, Wasserkräne und Streckenhäuschen, Menschen mit Koffern, Kind und Kegel, die aus den Waggons strömen, machen den ersten Eindruck am Bahnhof bereits zu einem Erlebnis.

Das Juwel unter den Badeorten

Am östlichsten Punkt der Insel Rügen, im Mönchgut, geht es beschaulicher zu als in den anderen Badeorten. Der Name Bernsteinpromenade deutet es bereits an: Man hat ein kleines Juwel entdeckt, das schon zur Steinzeit besiedelt war. Die Fischer und Lotsen, die später das kleine Dorf bewohnten, hatten keinen Grund zur Hektik. Sie folgten dem Rhythmus der Jahreszeiten. Mit eher bescheidenen Aussichten auf ein wenig Wohlstand ließ man sich nur ungern von »Fremden« antreiben. Das taten bereits die Lehnsherren des Greifswalder Zisterzienserklosters. Während in Putbus, Sassnitz und Binz die ersten Touristen bereits regelmäßig über die Promenaden flanierten, kauften sich die Mönchguter erst 1847 aus dem Lehnswesen frei. Denn nun im ausgehenden 19. Jh. wollte man auch seinen Teil an den steigenden Einnahmen mit den Touristen verdienen.

Der Blick aufs Meer

Der kleine Musikpavillon, das DLRG-Häuschen, das Brückenhaus am Fuß der Seebrücke, die kleinen Themenparks, alles hier drückt die ambitionierte Bescheidenheit aus, sich als Badeort zu präsentieren und doch keine Urlaubermassen bewältigen zu wollen. Der Weg vorbei an den Veranden der Cafés ist schwierig. Sie locken mit Kaffee und Kuchen und verleiten leicht dazu, mit einem guten Buch in

Oben: Unter Dampf: Der »Rasende Roland« am Startpunkt in Göhren
Mitte: Gute Luft und blaues Meer! Herz, was willst du mehr?
Unten: Wandeln über dem Meer: die Seebrücke von Göhren

Oben: Abseits des Trubels die Ruhe im Kurpark genießen.
Unten: Bädervillen mit schönen Gärten sind hier keine Seltenheit.

der Hand, länger an seinem Cappuccino zu schlürfen und den Blick auf das Wasser zu genießen, als es dem Wirt lieb sein dürfte. Das hat seinen Preis. Die größte Überraschung hält der Fischteller *Lass Dich überraschen* wohl für den Pegelstand der Geldbörse bereit. Wer darauf verzichten möchte, kauft sich ein leckeres Fischbrötchen und genießt es im Senk-, Rhododendron- oder Irrgarten. Zum Ortskern hin steigt die Bahnhofsstraße steil an. Die Anhöhe hat dem Ort seinen Namen gegeben: *gora* kommt aus dem Slawischen und bedeutet Berg. Aus gutem Grund befinden sich die Bädervillen in der Wilhelmstraße auf der Hügelspitze der Halbinsel. Der Ausblick ist überwältigend. Vorausgesetzt, man hat ein Zimmer mit Fenster zur Seeseite. Denn hier drängen sich die Hotels, Gaststätten und Geschäfte zusammen wie andernorts auch.

Die Mönchguter Museen

In der Strandstraße befindet sich das erste der vier Mönchguter Museen, das Heimatmuseum. Die Ausstellung zeigt Trachten, Handwerkszeug und Seemannskisten mit allem, was die Seeleute mit in die Heimat brachten. Zu verdanken hat das Museum seine Sammlung der Gründerin und Lehrerin Ruth Bahls (1909–1994), die es sich zur Aufgabe gemacht hatte, die Geschichte des Mönchguts im Bewusstsein der Menschen zu bewahren. In der Thiessower Straße duckt sich ein weiteres denkmalgeschütztes Haus in die Landschaft, das Rookhus.

Derartige Gebäude haben in Göhren mehrere Generationen einer Familie zusammen mit Vieh und Arbeitsgerät beherbergt. Der Rauch des offenen Feuers zog nicht in einem Schornstein, sondern im sogenannten Eulenloch im Dachfirst ab. Der Ruß über der Kochstelle, die kleine Werkstatt und die bescheidene Bettstatt zeugen davon, dass das Leben hier kein Zuckerschlecken unter dem Dach der im Volksmund Zuckerhut genannten Heimstätten war.

Museumshof

Etwas komfortabler als die Unterkünfte der Tagelöhner präsentiert sich da schon der Museumshof mit Wohnhaus (1874), Schweinestall (Ende 19. Jh.) und Geräteschuppen. Im Rahmen von Veranstaltungen können Jung und Alt aktiv werden, schmieden, Körbe flechten oder sich im Umgang mit dem Hobel üben.

Museumsschiff »Luise«

Wenn man auf dem Museumsschiff »Luise« in der Strandstraße auch auf dem Trockenen sitzt, Bojen und Fahrwassertonnen rund um den Motorsegler, Seekarten, Arbeitsgerät und die Einrichtung im Bauch des 1906 gebauten Plattbodenschiffs erwecken den Eindruck einer Arche, die auf die Flut wartet, um wieder dem Wasser übergeben zu werden.

Badevergnügen und Strandspaziergang

Am breiten Nordstrand entlang der Kurpromenade stehen die Strandkörbe in Reih und Glied, während im Hintergrund alles für eine kulinarische Grundversorgung, Restaurants, Cafés und Bistros zu finden ist. Geht man Richtung Süden, wird der Küstenstreifen schmaler und unterhalb des Hochufers steiniger. Überquert man die Anhöhe durch

AUTORENTIPP!

MUSIK, 2,3,4

Nun wird in den Bade- und Kurorten ja immer viel Musik geboten. Doch das hier ist etwas anderes. Vor 15 Jahren verfolgten die Macher des Blue Wave Festivals in Binz das Ziel, Synergien zwischen den unterschiedlichen musikalischen Stilrichtungen zu schaffen. Seither präsentieren sie alljährlich Musikvariationen, besetzt mit internationalen Musikern, in Straßenparaden, Club- und Open-Air-Konzerten in Binz. In Göhren heißt es hingegen mitmachen. Vom Anfänger bis zum Profi finden im Blue Wave Camp Workshops für Gesang, Gitarre, Drums und andere Instrumente statt. Dabei kann man die eigenen Fertigkeiten verbessern und mit anderen Menschen in gemeinsamen Sessions Musik machen, sich austauschen und inspirieren lassen. Zara Leander und Hans Albers gehörten einst zu den illustren Gästen. Also, nur keine Scham.

Blue Wave Festival.
www.bluewave.de

AUTORENTIPP!

KNEIPP-KUR

Wahrscheinlich liegt es an den vielen Museen und den Wanderwegen durch das Mönchgut, dass Göhren 2007 zum ersten Kneipp-Kurort der Insel Rügen ernannt wurde. Doch wer ist eigentlich dieser Herr Kneipp, dessen Name überall im Land Pate für Wasserbecken mit einem Geländer in der Mitte, den sogenannten Kneipp-Becken stand? Pfarrer Sebastian Kneipp (1821–1897) hat einen Katalog medizinischer Maßnahmen aufgestellt, deren Wirkung nicht wirklich nachweisbar ist, die aber einige angenehme Effekte mit sich bringen. Der Katalog umfasst unter anderem das Wassertreten in besagten Becken, dessen wohltuende Wirkung jedem Wanderer bekannt ist und der Ausbildung von Krampfadern entgegenwirken soll. Darüber hinaus beschreibt das Programm eine Ernährungstherapie, das Barfußlaufen, die Anwendung von Heilkräutern und man höre, staune und sage es seinen Kindern, eine Ordnungstherapie.

Wer hier nicht barfuß geht, ist selbst schuld.

den Wald, gelangt man abseits der Stadt an die Spitze des sogenannten Nordpferds mit einem fantastischen Blick auf die See und das Nordufer. Südlich der Stadt nimmt der Strand dann wieder an Breite zu, ist in seiner Gesamtheit allerdings naturbelassener und einsamer. Hier stand die ursprüngliche Seebrücke von Göhren, die 1000 Meter weit ins Meer ragte. Der Anleger für die Ausflugsschiffe am Nordstrand existiert seit 1992.

Für Kids

Scheint die Aufteilung des Strandes klar geregelt nach Aktivitäten, Bekleidung und vierbeiniger Begleitung, präsentiert sich der Spielplatz großzügig und macht deutlich, dass auch die jüngsten Besucher hier willkommen sind. Nicht weit entfernt befindet sich das Beach Camp. Von dort starten die Urlaubs-Ranger ihre vielfältigen Aktivitäten. Zusammen mit den vom Biosphärenreservat und NABU beauftragten Biologen wird in der Natur regelmäßig eine Bestandsaufnahme der heimischen Flora und Fauna gemacht. Mit einem Fernglas und Probefläschchen bewaffnet, kann jeder die engagierten Umweltschützer unterstützen. Freitagnachmittags klärt das Team über die Herkunft der Steine auf, die über das Wasser hüpfen, wenn man die richtige Technik beherrscht. Doch bevor man sie wieder dem Meer übergibt, erfährt man hier jede Menge über deren Herkunft. So auch über den, den man 300 Meter vor dem Nordstrand aus dem Wasser ragen sieht: Es ist der Buskam. Das Wort entstamt dem slawischen *bogis* (Gottesstein) und meint einen ca. 1600 Tonnen schweren Findling, den die Gletscher aus Skandinavien hierher versetzten. Lagerfeuer und Stockbrotbacken lassen den Tag schließlich ausklingen. Wer vor lauter Aufregung nicht schlafen kann, beteiligt sich in der Abenddämmerung ausgerüstet mit Ultraschalldetektoren an der Suche nach Fledermäusen.

Museumshof in Göhren

Infos und Adressen

ESSEN UND TRINKEN

Berliner Salon. Gourmetrestaurant mit moderner Küche. Mai–Okt. Do–Sa 18–21 Uhr, Nov.–April Mi–Sa 18–21 Uhr, Nordstr. 2, 18586 Göhren, Tel. 03 83 08/5 15, info@hotel-hanseatic.de

Caprice. Mediterrane und regionale Küche. Mai, Juni, Okt. tägl. 12–14 Uhr und ab 17 Uhr, Juli, Aug., Sept. tägl. ab 12 Uhr, Thiessower Str.3, 18586 Göhren, Tel. 03 83 08/2 53 07

Fischerklause Haack. Kleines Fischrestaurant im Hinterhof. Strandstr.14, 18586 Göhren, Tel. 03 83 08/2 56 21

Für das leibliche Wohl sorgen Bars und Lokale in Strandnähe.

Kajüte 7. Regionale Speisen und Fisch. Mariestr.1, 18586 Göhren, Tel. 03 83 08/24 17

La Terrazza. Restaurant, Pizzeria und Eiscafé mit großer Terrasse. Reichhaltiges Angebot an italienischen Weinen und Grappa. Eis aus eigener Produktion. Strandstraße 5, 18586 Göhren, Tel. 03 83 08/6 65 53

BARS UND CAFÉS

Café Übersee. Kaffee und Kuchen auf großer Terrasse mit Blick auf die Seebrücke und das Meer. Nordstrand 2A, 18586 Göhren, Tel. 03 83 08/6 69 99

Globetrotter Bar. Reise nach Kanada, Afrika und in die Karibik mit den zugehörigen Drinks und Cocktails. Katharienstr. 5, 18586 Göhren, Tel. 03 83 08/2 54 14, www.globetrotterbar.de

ÜBERNACHTEN

Akzent Waldhotel Göhren. Das Hotel liegt zentral oberhalb der Seebrücke und verfügt über einen der modernsten Wellnessbereiche der Insel im angeschlossenen Kur- und Wellnesscenter. Waldstraße 7, 18586 Göhren, Tel.03 83 08/5 05 00, www.waldhotelgoehren.de, urlaub@waldhotelgoehren.de

Alexa Hotel. Das Haupthaus des Hotels versprüht den Charme der Bäderarchitektur und vermittelt ein eher privates Ambiente. Es ist ein wenig plüschig eingerichtet, aber das passt zum Haus. Poststr.10, 18586 Göhren, Tel. 03 83 08/66 54, www.alexahotel.de

Hotel Hanseatic. Das Hotel liegt auf dem höchsten Punkt Göhrens mit fantastischem Blick aufs Meer. Nordpferdstr. 2, 18586 Göhren, Tel. 03 83 08/5 15, www.hotel-hanseatic.de

Hotel Stranddistel. Traditionelles Hotel in ruhiger Lage mit Wellnessbereich und Tennisplatz. Bis zum Strand sind es fünf Minuten. Katharienstr. 9, 18586 Göhren, Tel. 03 83 08/54 50, www.ruegen-hotel-stranddistel.de

EINKAUFEN

Sanddornwagon. Bahnhofstr.1, 18586 Göhren, Tel. 03 83 08/2 54 53, www.sanddorn.de

VERANSTALTUNGEN

Blue Wave Camp. Regenbogen Göhren, Am Kleinbahnhof, 18586 Göhren, Tel. 03 83 08/9 01 20, www.bluewave.de

Komödie Rügen. In dem mit 150 Plätzen ausgestatteten ehemaligen Lichtspieltheater werden

Komödien aufgeführt und Workshops wie z. B. Steptanz durchgeführt. Begrenzte Teilnehmerzahl für Workshops, Anmeldung erwünscht. Waldstraße 4, 18586 Göhren, Tel. 03 83 08/6 62 22, www.komödie-rügen.de

AKTIVITÄTEN

Dat Rookhus. Historisches Bauernhaus. Mai–Okt. Di–So 10–17 Uhr, Nov.–16.Dez. Winterpause, 14 Jan.–30. April Di–Do 10–16 Uhr, Thiessower Straße 7, 18586 Göhren, Tel. 03 83 08/21 75, Fax 03 83 08/6 67 45, www.moenchguter-museen-ruegen.de

Heimatmuseum. Ausstellung über regionale Kultur. Nov.–April Fr/Sa 10–16 Uhr, Mai–Okt. Fr–So 10–17 Uhr, Strandstraße 1, 18586 Göhren, Tel. 03 83 08/21 75, www.moenchguter-museen-ruegen.de

Rasender Roland. Historische Schmalspurbahn. Bahnhofsstr. 14, 18586 Göhren, Tel. 0 38 38/81 35 94, www.ruegensche-baederbahn.de, ruegen@pressnitztalbahn.com

Museumshof. Alles, was einen alten Hof ausmachte. Mai–Okt. Di–So 10–17 Uhr, Nov.–Febr. Winterpause, März–April Fr–So 10–16 Uhr, Strandstraße 4, 18586 Göhren, www.moenchguter-museen-ruegen.de

Museumsschiff »Luise«. Alter Küstenfrachter als Museum eingerichtet. Mitte April–Juni, Sept.–Mitte Okt. tägl. 10–13 Uhr, Juli/Aug. tägl. 10–17 Uhr, Am Südstrand 1a, 18586 Göhren, Tel. 03 83 08/21 75, www.moenchguter-museen-ruegen.de

BADEN

Perfekt organisiert: Hundestrand, FKK-Strand, Sportstrand, Strandkörbe, Hochzeit am Strand, Essen am Strand – und man horche auf, ein Nichtraucherstrand. Ach ja, Wasser gibt es auch – und das in bester Qualität.

SEEBÄDERVERBINDUNGEN MIT DEM SCHIFF

Adler-Schiffe Gmbh & Co. KG. Tickets am Tag des Ausflugs in der Info-Stelle am Seebrückenhaus oder im Haus des Gastes in der Poststraße. 18586 Göhren, Tel. 03 83 78/4 77 90, www.adler-schiffe.de, info-heringsdorf@adler-schiffe.de

INFORMATION

Kurverwaltung. Poststr.9, 18586 Göhren, Tel. 03 83 08/6 67 90, www.goehren-ruegen.de

Der Strand vor Göhren

Mitte: Alte Tradition: das Gasthaus »Zur Linde« in Middelhagen
Unten: Die Dorfkirche von Middelhagen mit ihrem markanten Holzturm

11 Middelhagen

Regionale Speisen von handgemachter Keramik

Middelhagen ist ein kleiner Ort mit nur gut 500 Einwohnern. Doch wer einmal die Abendstimmung auf der Terrasse des ältesten Gasthauses Rügens genossen hat, spürt, warum die Einheimischen eine so enge Verbundenheit mit ihrer Heimat, dem Mönchgut, empfinden. Im Westen reicht der Ort bis an den Rügenschen Bodden. Ein Spaziergang von weniger als zwei Kilometern führt direkt zur Ostsee, und doch streicht der Blick über sanfte Hügel und Täler.

Nun mag es der eine oder andere nicht ganz verstehen, warum man sich direkt an der Landesstraße L 292 einen Tisch suchen soll, um nach einer Fahrradtour oder Wanderung ein kühles Getränk oder eine Mahlzeit zu sich zu nehmen. Ganz einfach: Man steht vor dem ältesten Gasthof der Insel Rügen. Noch während man die ersten Eindrücke in sich aufnimmt, glaubt man die Gegenwart der alten Mönche, die hier im Ort lebten und das unwirtliche Land urbar machten, zu spüren. Tönerne Bierkrüge mit gerollten Speisekarten auf den Tischen, schwere Fässer am Treppenabgang zur hauseigenen Bierbrauerei und ein Inventar aus einem antiken Sammelsurium schaffen ein Ambiente, das die Wahl schnell auf eine Speise am oberen Ende der Nährstoffskala oder Kalorientabelle fallen lässt.

Kaffeegenuss

Nach dem Essen darf natürlich ein selbst gerösteter Kaffee nicht fehlen. Dieser wird in kleinen Mengen im eigenen Röster hergestellt. Das dauert ca. 20 Minuten, und es liegt im Geschick des

Kaffeerösters, die 800 Aromen der Arabica-Bohnen wie gewünscht zu entfalten. Wen es denn eher nach einem Stück hausgemachten Kuchen oder einem Eis gelüstet, wird eine Gehminute weiter imBistro »Froschkönig« fündig. Küssen erlaubt. Bei so viel »Vita communis«, also auf Religion konzentrierte Lebensweise, wird sich doch wohl so ein oller Frosch noch in einen Prinzen verwandeln lassen. Man kann sich leicht vorstellen, wie es sich die Mönche des Klosters hier gut gehen ließen.

Mönchguter Keramik und Malkurse

So urgemütlich wie der Gasthof präsentiert sich gleich gegenüber die Töpferei und Galerie Mönchgut Keramik. Figuren und Regale aus Holz geschnitzt, platt gedrückte Glasflaschen mit bunten Motiven und natürlich Keramiktassen, -teller und Wandfliesen machen es schwer, an der freundlichen Dame hinter der alten Kasse vorbeizukommen, ohne nicht irgendetwas in der Hand zu halten, für das man die Geldbörse zücken muss. Es gibt so viel davon, dass es sprichwörtlich an den Bäumen wächst. Am Eingang hängt das zerbrechliche Ge-

Töpferhandwerk: Mönchgut Keramik

Oben: Keine Angst vor dem Verkehr. In Middelhagen geht es beschaulich zu.
Mitte: Ferienwohnungen inmitten von Kornfeldern
Unten: Viel Gegend und kleine beschauliche Orte prägen das Mönchgut.

Oben: Das Esszimmer in der Lehrerwohnung
Mitte: Immer noch kein schulfrei: Schulmuseum in Middelhagen
Unten: Hier regierte einst der Rohrstock

schirr an den Ästen eines alten Pflaumenbaums. Es ist wohl nur der geschickten Positionierung zu verdanken, dass sich bei dem stetigen Wind das dekorative Steingut nicht in Scherben zerlegt am Boden sammelt. Leider sind die Motive, Fische und Feldblumen wenig abwechslungsreich. Gleiches gilt für die traditionellen Muster in Blau und Grün. Doch mit beidem verbindet sich nun einmal eine lange Tradition hier in der Region. Wer sich inspiriert fühlt, seinen eigenen künstlerischen Neigungen nachzugehen, kann an einem der Malkurse in der Galerie Breedehus teilnehmen und sein eigenes Motiv wählen. Das alte Hallenhaus mit seinem Rohrdach bis fast zum Boden ist auch Veranstaltungsort von Ausstellungen überregionaler Künstler, von Diavorträgen und Lesungen.

Schulmuseum

Ein Blick durch die Fenster des Schulmuseums erinnert manchen an seine eigene Schulzeit oder an Heinz Rühmann in dem Filmklassiker *Die Feuerzangenbowle:* »Wat isse ne Dampfmaschin?« Keine Bits, keine Bytes, einfaches Mobiliar. Die Welt schien erheblich einfacher, wenn auch nicht leichter zu verstehen, in diesem Fachwerkhaus vom Anfang des 18. Jh. Damals wurden noch bis zu 60 Kinder der Klassen eins bis acht in einem einzigen Raum unterrichtet. Da war wenig Platz für pädagogische Konzepte, und es wurden keine Unterichtseinheiten in sozialem Lernen angeboten. Das fand auf dem Schulhof statt. Wichtig war allein das Erlernen von Schreiben, Lesen, Rechnen und Bibelfestigkeit. Die wurde am Sonntag in der 1455 erbauten St.-Katharinen-Kirche überprüft. Im Schulmuseum finden noch regelmäßig Unterrichtseinheiten für Interessierte statt, die dann lernen können, wie man den Abakus, den Taschenrechner der Urgroßeltern, bedient und als Fliege dem schnellen Schlag des Rohrstocks ausweicht.

Infos und Adressen

ESSEN UND TRINKEN

Am Wasser. Fisch, Fleisch und Pasta direkt am Ufer der Hagenschen Wiek, mit herrlichem Blick auf den Bodden. Tägl. ab 12 Uhr, in der Nebensaison Mo Ruhetag, Alt Reddevitz 25, 18586 Middelhagen, Tel. 03 83 08/2 59 73,www.restaurant-am-wasser.de

Gasthof Zum Walfisch. Fisch, Wild und Pfannengerichte in unmittelbarer Nähe zur Ostsee. Mo 11.30–22 Uhr, Di–Sa 11.30–18 Uhr, Lobbe 32, 18586 Middelhagen, Tel. 03 83 08/2 54 67, www.walfisch-ruegen.de

Kliesow's Reuse. Gemütliches Restaurant in einem schön sanierten Gehöft. Di Ruhetag, Dorfstr. 3, 18586 Alt Reddevitz, Tel. 03 83 08/21 71, www.kliesows-reuse.de

Zum Froschkönig. Gemütliches Café im Garten, Dorfstr. 24, 18586 Middelhagen, Tel. 03 83 08/2 56 63

Im Gasthaus »Zur Linde« wird selbst gebraut.

BARS UND CAFÉS

Café Moccavino. Torten, Kaffee, Wein und Deftiges in uriger Atmosphäre, Alt Reddevitz 18a, 18586 Alt Reddevitz, Tel. 03 83 08/6 63 36

ÜBERNACHTEN

Landhaus Mönchsgut. Wohnen mitten im Dorf, Dorfstr. 21, 18586 Middelhagen, Tel. 03 83 08/6 68 76, www.landhaus-moenchsgut.de

Schwanensee. Abseits des Trubels an einem Teich, An der alten Försterei 8, 18586 Middelhagen, Tel. 03 83 08/9 10 68, www.pension-schwanensee.de

Up'n Hoff. Kuschelige Schlafstuben wie im alten Bauernhaus, Dorfstr. 7, 18586 Middelhagen, Tel. 03 83 08/54 80, www.ruegen-rohrhus.de

EINKAUFEN

Mönchgut-Keramik-Töpferei&Galerie Thom Wilcke. Dorfstr. 18b, Regionale Töpferwaren, Tel. 03 83 08/2 52 27, www.ruegen-rohrhus.de,

VERANSTALTUNGEN

Historischer Dorfrundgang. Was man schon immer über Mönche und Bier wissen wollte. Do 16 Uhr, Treff Parkplatz Kurverwaltung, 18586 Middelhagen, Dauer ca. 2 Std., www.middelhagen.de/veranstaltungen

AKTIVITÄTEN

Schulmuseum. Schule wie in den guten alten Zeiten, Dorfstr. Juni–Aug. tägl.10–17 Uhr, Mai–Sept. tägl. bis 16 Uhr, Feb.–April, Okt. Di–So 10–15 Uhr, www.moenchguter-museen-ruegen.de/Service/Offnungszeiten/offnungszeiten_sch.htm

INFORMATION

Kurverwaltung Middelhagen, Dorfstr. 4, 18586 Middelhagen, Tel. 03 83 08/21 53, www.middelhagen.de

12 Der »Rasende Roland«

Reise mit der Zeitmaschine

Zunächst hört man es nur. Ein Stampfen und Fauchen in der Ferne wie von einem wütenden Stier. Schwarzer Rauch zieht über die Baumwipfel, und das ohrenbetäubende Pfeifen eines Signalhorns kündigt die Ankunft am Bahnhof von Göhren an. Bremsen kreischen – und mit einem lauten Zischen hüllen weiße Schwaden aus Dampf den Zug und seine Passagiere in einen öligen Nebel.

Schaut man den Lokomotivführern vom Bahnsteig aus zu, wie sie beinahe liebevoll die stählerne Maschine umrunden, um einen Blick in den Dschungel aus Räderwerk und Pleuelstangen zu werfen, könnte man annehmen, dass hier große Kinder ihrem Hobby nachgehen, dem der Otto Normalverbraucher im Maßstab 1:87 im Keller frönt. Gepriesen und beworben als eine der Hauptattraktionen auf Rügen, ist der traditionelle Zug weit mehr als das.

Mitte: Spannend: alte Dampfloks im Pendelverkehr
Unten: Ein Blick in die »Holzklasse«

Nach Fahrplan

Ein regelmäßiger Fahrplan, der saisonal angepasst wird, verbindet die Badeorte Göhren, Baabe, Sellin, Binz und im Sommer Lauterbach. Mit den Zwischenstationen u.a. am Jagdschloss Granitz stellt der Zug eine gute Alternative zur Fahrt mit dem Auto dar. Ökologisch gesehen wahrscheinlich eine Katastrophe, ist der Spaßfaktor doch gerade für kleine Kinder, die derartige aus Stahl geschmiedete Technik nur noch aus Bilderbüchern kennen, sehr hoch. So einfach die Waggons auch sein mögen, der Blick auf die blühenden Rapsfelder im Frühjahr oder die verschneiten Hügel des Mönchgut im

Winter macht eigentlich erst dann richtig Spaß, wenn man seine Thermoskanne und eine selbst geschmierte Stulle auspackt. Genüsslich kauend wie die Kühe draußen auf der Weide, kann man die Gedanken schweifen lassen und die vorbei ziehende Landschaft genießen. Coffee-to-go und Burger im Pappkarton gehen auch, gelten aber als Stilbruch. Stil hat der mechanische Schilderturm, der in Binz anstelle digitaler Leuchtpunkte auf einer Informationstafel das Ziel des nächsten Zuges anzeigt. Es wäre sicherlich spannend, einmal zu sehen, wie jemand bei 300 km/h auf den Balkon eines ICE hinaustritt und versucht, die Kamera für ein paar Urlaubsschnappschüsse stillzuhalten. Bei 30 km/h zwischen Binz und Göhren ist das hier jedenfalls noch möglich.

Oben: Der »Rasende Roland« in voller Fahrt
Unten: Keine Angst: Züge mit Oberleitung gibt es hier nicht.

Jim Knopf und Kollegen

Selbst die Bahnhöfe haben einen besonderen Charme. Technisch Interessierte verbringen hier oft Stunden, um sich die Abläufe des An- und Abkoppelns von Waggons oder das Rangieren und Bekohlen der Lokomotiven anzuschauen. Man sieht sie unruhig den Bahnsteig auf- und abgehen, um den richtigen Moment abzupassen, ein Pläuschchen mit dem Lokführer führen zu können. Als Erfolg kann der Versuch dann gewertet werden, wenn sie es geschafft haben, den Fahrerstand einmal betreten zu dürfen und sich zu fühlen wie Jim Knopf. »Eine Insel mit zwei Bergen« hört man die Glückseligen dann pfeifen. Andere summen die gute alte Ballade des »City of New Orleans« von Steve Goodman aus dem Jahr 1971. Egal, ob technisches Interesse oder verspielte Neugier, für die Menschen waren die endlos scheinenden Gleise nicht nur im fernen Amerika ein Symbol für die Lust am Abenteuer in der Ferne.

Geschichte

Eigentlich heißt der im Volksmund und bei den Besuchern der Insel liebevoll genannte Rasende Roland »Rügensche Bäderbahn«. Wie so oft hatte der Bau Ende des 19. Jh. einen militärischen Hintergrund. Die erste Strecke führte zum Flughafen der kaiserlich-deutschen Marine. Mit Ende des Ersten Weltkrieges wurde sie zwar wieder aufgegeben, doch mit über 100 Kilometern war die Bahn eines der wichtigsten Transportmittel auf Rügen. Fisch, Getreide und natürlich Kalk verließen auf diesem Weg die Insel und brachten die Touristen zu den Badeorten. Damit war eine Infrastruktur geschaffen worden, die den heutigen Massentourismus, das Wachstum und die Beliebtheit der Badeorte an der Ostsee überhaupt erst ermöglicht hat. In den 60er-Jahren verlor die Bahn mit steigendem Individualverkehr und der Verlagerung der Transporte von der Schiene auf die Straße an Bedeutung. Geblieben ist ein Stück Inselgeschichte und ein gemütliches Verkehrsmittel, das in Bergen neben dem modernen Regionalzug stehend aussieht wie ein Dinosaurier aus grauer Vorzeit.

Oben: Der »Rasende Roland« ist auch im Modellbau beliebt.
Mitte: Ein Waggon am Bahnhof wartet auf Gäste.
Unten: Neue Energie für weitere Reisen

Infos und Adressen

INFORMATION

Stationen und Fahrplan. An folgenden Orten macht die Bäderbahn Station: Göhren, Phillipshagen, Sellin Ost, Sellin West, Garftitz, Jagdschloß, Binz, Serams, Sellvitz, Posewald, Beuchow, Putbus und in den Sommermonaten geht es weiter bis Lauterbach Mole. Dort kann man auf eines der Schiffe umsteigen, die Besichtigungstouren rund um die Insel Vilm machen. Die Bahn fährt zur Hauptsaison im 1-Stundentakt, in der Nebensaison im 2-Stundentakt. Morgens um 8 Uhr beginnen die Taktzeiten und enden gewöhnlich um 21 Uhr. Im Hochsommer verkehren zwischen Binz und Göhren noch Spätbahnen bis Mitternacht. Die aktuellen Zeiten sind den Fahrplänen am Bahnhof oder im Internet zu entnehmen. Die Nebensaison beginnt Anfang Oktober und endet Anfang Mai. Die Zeiten können von Jahr zu Jahr variieren. Aus diesem Grund sollte man sich nach den aktuellen Zeiten im Internet erkundigen oder direkt bei der Bäderbahnverwaltung.

Ticketkauf. Grundsätzlich können die Tickets im Zug erworben werden. An folgenden Bahnhöfen kann man sie im Vorfeld am Bahnhof kaufen:

Göhren: 9.15–12 Uhr und 12.45–16 Uhr

Baabe: (ab Juli 2013) 9.45–13.15 Uhr und 13.45–18.20 Uhr

Sellin Ost: (ab Mai 2013) 9.30–12.15 Uhr und 12.45–18.10 Uhr, Binz: 10.00–12.45 Uhr und 13.30–16.45 Uhr

Putbus: 9.30–12.15 Uhr und 12.45–16.15 Uhr
www.ruegensche-baederbahn.de

PREISE

Die Preise reichen von 0,90€ für ein Kind in der Preisstufe 1 bis 9 € für einen Erwachsenen in der Preisstufe 5 für die gesamte Strecke. Ermäßigungen gibt es für Kinder (6–13), Familien (2 Erwachsene, 3 Kinder) und Gruppen ab 15 Personen.

INFORMATION

Rügensche Bäderbahn. 7–21 Uhr, Bahnhofstraße 14, 18581 Putbus,
Tel. 03 83 01/88 40 12 oder über
ruegen@pressnitztalbahn.com,
www.ruegensche-baederbahn.de

Freisitz »Zur Muschelbar« in Göhren

13 Alt Reddevitz

Die Hofbrennerei zur Strandburg

Der Volksmund sagt, man solle Äpfel nicht mit Birnen vergleichen. Macht in diesem Falle aber nichts. Eine Kostprobe vom Rubinette Apfelbrand oder von einer Williams Birne oder einen 42%iger Rügener Obstler aus Äpfeln und Birnen schließt die Gefahr eines allzu ähnlichen Geschmacks aus. Es sollte gut überlegt sein, welches Verkehrsmittel man zum Besuch der Brennerei nutzt.

Die 2006 gegründete Hofbrennerei zur Strandburg ist zwar ein junges Unternehmen, allerdings in einer traditionsreichen Region. Nur wenige 100 Meter entfernt betrieben die Zisterziensermönche neben ihrem Kloster den ältesten Gasthof der Insel Rügen. Wie das zusammenpasst, sei einmal dahingestellt. Die Strandburg ist eines der ältesten Gästehäuser auf Rügen, direkt am Zugang zum Reddevitzer Höft im malerischen Mönchgut, und macht seit seiner Sanierung seinem Ruf wieder alle Ehre.

Die Qual der Wahl

Was man aus Obst doch so alles machen kann. Die Grundsubstanz für die 42%igen Obstler sind Äpfel, Birnen und Zwetschgen. Pfirsiche, Sanddorn, schwarze Johannisbeeren und Sauerkirschen werden zu Likören verarbeitet. Die Rezepturen der Kräuterliköre sind schon ein wenig aufwendiger: »Hergestellt aus einem Gerstenbrand und aufgesetzt mit Whiskymalz und erlesenen Kräutern wie Wacholderbeeren, Coriander, Zimtrinde, Vanilleschoten, Orangenblüten, Muskatnuss, Orangenblüte und einige andere«, heißt es in der Beschreibung des

Mitte: Am Strand von Alt Reddevitz
Unten: Blick aufs Meer

Internetshops der Mönchguter Hofbrennerei. Und »einige andere«, da liegt das Geheimnis und wird wohl das der Familie Kliesow bleiben.

Pommerscher Greif

Die Königsklasse ist der Pommersche Greif. Um den herzustellen, reicht es nicht mehr aus wie beim Versuch, sich selbst ein kleines Likörchen zu mixen, eine Handvoll Johannisbeeren und Kandis in Korn zu tunken und zu warten, bis sich der Zucker aufgelöst hat. Es beginnt beim Maischen des Gerstenmalzes und Weizens, dem Rohstoff für den *Blended Single Malt & Grain. Single* bedeutet, dass der Whisky aus ein und demselben Hause kommt und nicht mit anderen Sorten verschnitten wurde. *Malt* bezeichnet die gemälzte Gerste, und *Grain* steht für den ungemälzten Weizen. Beides wird hier in der Hofbrennerei in großen Fässern aus amerikanischer Weiß-Eiche abgefüllt und in alten Sherry- und Bourbonfässern gelagert. Jedes Jahr, es war 2012 das zweite, verkostet und beurteilt der innere Zirkel der Familie den Whisky, bevor er in den Verkauf geht. Danach handelt es sich nach eigener Aussage um einen »leichten Whisky mit milden Holztönen, mit etwas Vanille, ein wenig malzig und nach dunkler Schokolade« schmeckend.

Edler Tropfen

Jedes Jahr im September beginnt der Verkauf der bauchigen Flaschen mit dem roten Greifvogel darauf. Meistens reichen die Vorräte nur bis in den Oktober und selbst die Ausgabe von Zertifikaten, mit denen man sich eine Flasche des edlen Tropfens sichern kann, ist auf 500 Stück limitiert. Wenn die vergeben sind, muss man seine Bestellung im Internetshop rechtzeitig aufgeben oder pünktlich zum Verkaufsstart dem Hofladen einen Besuch abstatten.

Die Mönchguter Hofbrennerei von außen und innen

Oben: Gastronomische Angebote gibt es auch in Alt Reddevitz genügend.
Mitte: Fischreusen zum Trocknen am Ufer
Unten: Idyllische Lage am Meer

Nicht lange schnacken, Kopp in Nacken

Die Glücklichen, die kein Fahrzeug nach Hause oder zum Hotel lenken müssen, können sich im Rahmen einer Verköstigung noch vor Ort von den Qualitäten, Alkoholgehalten und Geschmacksrichtungen überzeugen. Zur Not kann man sich in eine der Ferienwohnungen einmieten, ordentlich ausschlafen und den neuen Tag mit einem Spaziergang durch die frische Luft der Halbinsel beginnen. Für alle Übrigen stehen Obstsäfte zur Wahl und die Vorfreude auf einen gemütlichen Abend am heimischen Kamin mit dem Führerschein am Mann und nicht auf dem Polizeirevier.

»All voll«

Was genau dieser Trinkspruch bedeutet, weiß niemand auf Rügen endgültig zu beantworten. Heißt das nun, die Gläser sind voll oder alle am Gelage Beteiligten sind voll. Egal, passen tut's immer. Unter Anglern hingegen verbindet sich mit einem Trinkspruch gleich ein komplettes Rezept zur Zubereitung von Fisch: »Der Hecht muss viermal schwimmen. Im Bodden, im Sud, in Butter und in Schnaps.« Prost!

Ein Erkunden mit dem Rad lohnt sich.

Infos und Adressen

ESSEN UND TRINKEN

Fischrestaurant Seeblick. Integriert in die gleichnamige Ferienanlage. Dorfstraße 25, 18586 Alt Reddevitz, Tel. 03 83 08/2 59 72, info@moenchgut.de, www.moenchgut.de

ÜBERNACHTEN

Camingplatz Alt Reddevitz. Auf dem Naturcampingplatz kann man auch Ferienwohnungen mieten. Saison 1. April (kein Scherz) bis 30. Sept., Alt Reddevitz 2, 18586 Middelhagen, Tel. 03 83 08/2 55 39 oder 6 69 60, roettgerssimona@aol.com, www.ruegencamping.de

Ferienanlage »Reethaus Boddenblick«. 300 m entfernt vom Naturstrand liegen drei 1998 neu gebaute Reetdachhäuser mit insgesamt 16 Ferienwohnungen. Ein ruhiger Startpunkt für Touren in die Region Südost-Rügen. Bis zum Meer und Strand bei Lobbe sind es 3 km, Dorfstraße 3b–d, 18586 Alt Reddevitz, www.insel-rügen.de

Appartements Seeblick. Modern eingerichtete Wohnungen von 37–47 m². Schöne gemütliche Außenanlage mit eigenem kleinem Strand am Bodden. Dorfstraße 25, 18586 Alt Reddevitz, Buchungen über Haus am Park, Putbuser Str. 19, 18609 Ostseebad Binz, Tel. 03 83 93/38 70, HausAmPark@T-Online.de, www.moenchgut.de

Pokenstuw. Modern und gemütlich eingerichtete Ferienwohnungen von 32–65 m² auf einem alten und schön sanierten Gehöft. Büro Mo–So 9–20 Uhr, Alt Reddevitz 19a, 18586 Middelhagen, Tel. 03 83 08/66 80, lindenhof@ruegentypisch.de, www.ruegentypisch.de

EINKAUFEN

Pokenstuw. Rügener Produkte und dezente Pommern-Keramik. Man kann die Ware auch Online ordern und als Geschenk nach Hause schicken lassen. Kaffee und Kuchen gibt es im angeschlossenen Café. Adresse siehe oben.

Der Duft frischer Blumen mischt sich hier mit dem des Essens.

Unten: Großsteingrab bei Lancken-Granitz

14 Lancken-Granitz

Die Großsteingräber

Wenige Gehminuten südwestlich der Backsteinkirche von Lancken-Granitz befinden sich auf einem Feld sieben zum Teil gut erhaltene Großsteingräber aus der Jungsteinzeit. Nicht nur Hobbyarchäologen fragen sich bei dem Anblick der stummen und tonnenschweren Zeitzeugen, wie das Dorf um die Gräber herum wohl ausgesehen haben mag, wer dort lebte, arbeitete und schließlich seine letzte Ruhestätte fand.

Die Archäologie ist keine exakte Wissenschaft und kann uns manchmal nur Theorien anbieten, die genügend Raum für die eigene Fantasie lassen. So ganz einig ist sich die Wissenschaft deswegen nicht, wie alt die Grabanlagen aus der Jungsteinzeit nun tatsächlich sind. Wahrscheinlich sind diese im norddeutschen Raum auch oft als Hünengräber bezeichneten Ruhestätten um 3500 v. Chr. errichtet worden. Zu der Zeit änderte sich die traditionelle Lebensweise als Sammler und Jäger und man wurde sesshaft. Dorfgemeinschaften wurden gegründet, und so entwickelten sich soziale Strukturen, die darüber spekulieren lassen, ob es sich um Kultstätten oder Gräber handelt. Wenn es Gräber waren, warum machte man sich solche Mühe? Oder handelt es sich tatsächlich um die Bauwerke von Riesen, wie die Herleitung des Namens Hünengrab aus dem südskandinavischen Sprachraum vermuten läßt.

Schieb mal kräftig

Sicher ist, die Gräber wurden zu einer Zeit gebaut, als es noch keine Bagger gab, um die Felsblöcke aufeinanderzustapeln. Eine unglaubliche Kraftanstrengung rund 1000 Jahre vor der Errichtung der

Pyramiden von Gizeh. Dabei wiegen die Felssteine bekannter Grabanlagen mehrere Tonnen. Was heute Maschinen leisten, wurde damals ohne Rechenschieber mittels einfachster Gesetze der angewandten Physik bewerkstelligt. Schüler eines Gymnasiums in Lingen haben im Rahmen eines Jugend-forscht-Projekts am Saller See die von dem Architekten Hermann Büscher entworfene Hünensteinrollbahn genutzt, um einen zehn Tonnen schweren Stein in Bewegung zu setzen. Sie experimentierten mit verschiedenen Steigungen und Methoden, den Fels zu bewegen. Und es gelang ihnen. Der Transport erfolgte auf mehreren quer zur Transportrichtung laufenden Rundbohlen, die sich wie die Laufräder eines Zuges auf Schienen in Längsrichtung bewegen. Dabei schafften die Schüler mit gut 30 Personen Steigungen von 8 Prozent. Da käme der »Rasende Roland« kräftig ins Schwitzen. Normale Züge schaffen es gerade einmal auf vier bis fünf Prozent Steigung.

Altertümliche Architektur

Nachdem die Steine angeordnet waren, wurden sie mit Erdreich überdeckt und abgedichtet, sodass die heutigen Relikte nur das Skelett oder Grundgerüst der Anlage darstellen. Größere Anlagen bestanden aus mehreren Kammern und waren mit einem Windfang versehen. Andere bestanden aus wenigen

Manchmal sind die Steingräber schwer zu finden.

Oben: Man weiß es nicht genau: Grab oder Behausung?
Unten: Da kann die Wahl schon einmal schwerfallen.

Oben: Eingang zu einem gut erhaltenen Großsteingrab
Mitte: Mancher versucht mit einem Druidenmantel gewappnet, dem Geheimnis des Ortes näherzukommen.
Unten: Viele Gräber sind nur zu Fuß oder mit dem Fahrrad zu erreichen.

aufeinandergestellten Steinen. Daraus leiten Archäologen verschiedene Typen von Großsteingräbern wie Dolmen, Ganggräber, Steinkisten und Galeriegräber ab.

Kleine Schatzkammern

Trotz der Jahrtausende, die die Anlagen überdauerten, haben Archäologen verschiedene Gegenstände finden können, die auf Grabbeigaben hindeuten. Dazu gehören Bernsteinperlen, Beile, Klingen und Pfeilspitzen aus Feuerstein sowie Scherben von Gefäßen. Andernorts glaubt man, mit ihren Herren bestattete Diener oder Ehegatten gefunden zu haben. Dabei gibt es natürlich keine handfesten Beweise, sondern es handelt sich um Ableitungen aus besser dokumentierten Kulturen. So weiß man auch noch nicht, warum die Toten vorzugsweise mit angezogenen Beinen auf die Seite gelegt wurden. Viel Raum für Spekulationen.

Vorzeigeobjekte

Die Großsteingräber auf Rügen bei Lancken-Granitz oder der Stubnitz gelten als besonders gut erhalten. Grund genug, sie sich einmal anzuschauen. Doch wie erkennt man nun ein solches Großsteingrab? Am einfachsten ist es, der Beschilderung zu folgen und den Touristikern zu glauben. Für den Laien ist es im Einzelfall kaum möglich, eine Anordnung von Felsen als einen derartigen Fundort zu erkennen, wenn die Anordnung nicht gerade so deutlich wie in Lancken-Granitz ausfällt und erhalten geblieben ist. Man geht davon aus, dass nur ein sehr geringer Anteil von Grabanlagen über die Jahrtausende erhalten blieb. Selbst in der Neuzeit, als deren geschichtlicher Hintergrund bekannt war, wurden die Steine noch für den Häuser-, Hafen- und Kirchenbau verwendet.

Infos und Adressen

Ruhig und beschaulich und doch nicht allein: Appartement-Anlagen

ÜBERNACHTEN

Appartementanlage Lancken-Granitz. Die Lage »mitten auf dem Acker« spricht für ein ruhiges Umfeld. Nichtraucherhaus. Das Haus wirbt mit der Eignung für Allergiker. Reservierung tägl. 8 bis 22 Uhr unter Tel. 0 61 98/50 20 99, granitz@t-online.

Hotel- und Appartementanlage. Modern eingerichtete, 2011 renovierte Zimmer mit Balkon oder Terrasse. Wer Hirschgeweihe an den Wänden mag, kann Frühstück oder Halbpension dazu buchen. Jägerhof. Dorfstraße 37, 18586 Lancken-Granitz, Tel. 03 83 03/8 59 63, info@jaegerhof-ruegen.de, www.jaegerhof-ruegen.de

Pension Alte Mühle. Pension und Appartementhaus mit Frühstücksbuffet auf einem schönen Grundstück. Bis zum Neuensiener See sind es 1,5 km. Am Mühlengrund 1, 18586 Lancken-Granitz, Tel. 03 83 03/8 68 28 pensionaltemuehle@t-online.de, www.alte-muehle-ruegen.de/

ESSEN UND TRINKEN

Pension und Restaurant Granitzgrund. Kleine familiengeführte Pension mit 7 Doppel- und einem Einzelzimmer. Im Restaurant wird regionale Küche serviert. Dorfstraße 2a, 18586 Lancken-Granitz, Tel.03 83 03/8 76 00, granitzgrund@web.de, www.granitzgrund.de

EINKAUFEN

Fischräucherei Having. Geräucherter Fisch und andere Fischwaren und -konserven. Neuensien 10, 18586 Sellin, Tel. 03 83 03/8 72 25

INFORMATION

Touristeninformation. 9–12 Uhr, Dorfstraße 8, 18586 Lancken-Granitz, Tel. 03 83 03/8 72 15 lancken-granitz@ruegen.de, www.ruegen.de

Der Duft von frisch geräuchertem Fisch zieht über das ganze Land

DER NORDEN

Vorangehende Doppelseite: Kreideaufschluss bei Sassnitz: Geologie zum Anfassen
Mitte: Leuchtturm bei Sassnitz – hier einmal in Grün-Weiß
Unten: Der Fischereihafen von Sassnitz

15 Sassnitz
Die weiße Stadt

Einst der erste und beliebteste Badeort Rügens, prägen heute wieder alte Bädervillen auf dem Hochufer, der Hafen am Fuße der Klippen und die Fischindustrie das Erscheinungsbild der 10 000-Seelengemeinde Sassnitz. Der Leuchtturm im Wappen weist seit Jahrhunderten Fischern, Seefahrern und Reisenden den Weg in den Schutz der längsten Mole Europas im geschäftigen Hafen der vielleicht aufregendsten Stadt Rügens.

Sassnitz erstreckt sich vom Fährhafen Neu Mukran im Süden entlang der Küste bis an die Grenze des Nationalparks Jasmund im Norden. Die Stadt entstand aus dem Zusammenschluss zweier Dörfer im ausgehenden 19. Jh.: dem bäuerlichen Gassendorf Crampas oberhalb des Hochufers und dem Schluchtendorf Sassnitz mit dem Hafen am Fuß der Klippen, in dem ausschließlich Fischer lebten. Eigentlich hatte man nicht viel miteinander zu schaffen, zu unterschiedlich waren die Lebens-

MAL EHRLICH

Wer sich dem ernüchternden ersten Eindruck entziehen möchte, folgt nicht der Einfallstraße zu den City-Parkplätzen, sondern biegt vorher in den Hafen ab und macht sich von dort auf, die Stadt zu entdecken oder zu Fuß oder mit dem Fahrrad in den Nationalpark Jasmund zu gelangen. Noch schöner ist die Anreise mit einem der Bäderschiffe, die lange vor dem Einlaufen in den Hafen einen fantastischen Blick auf die Silhouette der Weißen Stadt und die Anwesen am Kliff gewährt. Schöner kann ein Urlaubstag nicht beginnen.

weisen. Die Fischer ernährten sich von dem, was sie aus dem Meer ziehen konnten, für die Bauern hingegen bildeten die Weidegründe in den Wäldern der Stubnitz und die fruchtbaren Äcker im Hinterland die Lebensgrundlage. Beschwerlich war das Leben allemal. Die einen kämpften mit Wind und Wellen, die anderen mussten ihr Vieh gegen die Wölfe verteidigen, deren Nachfahren man heute noch im Sassnitzer Zoo beobachten kann.

Die Anfänge

Die ersten Besucher der Region nutzten die Boote der Sassnitzer Fischer, um zu den Kreidefelsen und dem um 1818 von Caspar David Friedrich in Öl für die Nachwelt festgehaltenen Kaiserstuhl zu gelangen. Zwei gesellschaftliche Strömungen läuteten schließlich diejenigen Veränderungen ein, die den Tourismus zum bedeutendsten Wirtschaftszweig der Region machte. Zum einen machten Reiseschriftsteller mit ihren romantischen Schilderungen die Halbinsel Jasmund weit über die Insel Rügen hinaus bekannt, zum anderen erfreute sich die medizinische Anwendung von Kreideschlammbädern zunehmender Beliebtheit. Der Rohstoff dafür wurde von den Familien der Bauern und Fischer abgebaut, die von der Viehzucht oder dem Fischfang allein nicht leben konnten.

Als einer der ersten Übernachtungsgäste, der nicht nur den Hafen, sondern auch die Unterbringungsmöglichkeiten nutzen wollte, gilt der bekannte Berliner Philosoph und Theologe Friedrich Schleiermacher (1768–1834). Da es 1824 noch keine Pensionen in Sassnitz gab, reisten er und seine Familie mit eigenem Bettgestell und Betten nach Crampas, um dort Urlaub zu machen. Das Mitbringen von Bettzeug war durchaus üblich, weil die ersten einfachen Privatunterkünfte nicht darüber verfügten.

AUTORENTIPP!

SPLISH SPLASH – I AM TAKING A BATH

Sassnitz war nie und ist auch heute noch kein Badeort im klassischen Sinne des Wortes. Verzichten muss man auf das kühle Nass trotzdem nicht. Nördlich des Kurplatzes beginnt ein schmaler Strandstreifen, der aber sehr steinig und für den Sandburgenbau denkbar ungeeignet ist. Es sei denn, die Kleinen sind im Besitz einer Maurerkelle, um aus Kalk, Mergel und Flintstein Beton herzustellen. Außerdem ist es nach bestimmten Witterungslagen sehr gefährlich, sich dort aufzuhalten. Sperrungen von Strandabschnitten sind unbedingt und aus gutem Grund zu beachten. Zum Baden unter freiem Himmel bietet sich die nächste Gelegenheit zehn Autominuten entfernt im Ortsteil Neu Mukran südlich des Fährhafens. Hier wird der Steinstrand durch feine Sandstrände unterbrochen, die flach ins Meer abfallen, für Kinder gut geeignet und bei Surfern sehr beliebt sind.

Eine schöne Geschichte über den Bau des ersten Hotels in Sassnitz erzählt Wolfgang Rudolph in seinem Heimatbuch *Die Insel Rügen.* Danach lief im Herbst 1868 eine holländische Bark bei Sturm auf ein Riff nahe der Ortsgrenze von Crampas. Damit das havarierende Schiff nicht zu den Nachbarn abdriften konnte, schickte man einen jungen Mann in die stürmische See, um ein Tau am Schiff anzubringen und zog es mit vereinter Muskelkraft an Land. Damals galt das Recht, an wessen Strandabschnitt ein Schiff strandete, dessen Bewohnern gehörten Schiff und Ladung. Ein Segen für die Gemeinde. Die verkaufte das Holz an einen Malermeister aus Bergen, der damit das erste Hotel in Sassnitz, das »Zum Fahrnberg«, errichtete. Hier logierten berühmte Persönlichkeiten wie der Komponist Johannes Brahms (1833–1897), der 1876 seine 1862 begonne 1. Sinfonie endlich beendete. In einem Brief an einen Freund schreibt er, dass ihm die Inspiration dafür die Wissower Klinken lieferten, die im Februar 2005 ins Meer stürzten und dank Brahms nun unsterblich bleiben werden. In den Folgejahren setzte ein regelrechter Bauboom ein, um sich im Wettstreit mit anderen Badeorten wie Binz, Sellin oder Göhren messen zu können und vorzugsweise zahlungskräftiges Publikum anzuziehen. Durch die Errichtung zahlreicher Bädervillen und Hotels wuchsen Sassnitz und Crampas zusammen. Von Crampas, dessen Mittelpunkt die heutige Fußgängerzone von Sassnitz bildet, ist an historischen Bauten leider nichts erhalten geblieben.

Oben: U-Boot-Museum am Hafen
Mitte: Pension in der Altstadt von Sassnitz
Unten: Klassische Bäderarchitektur

Stadtrundgang

Ⓐ **Museum für Unterwasserarchäologie** – Einblick in ein spannendes Arbeitsgebiet.

Ⓑ **HMS OTUS** – Das ehemalige U-Boot der britischen Marine kann besichtigt werden.

Ⓒ **Sassnitzer Fischerei- und Hafenmuseum** – Überblick über die Geschichte regionaler Fischerei.

Ⓓ **Kunsthandwerk im Molenfußgebäude** – Gezeigt werden Werke regionaler Künstler.

Ⓔ **Mole** – Mit fast 1500 m die längste Mole Europas. Schöner Blick auf den Hafen!

Ⓕ **Seebrücke** – Von hier hat man eine schöne Sicht auf die Villen und Hotels am Hochufer.

Ⓖ **Kurplatz** – Hier beginnt der Nationalpark Jasmund.

Ⓗ **Strand** – Zum Baden ist es hier zu steinig.

Ⓘ **Villa Martha** – Hier verbrachte 1890 die deutsche Kaiserin Auguste Victoria einen Badeurlaub.

Ⓙ **Strandhotel Sassnitz** – Das Hotel versprüht noch heute den Charme des ausgehenden 19. Jh.

Ⓚ **Die Altstadt** – Besondere Aufmerksamkeit verdienen die vielgestaltigen Variationen von Flintstein und Hühnergöttern vor den Häusern.

Ⓛ **Tierpark** – Wölfe und heimische Tiere.

Ⓜ **Johanniskirche** – Neugotischer Backsteinbau.

Ⓝ **Rügenhotel** – Ehemaliges Seemannsheim.

Ⓞ **Hängebrücke** – Verbindung zum Hafen.

AUTORENTIPP!

AUF ENTDECKUNGSTOUR

Eine aufregende Möglichkeit, die Insel zu erkunden, ist eine Hanomag-Jeep-Safari. Im offenen LKW führt die zu den schönsten Landschaften der Insel. Vertrauen in die Geländegängigkeit und die Fähigkeiten des Fahrers sind Voraussetzung, wenn sich das Gefährt im steilen Winkel eine Böschung heraufarbeitet. Die Expeditionsleitung hat immer ein paar Köstlichkeiten wie Met und Sanddornlikör im Gepäck. Oder weiß zumindest, wo die Leckereien zu finden sind. Wer mehr über die Fertigkeiten der alten Germanen erlernen möchte, kann sich im Wikinger-Dreikampf üben. Im Grunde genommen ist es ganz einfach. Man muss nur diverse Gegenstände wie Pfeile, Äxte und Findlinge von sich schleudern, und am Ende des Tages weiß jeder Teilnehmer, wo seine Armmuskulatur sitzt, wie viel Punkte er gesammelt hat und ob er siegreich war.

Ferienhof Birkengrund.
Birkengrund 1, 18546 Sassnitz,
Tel. 03 83 92/3 40 01,
info@ferienhof-birkengrund.de,
www.ferienhof-birkengrund.de

Mauerblümchen des Nordens

Wer nach Sassnitz kommt, braucht die Geduld und Ruhe eines Perlenfischers auf der Suche nach dem wertvollen Inneren. Kurz hinter dem Ortsschild empfängt den Besucher kein Plakat mit dem Titel »Unsere Stadt soll schöner werden«, sondern ein »Starenkasten«, der von denjenigen teure Urlaubsschnappschüsse macht, die allzu schnell der Stadt entgegenstreben. War Sassnitz einst der erste und bekannteste Badeort Rügens, so ist heute auf den ersten Blick von dem alten Flair vergangener Tage kaum mehr etwas zu erahnen. Sie ist wie eine graue Muschel, deren äußere Schale vom Auf und Ab einer bewegten Weltgeschichte schwere Schläge hinnehmen musste. Jeder Einzelne hat tiefe Kratzer hinterlassen. Nimmt man sich die Zeit, das langsam gereifte Innere zu betrachten, findet man in der Altstadt oberhalb der Strandpromenade eine Perle, wie sie auf Rügen nur noch selten vorkommt, ohne hoffnungslos kommerzialisiert und überlaufen zu sein. Kleine, sich den Hang herabwindende Gassen führen vorbei an liebevoll restaurierten Häusern, dem Markplatz, gemütlichen Kneipen und Bistros in das eigentliche Herz der Stadt, den Hafen.

Der Hafen – deine Heimat ist das Meer

Von zentraler Bedeutung war und ist auch heute noch der Fährverkehr, der 1897 mit der deutsch-schwedischen Postdampferlinie, der sogenannten Königslinie, nach Trelleborg seinen Anfang nahm. Hier lässt sich Zeitgeschichte atmen. Mit dem Zug im April 1917 aus dem Exil aus der Schweiz angereist, ist Wladimir Iljitsch Uljanow, besser bekannt unter dem Namen Lenin, von hier aus aufgebrochen, um die russische Oktoberrevolution zu entfachen, an deren Ende die Gründung der Sowjetunion stand. 1987 wurde zum Leidwesen der

Sassnitzer Einzelhändler der Fährhafen nach Neu Mukran verlegt. Heute muss man sagen, zum Vorteil der Stadt. Für diese hat sich dadurch die Gelegenheit ergeben, den Hafen und dessen Promenade touristisch erheblich aufzuwerten. Eine ganze Reihe Museen und Museumsschiffe, der Yacht- und Fischereihafen, viele Geschäfte und Restaurants und natürlich der Blick hoch zum Klippenrand auf die liebevoll restaurierten Seebädervillen machen die Hafenpromenade zu der wohl abwechslungsreichsten Flaniermeile der Insel.

Aus Silber werde Gold – Stadt der Alchemisten

In Ermangelung der notwendigen Rohstoffe für ein solches Vorhaben, nehme man einen Hering, räuchere ihn über Buchenholz und erhalte einen golden schimmernden Räucherhering. Und der lässt sich stimmungs- und genussvoll auf einem der Räucherschiffe wie der »MS Manfred«, die direkt an der Mole vertäut sind, verzehren. Wer in Goldgräberstimmung geraten ist und sich selbst auf die Jagd nach dem begehrten Rohstoff machen möchte, heuert auf Hochseekuttern wie der »Jan Cux«, »Kalinin« oder »Rügenland« an. Um einfach mal selbst die Angel auszuwerfen, reicht es aber aus, sich für eine der organisierten Angelfahrten anzumelden. Wer unter Seekrankheit leidet, aber im Besitz einer eigenen Angelausrüstung ist, dem bietet die Seebrücke am nördlichen Ende der Promenade eine standsichere Alternative, seinen Fang selbst einzuholen. Kurzum, gerade im Hafen gibt es eine Vielzahl von Möglichkeiten, mit einer leckeren Fischmahlzeit den Hunger zu vertreiben: von Selbstversorgung über Fischgeschäfte, auf dem Kutter oder Gaststättenschiff, bis zum Restaurant mit bequemer Bestuhlung und weißen Tischdecken. Satt wird jeder.

AUTORENTIPP!

SCHLOSS DWASIEDEN – VERBORGENE SCHÖNHEIT

Unter den knorrigen Buchen einer verwilderten Parkanlage verbergen sich im Süden von Sassnitz die Ruinen von Schloss Dwasieden. Bäume, Sträucher und Farne winden sich durch Fenster, hinter denen einst rauschende Feste gefeiert wurden, und eine blühende Decke aus Wildblumen bedeckt Böden, die schon die deutsche Kaiserin beschritten hat. Es scheint, als wolle sich die Natur zurückerobern, was die Erben derer, die jahrtausende altes Gestein zu einem märchenhaften Kunstwerk neoklassizistischer Baukunst formten, nicht zu schätzen wussten. Das »weiße Schloss« wurde zwischen 1873 und 1877 für die damals unfassbare Summe von 4 Mio. Reichsmark gebaut. Heute ist es für Eingeweihte ein Versteck für Geocaches und für alle anderen eine mystisch anmutende Kulisse für einen herrlichen Spaziergang.

Schloss Dwasieden.
www.dwasieden.de

Infos und Adressen

ESSEN UND TRINKEN

Altstadt Brasserie. Treffpunkt in der Altstadt mit der Option zu besonderen Gelegenheiten, in Gesellschaft Fußball zu schauen. Marktstr. 4, 18546 Sassnitz, Tel. 01 71/6 44 11 44, www.altstadt-brasserie.de

Gastmahl des Meeres. Schön gelegenes Restaurant im Hafen mit Blick auf das Wasser. Tägl. 11–22 Uhr, Strandpromenade 2, 18546 Sassnitz, Tel. 03 83 92/51 70

Kutter 4. Frischer Fisch. Mo–Do 7–15 Uhr, Fr 7–13 Uhr, Hafenstr. 12D, 18546 Sassnitz, Tel. 03 83 92/51 30, www.kutterfisch.de

MS Manfred. Räucher- und Gaststättenschiff. Stadthafen Sassnitz, 18546 Sassnitz, Tel. 03 83 01/6 02 46, Bordtelefon 01 72/5 35 69 55, www.die-ms-manfred.de

Ostpreußische Hafenräucherei. Räucherei mit Fischgaststätte. Ganzjährig tägl. geöffnet, Im Stadthafen, 18546 Sassnitz, Tel. 03 83 92/3 65 04, www.ostpreussische-hafenraeucherei.de

BARS UND CAFÉS

Café Gumpfer. Kaffee und Kuchen auf der Dachterrasse im Hafen. Tägl.ab 9 Uhr, Strandpromenade 13, 18546 Sassnitz, Tel. 03 83 92/64 98 88, www.gumpfer.de

Litt'l Rock. Urige Musikkneipe in der Altstadt, in der regelmäßig Live-Bands auf dem Programm stehen. Uferstr.1, 18546 Sassnitz, Tel. 03 83 92/67 44 02

ÜBERNACHTEN

Fürstenhof. Direkt an der Hafenpromenade gelegenes Appartmenthaus im alten Bäderstil mit modern eingerichteten Zimmern. Rosenstr. 11, 18546 Sassnitz, Tel. 03 83 92/5 30, www.raulff-hotels.de

Kurhotel Rügen. Nicht unbedingt hübsch von außen, aber ein toller Blick über das Wasser. Hauptstr.1, 18546 Sassnitz, Tel. 03 83 92 5 30, www.kurhotelsassnitz.de

Parkhotel Del Mar. Hotel mit modern eingerichteten Zimmern hinter klassischen Fassaden und Wellnessbereich, Hauptstraße 36 18546 Sassnitz Hauptstr.36, 18546 Sassnitz, Tel. 03 83 92/69 50, www.parkhotel-sassnitz.m-vp.de

Villa Aegir. Hotel am Hochufer über dem Hafen gelegen. Mittelstr.5, 18546 Sassnitz, Tel. 0 38 39/30 20, www.villa-aegir.de

Villa Seestern. Sehr gemütliche und heimelig eingerichtete Bädervilla. Mühlenstr.5, 18546 Sassnitz, Tel. 03 83 92/3 32 57, www.villa-seestern-sassnitz.de

EINKAUFEN

Bernstein-Werkstatt Sassnitz. Anhänger und Ringe werden hier aus Naturbernstein gefertigt und verkauft. Bachpromenade 3, 18546 Sassnitz, Tel. 03 83 92/6 60 67

Die Wunderkammer Rügen. Figuren und Collagen von Irena Schaller und Malerei, Grafiken, Fotografien, Schmuck, Keramik und Glas anderer Künstler. Hafenstr.12, Haus B, 18546 Sassnitz, Tel. 03 83 92/63 42 31

Galerie Am Steinbach. Verkauf von Arbeiten verschiedener Künstler. Rosenstr.16, 18546 Sassnitz, Tel. 0 38 39/5 00 66

Nomen est omen – Restaurant mit Blick auf Hafen

Rügen Fisch. Für Selbstversorger und Fischfans. Straße der Jugend 10, 18546 Sassnitz, Tel. 03839/2600, www.ruegenfisch.de

Rügen Galerie. Einkaufsstraße gegenüber dem Rügen Hotel an der Hauptstaße.

Töpferei am Grundtvighaus. Seestr.3, 18546 Sassnitz, Tel. 038392/57775

VERANSTALTUNGEN

Sail Sassnitz. Maritimes und kulturelles Fest mit Besuch von Großseglern, Musik, Speis und Trank. Fährhafen, 18546 Sassnitz/Mukran, www.sail-sassnitz.de

Verkaufsausstellung Kunsthandwerk. Exponate regionaler Künstler. Mai–Juni, Aug.–Okt., Molenfußgebäude, 18546 Sassnitz

AKTIVITÄTEN

HMS Otus. Englisches U-Boot aus den Zeiten des Kalten Krieges zur Besichtigung. Tägl., Nov.–April 10–16 Uhr, Mai–Okt. 10–19 Uhr, Hafenstr.12, Tel. 038392/31516, www.hms-otus.com

Hochseeangeln. Angelfahrten für Selbstversorger oder Sportfischer auf der »MS Jan Cux«. Tägl.10, 12, 14, 16 Uhr, Tel. 038392/674630, www.hochseeangeln-ruegen.info

KTG Kalinin Touristik GmbH. Ausfahrt zur Kreideküste mit dem Hochseekutter. Tägl. 10, 12, 14, 16 Uhr, Kapitänsweg 4, 18546 Sassnitz, Tel. 038392/32180, www.kalinin-sassnitz.de

Museum für Unterwasserarchäologie. April–Okt. tägl. 10–18 Uhr, Alter Fährhafen, 18546 Sassnitz, Tel. 038392/32300

Naturfreundehaus am Nationalpark Jasmund Ferienheim Birkengrund. Hanomag Jeep-Safaris »Auf den Spuren von Caspar David Friedrich« und »Auf den Spuren der Wikinger«. Birkengrund 1, 18546 Sassnitz, Tel. 038392/34001, www.ferienhof-birkengrund.de

Rügen-Therme. Hotel, Schwimmbad und Wellness in einem Haus. Mo–So 10–21 Uhr, Di während der Schulzeit von 10–13.30 Uhr wegen Schulschwimmen geschlossen, Sauna Mo–So 13.30–21 Uhr, Mi 12–16 Uhr Damensauna, Hauptstr.1, 18546 Sassnitz, Tel. 038392/53250

Sassnitz Fischerei- und Hafenmuseum. Geschichte des Sassnitzer Hafens. April–Okt. tägl. 10–18 Uhr, Im Stadthafen, 18546 Sassnitz, Tel. 038392/57846, www.hafenmuseum.de

Schmetterlings Park. Tropische Oase mit Hunderten frei fliegender Schmetterlinge, April–Okt. tägl. 9.30–17.30 Uhr, ab 15. Okt. tägl. 10.30 Uhr bis zur Dämmerung, Straße der Jugend 6, 18546 Sassnitz, Tel. 038392/66442, www.alaris-schmetterlingspark.de

Schiffstouren zu den Kreidefelsen und zum Königsstuhl ab Sassnitz Hafen. Die beste Sicht auf die Kreidefelsen hat man vom Wasser aus, Hafenstr. 12, Haus J, 18546 Sassnitz, Tel. 038392/3150, www.reederei-ostsee-tour.de

Tierpark Sasssnitz. Tiere aus der Region. Tägl. ab 10 Uhr, Steinbachweg 4, 18546 Sassnitz, Tel. 038392/22381,tierpark@sassnitz.de, www.tierpark-sassnitz.de

BADEN

Mukran Strand. Naturstrand mit Blick auf den Hafen. Buslinie 20, alle 15 Min., Dauer ab Busbahnhof 20 Min.

INFORMATION

Tourist Service Sassnitz. Rügen-Galerie und im Stadthafen, 18546 Sassnitz, Tel. 038392/6490, www.insassnitz.de

Mitte: Steilküste am Nationalpark
Unten: Eingang des Nationalpark-zentrums Jasmund

16 Nationalpark Jasmund
Eine typisch norddeutsche Bergregion

Schmale Pfade an senkrecht abfallenden Steilufern, Lichter, die durch das Blätterdach märchenhafter Buchenwälder funkeln und Geschichten von Jungfrauen und sagenhaften Schätzen machen den Nationalpark Jasmund zu einem traumhaften und einem der meist besuchten Orte der Insel Rügen. Mit jedem Schritt, wenn Steine und Kalk unter den Wanderschuhen knirschen, bewegt man sich durch den Showroom der Erdgeschichte.

Nur wenige Straßen durchziehen die Halbinsel Jasmund, dafür aber umso mehr Wege mit Aussichten, die auch bei dem Lauffaulsten die Lust auf einen Spaziergang wecken. Nun ist Wandern mangels zu erwartender Panoramablicke nicht gerade eine typisch norddeutsche Disziplin. Doch so mancher, der einen Urlaub in der Norddeutschen Tiefebene geplant hat, wird überrascht sein, wie hügelig sich die Stubnitz gibt. Wir Nordländer würden das Gebiet schon als geradezu bergig bezeichnen. Dabei ist mit 118 Metern der Königsstuhl die höchste Erhebung. Der Name Stubnitz geht auf das Slawische zurück und bedeutet so viel wie Stufenland.

Eine Landschaft wie gemalt

In weiser Voraussicht hat Caspar David Friedrich die Wissower Klinken auf seinem berühmten Gemälde für die Nachwelt festgehalten. 2005 ist die Kreideformation, die wohl bekannteste Attraktion der Insel Rügen, bei einem Erdrutsch ins Meer gerauscht. So ist das in einem Nationalpark.

Da stehen nicht die Erhaltung von hübschen Fotomotiven oder einem grandiosen Blick aus dem Hotelfenster, sondern wie es in dem *Leitbild für Nationalparks in Deutschland* heißt, die »Bewahrung der eigengesetzlichen Natur« und die »Selbstregulierung« im Vordergrund.

Und noch ein UNESCO-Welterbe

Doch das Image als regionaler Entwicklungsfaktor für einen naturverbundenen Tourismus ist dank der auf dem Kalkboden seit der Eiszeit gedeihenden Buchenwälder gerettet. Denn mit Betreten des Waldes kann man den Besuch eines weiteren von der UNESCO anerkannten Weltnaturerbes auf seine persönliche Liste setzen. Erst 2011 wurde das Gebiet in den erlauchten Kreis aufgenommen und wird dabei in seiner Bedeutung als großflächiger, naturbelassener Buchenwald auf eine Ebene mit dem Yellowstone National Park in den USA gestellt. Zugegeben, da gibt es weite Prärien mit grasenden Büffeln, dafür haben die keine Kreideküste. Die Einschränkung der Nutzung durch den Menschen hat eine lange Tradition. Bis in das 19. Jh. hinein war es allein dem Fürsten von Putbus vorbehalten, dort auf die Jagd zu gehen – und schon vorher war sogar das Weiden von Tieren dort unter Strafe gestellt.

MAL EHRLICH

Eintritt auf einen Kreidefelsen: Da wird doch erkennbar, wie sehr die Lehensabgaben der Inselfürsten bis in unsere heutige Zeit ihren Tribut von Normalsterblichen fordern. Früher wurde man dafür noch vor Raubrittern geschützt, heute bekommt man eine Eintrittskarte für einen zwar lohnenden Besuch des Nationalparkzentrums, aber eine Vergünstigung nur für den Besuch der Aussichtplattform gibt es nicht. Also hin zur Victoriasicht. Man blickt von dort nämlich auf den Königsstuhl, und das kostet nichts.

Oben: Die berühmte Victoriasicht
Mitte: Viele Wege führen durch den Nationalpark.
Unten: Eine Plattform macht das sichere Betreten der Kliffkante möglich.

AUTORENTIPP!

PINSELSTRICHE DER NATUR

Die Aufschlüsse, so nennen es Geologen, wenn das Gestein, das unter einer Vegetationsdecke verborgen liegt, wie an der Steilküste Rügens, an der Oberfläche sichtbar wird, sind wie ein Buch, dass man durchblättert. Hebt man auf der Suche nach Flint und Bernstein einmal den Kopf, sieht man Jahrtausende der Erdgeschichte vor sich aufragen. Macht man sich die Mühe und kratzt ein wenig an der verwitterten Oberfläche, fallen einem Flintsteine, Muschelschalen und möglicherweise andere Fossilien entgegen. Man entdeckt, dass die Küste aus verschiedenen Schichten besteht, die nicht nur in gerader Linie verlaufen, sondern verwunden, gestaucht und überlagert an unterschiedlichen Stellen in verschiedenen Höhen auftauchen und wie ein mit Schwung vollführter Pinselstrich eines Malers wirken. Die Künstler waren in diesem Falle der Wind, das Meer und die Gletscher, die dieses Kunstwerk begonnen und immer noch nicht vollendet haben.

Aufschluss in der Steilküste Rügens

Eine Aussicht wie ein König

Als wäre die Landschaft nicht schon spektakulär genug, zieren Namen berühmter und berüchtigter Persönlichkeiten die schönsten Aussichtspunkte. Kurz hinter Sassnitz sagt man, soll der Pirat Störtebeker seinen Schlupfwinkel in der Piratenschlucht gehabt haben. Wer dort nach verborgenen Schätzen suchen möchte, gelangt über eine Treppe vom Hochuferweg runter zum Strand. Findet man etwas, kann man davon den Eintritt zum Königsstuhl bezahlen. Ob nun dem Adel geschuldet oder dem Nationalpark gespendet, die Aussicht eines Königs muss man bezahlen. Seinen Namen verdankt der Aussichtspunkt angeblich dem schwedischen König Karl XII., der von hier eine Seeschlacht mit den Dänen beobachtet haben soll. Eine andere schöne Sage erzählt von einer Tradition, nach der derjenige zum König ernannt werden sollte, dem es gelang, als Erster von See her das Steilufer zu erklimmen und auf dem dort aufgestellten Thron Platz zu nehmen. Die Victoriasicht trägt ihren Namen seit 1865 anlässlich eines Besuches Wilhelm I., König von Preußen, mit seiner Schwiegertochter Victoria, die auch später gern Urlaub in Sassnitz gemacht hat.

Zeitzeugen

Für Hobbyarchäologen bietet sich die Route Nr. 2 an. Von der Besiedlung bereits zur Jungsteinzeit zeugt das Pfenniggrab. Die Slawen haben ihre Spuren an dem zehn Meter hohen Burgwall, der Herthaburg, hinterlassen. Der Sage nach eine Kultstätte zu Ehren der Erdgöttin Hertha, an der man Fruchtbarkeitsfeste feierte. In der Nähe befinden sich ein Opfer- und der sogenannte Sagenstein. Wenn man weiß, dass es sich dabei um einen alten Mühlstein handelt, den man dort erst im 19. Jh. platzierte und regelmäßig mit roter Farbe übergoss, um mit dieser Attraktion die ersten Touristen

Die schönsten Wanderungen

Wanderungen durch den Nationalpark Jasmund kann man von mehreren Orten aus starten. Die vorgestellten Varianten, verschiedenen Schwerpunkte und Aussichten lassen sich aufgrund der Beschilderung gut miteinander kombinieren.

AN- UND ABFAHRT

ROUTE 1 (7,5 km / ca. 2 Std.): Kostenpflichtiger Parkplatz Nr. 6 am Ende der Weddingstraße. Vom Bahnhof Sassnitz mit der Linie 18 zum Wanderparkplatz Wedding.

ROUTE 2 (10 km / ca. 3 Std.): Kostenpflichtiger Großparkplatz an der L 303. In Hagen halten die Buslinie 14 (Sassnitz–Sagard–Lohme–Königsstuhl–Sassnitz), 19 (Pendelbus zwischen Parkplatz Hagen und Königsstuhl), 20 (Bergen–Klein Zicker).

ROUTE 3 (8,5 km / ca. 3 Std.): Kostenpflichtiger Parkplatz im Zentrum von Lohme »An der Steilküste«. Dort hält auch die Buslinie 14 von Sassnitz oder Glowe kommend.

WEGBESCHAFFENHEIT

Leichte Wanderungen auf gut ausgeschilderten Feld- und Waldwegen, einigen Pflaster- und Teerwegen, die auch für Kinder und ältere Menschen geeignet sind.

AUTORENTIPP!

NATIONALPARKZENTRUM JASMUND

Nach einer Wanderung im Nationalpark hat man noch genügend Zeit, sich intensiv mit dem auseinanderzusetzen, was man gerade in freier Natur gesehen hat. Ein Ort, der sich perfekt mit dem Besuch des Königsstuhls verbinden lässt, ist das Nationalparkzentrum Jasmund. Betreiber ist der World Wildlife Fond for Nature (WWF). Mit den oft nüchtern und spartanisch gestalteten Informationszentren der Nationalparks hat diese Erlebniswelt nicht viel gemeinsam. Hier waren Profis am Werk, die genau wissen, wie man Menschen für den Umgang mit der Natur begeistert. Ob der Spaziergang über den Meeresboden, audiogeführte Reisen durch die Zeiten oder eine Blumenwiese aus Sicht einer Spitzmaus, die Bernsteinwerkstatt, das Forscherzelt oder das 180° Multivisionskino für ein spannendes Umfeld Naturwissenschaften einmal ganz anders zu erleben, ist hier gesorgt.

Nationalparkzentrum Jasmund.
www.nationalpark-jasmund.de

in die Region zu locken, verliert der Ort zwar ein wenig von seinem mythischen Charakter, aber vor sich hat man immerhin einen frühen Beweis einer fantasievollen Tourismuswirtschaft. Wenn man ganz still ist, gelingt es einem vielleicht wie einst den Priestern an der Herthabuche, die Weissagungen der Göttin dem Rauschen der Blätter zu entnehmen. Aus Angst, Dinge zu hören, die man gar nicht hören will, ist es deswegen hier im Frühjahr und Herbst auch am belebtesten.

Und noch eine Sage

Eine besonders schöne Sage weiß von einer Jungfrau, einer verwunschenen Prinzessin, zu berichten, die alle sieben Jahre, um Johannis herum, zu dem großen Felsen am Fuße des Königsstuhls, dem sogenannten Waschstein, kommt. Wer sie mit den Worten »Gott helf, schöne Jungfrau« von ihrem Fluch befreit, den führt sie in eine Höhle mit unermesslichen Schätzen. Und natürlich fehlt auch Klaus Störtebeker nicht in dieser Geschichte, der angeblich jede Nacht mit dem Kopf unter dem Arm hierher zurückkehrt, um seine Reichtümer zu zählen. Offen bleibt die Frage, wie die Jungfrau es dem alten Piraten erklärt, dass nun bald ein Krug Gold und Edelsteine fehlen, die sie dem Fischer geschenkt hat. Doch das ist eine andere Geschichte.

Hier kann man selbst experimentieren.

Infos und Adressen

Gastraum des Panoramahotels »Lohme«

ESSEN UND TRINKEN

Bistro National-Park-Zentrum Königsstuhl. Das kostet natürlich Eintritt in das Zentrum, siehe unten. Stubbenkammer 2, 18546 Sassnitz, www.koenigsstuhl.com

Gasthaus Waldhalle. Wandert man Richtung Süden nach Sassnitz, gelangt man nach 6 km oder gut 2 Stunden zum Gasthaus. Nach Sassnitz sind es noch einmal ca. 45 Minuten. An den Wissower Klinken, 18546 Sassnitz, Tel. 03 83 92/2 24 78, gasthaus-waldhalle@t-online.de, www.wissower-klinken.de

Hotel Baumhaus. Das einzige Hotel im Nationalpark Jasmund inmitten des Buchenwaldes. Modern eingerichtete Zimmer. Im gemütlichen Restaurant mit Außenbereich stehen Fisch und Wild auf der Speisekarte. Stubbenkammer, 18546 Sassnitz, Tel. 03 83 92/22 31 0, www.baumhaushagen.im-web.de

Parkplatz Hagen. Für den Snack zwischendurch gibt es hier Bratwurst, Pommes und Pizza. An der Stubbenkammerstr. Ecke Holzkoppel, 18551 Lohme

AKTIVITÄTEN

National-Park Zentrum Königsstuhl. Anreise nur zu Fuß vom Parkplatz Hagen mit dem Pendelbus. Ostern–31.Okt. tägl. 9–19 Uhr, 1. Nov.–Ostern tägl. 10–17 Uhr, letzter Einlass Multivisionskino: 20 Minuten vor Schließung, letzter Einlass Erlebnisausstellung: 1 Stunde vor Schließung, Stubbenkammer 2, 18546 Sassnitz, Tel. 03 83 92/66 17 66, info(at)koenigsstuhl.com, www.koenigsstuhl.com/anreise_21.html

VERANSTALTUNGEN

Nationalpark Jasmund. Der Nationalpark bietet über das gesamte Jahr verteilt Wanderungen an. Wanderungen mit dem Ranger, 1. Mai–31. Okt. oder Wanderungen mit der Umweltbildung, 6. April bis 21. Sept., Uhrzeiten und Treffpunkte stehen unter www.nationalpark-jasmund.de unter »Service«

Mitte: Das Kreidemuseum Gummanz in einer umgebauten Werkhalle
Unten: Fundstücke in der Kreide

17 Das Kreidemuseum in Gummanz

Weißes Gold

Erinnern Sie sich daran, wie es war, wenn in der Schule die Kreide an der Tafel quietschte und das Geräusch einem kalte Schauer über den Rücken trieb? Der Grund: Schaltiere. Deren sterbliche Überreste wie Skelette und Panzer haben Generationen von Schülern mit Wissen überhäuft und zum Wohlstand der Insel Rügen beigetragen, wo die Kreide den Beinamen »weißes Gold« trägt.

Zum Kreidemuseum gelangt man zu Fuß vom Parkplatz gegenüber der Jasmar-Therme in Gummanz entlang eines Natur- bzw. Kreidelehrpfades. Die Ausstellungsräume sind in dem restaurierten Backsteingebäude einer alten Werkshalle der Kreidewerke Gummanz untergebracht. Hat man das Portal durchschritten, schaut man in das riesige Maul eines Mossauriers, der einen daran erinnert, dass es sich bei den in den drei Ausstellungsräumen gezeigten Fossilien um Jahrmillionen alte Relikte aus der Kreidezeit handelt, die sich vor 83 bis 65 Mio. Jahren vor der Insel tummelten. Das lebende Original hat eine Länge von bis zu 15 Metern erreicht und Jagd auf Beutetiere wie Ammoniten gemacht, die sich ebenfalls in der Ausstellung befinden. Von dem Schrecken einflößenden Wesen an der Decke findet man allerdings nur noch dessen Zähne. Die sind zusammen mit Muscheln, Ammoniten und Korallen in mächtigen Paketen in zu Gestein verfestigtem Kreideschlamm eingebettet worden, der aus den Schalen sogenannter Foraminiferen und Coccolitnen, Mikrometer großen Einzellern besteht. Das und vieles mehr erfährt man noch genauer im Kreidemuseum.

Die Ausstellung

Das Kreidemuseum umfasst zwei Bereiche, das Museumsgebäude und die Außenanlagen mit Freilichtmuseum. In den drei Räumen des Innenbereichs gibt es jede Menge zu sehen und zu fühlen. Denn Anfassen ist hier erlaubt. Die geologisch-paläontologische Sammlung des Hauses umfasst Schränke voll mit den Relikten der Urzeit, eingeschlossen in der Rügener Schreibkreide und eiszeitlichen Geschieben. Nicht alles, was man vor Ort findet, stammt auch von hier. Welche Tierchen und Pflanzen aus ihren heimatlichen Gefilden aus Skandinavien von den Gletschern hierher verfrachtet wurden, kann man hier herausfinden. Die Kreide wurde, wie der Name vielleicht vermuten lässt, nicht nur als Schreibkreide, sondern ebenso als Baustoff, Pigment oder zu Heilzwecken genutzt. Letzteres ist der Grund dafür, dass insbesondere in der Nähe der Badeorte kleine Kreideaufschlüsse ausgebeutet wurden und bis heute die Landschaft prägen. Auch darüber finden sich in den Film- und Tondokumenten zahlreiche Erläuterungen.

Oben: Hier wurde einst das »weiße Gold abgebaut«.
Unten: Die Mossaurier lebten in der Kreidezeit. Nun hängen sie nur noch von der Decke.

Das Freilichtmuseum

Die bergbautechnische Sammlung umfasst die schweren Maschinen, die im Kreidebergbau eingesetzt wurden. Nachdem man sich die Dokumentation aus dem Jahr 1927 über den traditionellen

AUTORENTIPP!

DIE GARTENZWERGE RÜGENS – RÜGENER KREIDEMÄNNCHEN
Neben Postkarten und Fossilien gibt es im Museumsshop das Rügener Kreidemännchen. Was den New Yorkern die Freiheitsstatue ist, ist den Rüganern eben das Kreidemännchen. Marlies und Reinhardt Jost stellen die Gartenzwergen ähnelnden Figuren in einer Schauwerkstatt, der sogenannten Kreidemännchen Steinwerkstatt her. Mit Donnerkeilen, Bernstein und Muscheln geschmückt, tragen sie kleine Geschenke, die an die Insel Rügen erinnern sollen. Bereits die Verarbeitung der Rohsteine ist spannend, da man nie weiß, ob nicht beim Schneiden der Rohlinge ein schönes Fossil zutage tritt. Die zum käuflichen Erwerb freigegebenen Gesellen tragen alle ein kleines Büchlein mit einer der vielen Sagen über das Leben von Zwergen und Elfen auf Rügen bei sich.

Kreideabbau angeschaut hat, lohnt es sich, einen Blick auf diese Dinosaurier der Technik zu werfen. Da lässt sich hier und da auch mal ein Hebelchen ziehen oder eine Lore der Feldbahn bedienen. Die waren seinerzeit übrigens eine moderne Neuerung in diesem Werk, als andernorts die Kreide von Frauen und Kindern noch in Eimern und Karren fortgeschleppt wurde.

Spaziergang zum kleinen Königsstuhl

Hat man alles über Kalk, Fossilien und Maschinen gesehen, kann man das Gelände noch einmal von oben betrachten. Eine kleine Brücke führt den Pfad hinauf zum Kleinen Königsstuhl, der 130 Meter und damit höher als dessen Namensgeber ist. So ist das eben mit Prominenten, deren Größe nicht in Metern, sondern in Besucherzahlen gemessen wird. Von der Aussichtsplattform bietet sich dem Betrachter ein lohnender Ausblick auf das Museumsgelände, einen kleinen See und den Jasmunder Bodden. Bei Regen ist von einem Betreten mit Flip-Flops oder ähnlich leichtem Schuhwerk abzusehen, da es dann sehr rutschig werden kann.

Selbst Fossilien suchen im Kreidefels

Wen es in den Fingern juckt und die Leidenschaft gepackt hat, der kann an einer vom Museum von Mai bis Oktober angebotenen Sammelexkursion teilnehmen und sich auf die Suche nach Fossilien im Kreidegestein des Tagebauwerks in Promoisel machen. Mit einem Spitzhammer, Lupe, Säge und Bürste sowie geeigneter Bekleidung in Form langer Hosen und festem Schuhwerk ausgerüstet, kann man für drei bis vier Stunden in die Fußstapfen von Paläontologen treten.

Infos und Adressen

ÜBERNACHTEN

Dieter Berg Ferienwohnungen. Gemütliche Ferienwohnungen von 75–110 Quadratmeter mit Kamin auf altem Gutshof. Buchung über Rügen-Besucher-Service, Bahnhofstr. 4, 18581 Putbus, Tel. 03 83 01/6 05 13, rbs-putbus@t-online.de, www.ruegenbesucherservice.de

Jasmar Resort Rügen. Hier wird alles geboten, was man von einem Resort erwartet. Therme mit Außenpool, Kinderanimation, Wellness und Fitness. Im Hotel müssen Hunde angemeldet werden. Das Angebot reicht vom Doppelzimmer bis zu luxuriösen Suiten. Zur Anlage gehören Appartements in Bobbin und Lohme/Neddesitz. Hier zahlt man pro Hund und Nacht noch ordentlich drauf, 18551 Sagard, Tel. 03 83 02/95, info@jasmar.de, www.jasmar.de

ESSEN UND TRINKEN

Hotel Schloss Ranzow. Edle Speisen in geadelten Räumen oder auf der Terrasse mit Blick auf den künftigen Golfplatz. Das Wild auf dem Teller stammt aus dem Nationalpark. Tägl. von 12–22 Uhr, Schlossallee 1, 18551 Lohme, Tel. 03 83 02/88 91 0 info@schloss-ranzow.de, www.schloss-ranzow.de

AKTIVITÄTEN

Kreidemuseum Gummanz. Ostern (Karfreitag) bis 31. Okt. tägl. 10–17 Uhr, letzter Einlass 16.30 Uhr, 1. Nov. bis Ostern (Gründonnerstag) Di.–So. 10–16 Uhr, (letzter Einlass 15.30 Uhr), 24.12. geschlossen, während der Öffnungszeiten ist auch der Museumsshop geöffnet, Gummanz 3a, 18551 Sagard, Tel. 03 83 02/5 62 29, info@kreidemuseum.de, www.kreidemuseum.de

Das »Jasmar Resort Rügen« aus der Luft

18 Von Lohme bis Glowe

Im Norden der Halbinsel Jasmund

In den Hochglanzprospekten der großen Touristikunternehmen wird man nicht viel über die Orte Lohme, Glowe und die Schaabe finden. Hier im Norden der Halbinsel Jasmund und am Rande des Nationalparks Jasmund flaniert man nicht über Strandpromenaden, sondern baut Strandburgen aus Sand oder Dämme aus Steinen und vor allen Dingen regt man sich nicht über spielende Kinder auf. Wer doch, ist hier falsch.

70 Meter ragen die Klippen über den kleinen Hafen des ehemaligen Fischerdorfes Lohme hinaus. Vom Parkplatz in der Ortsmitte gelangt man dorthin zu Fuß entweder über die Straße Am Hafen oder über die Treppen hinter dem Hotel Am Ostseegarten in der Straße An der Steilküste. Auf etwa zweidrittel des Weges nach unten befindet sich ein Café mit Aussichtsterrasse. Von hier hat man einen grandiosen Blick über das Wasser bis zum Kap Arkona, und es ist auch ein idealer Startpunkt für Wanderungen in den Nationalpark Jasmund. Die Touristeninformation in der Arkonastraße hält dafür einige schöne Broschüren bereit. Dabei gibt

Mitte: Treppen führen hinunter zum Hafen von Lohme.
Unten: Surfschule in Glowe

MAL EHRLICH

Irgendetwas müssen die Stadtväter von Glowe sich einfallen lassen. Das Sickerwasser aus dem Hang riecht z. T. dermaßen übel, dass es einem den Aufenthalt westlich des Hafens gehörig vermiesen kann. Bis Abhilfe geschaffen ist, sollte man immer Richtung Osten hin spazieren gehen. Dann wird der Geruchssinn nicht strapaziert.

es verschiedene Möglichkeiten, das Naturschutzgebiet vom Strand aus oder über den Ortsteil Ranzow zu erkunden. Mit Kindern bietet es sich an, mit dem Auto oder öffentlichen Verkehrsmitteln zum Großparkplatz in Hagen zu fahren und sich von dort auf den Weg zum Nationalparkzentrum zu machen.

Der Naturhafen

Der Naturhafen und der Wasserwanderrastplatz gelten unter Seglern inzwischen als Geheimtipp. Größter Luxus ist bestimmt die Möglichkeit, sich für den nächsten Morgen Brötchen beim Hafenmeister bestellen zu können. Der verwahrt auch einen Grillrost für den Grillplatz, der extra für die Segler errichtet wurde und mal ein schaukelfreies Abendessen außerhalb der Kombüse gestattet. Eine Slipanlage, Trinkwasser, Strom, Duschen und WLAN-Zugang sind vorhanden. Nicht wundern, wenn hier und da Rohre aus dem Steilufer ragen und Wasser herausfließt. Das sind keine Abwasserrohre, sondern eine Hangentwässerung. 2005 sind hier 100 000 Kubikmeter Boden abgerutscht. Danach hat man Drainagen in den Hang eingebaut und das Grundwasser abgesenkt, um wieder Stabilität in den Hang zu bekommen.

Der Schwanenstein

Ein wenig östlich des Hafens ragt ein mächtiger pyramidenförmiger Granitblock aus dem Wasser, der zu den größten Geschieben der letzten Eiszeit gehört und aus Dänemark hierher verfrachtet wurde. 60 Kubikmeter und 162 Tonnen Gewicht verhindern, dass dieser als Geotop geschützte Hammergranit als Souvenir von Steinchensammlern mit nach Hause genommen wird oder als Schmuckstein an einem Halsband endet. Was wäre so ein Stein auf bzw. vor Rügen ohne die passende Sage.

Oben: In Glowe beginnen die flachen, unendlich scheinenden Strände der Schaabe.
Mitte: Mal was anderes als Fisch
Unten: Naturhafen Lohme

AUTORENTIPP!

BOLZEN AUF HOHEM NIVEAU

Welcher junge Fußballspieler hat sich nicht schon einmal gewünscht, von einem echten Profi trainiert zu werden. In Sagard findet jährlich unter Leitung des ehemaligen Bundesligaspielers Frank Elser ein Fußballcamp statt. In ca. 300 Pflichtspielen hat er genügend Erfahrung gesammelt, die es braucht, um aus kleinen Kickern Fußballprofis zu machen. Seit elf Jahren trainiert Elser, der im Besitz einer Trainer-A-Lizenz ist, junge Nachwuchsspieler. In der Teilnahmegebühr sind Mittagessen, Pausensnack, Getränke, ADIDAS-Teamausrüstung mit Trikot, Hose und Stutzen, Ball, Trinkflasche und Stofftasche enthalten. Und dann kann es je nach Lust und Laune zwischen ein und fünf Tagen zur Sache gehen: Power-Warm-up, Speed-Koordinations-Parcour und Stationstraining machen fit für die Mini-WM und für die Qualifikation zum Elfmeter-Champion.

Fußballcamp. Sagard, www.kids-for-champions.de

Die besagt, dass die Babys, welche im Sommer von Störchen und im Winter von den Schwänen gebracht werden, bis zu ihrer Abholung hier so lange verborgen bleiben. Dass es im Winter nicht ganz ungefährlich ist, sich auf dem Eis an der Küste aufzuhalten, davon berichtet das Schicksal dreier Jungen, die auf dem Stein erfroren und denen mit einer Gedenktafel gedacht wird.

Der Dobberworth

Die hügelige Landschaft zwischen Lohme und Glowe eignet sich für ausgedehnte Spaziergänge durch die Feldmark der umliegenden Gemeinden. Südlich von Sagard befindet sich an der B96 mit 14 Metern Höhe und einem Radius von 50 Metern Norddeutschlands höchstes Hügelgrab. Der Sage nach verlor hier einst eine Riesin eine Schürze voller Steine. Mit diesen wollte sie die Landenge zwischen dem Großen und dem Kleinen Jasmunder Bodden füllen, um gegen den Fürsten von Rügen ins Feld zu ziehen, der ihre Liebe nicht erwidern mochte. Der Stoff riss, Steine und Erde fielen zu Boden und hinterließen den von Sträuchern bewachsenen Hügel inmitten der Felder.

Sagard

Bereits 1750 wurden die mineralhaltigen Quellen des Ortes zu Heilzwecken genutzt, und die schwedischen Herren auf Schloss Spyker hegten große Pläne, den Ort zu einem Kurort auszubauen. Doch mit Ende der Schwedenzeit kaufte Fürst Malte I. zu Putbus die Ländereien auf und wandelte die Höfe, für welche die Bauern den Grundherren bis dahin als Gegenleistung für die Überlassung von Land und Wirtschaftsgebäuden Zinsen gezahlt und ihre Arbeitskraft zur Verfügung gestellt hatten (Kossätenwesen), in Erbpachthöfe um. Sagard verlor an Bedeutung in dem Maße, wie die Badeorte an der Küste an Beliebtheit gewannen. Davon übrig sind im historischen Ortskern lediglich Reste der Brunnenaue, der Kreidebach und an der Kirche die Grabplatte des Pastors Christoph von Willich (1759–1827). Er und sein Bruder hatten große Pläne für die 1794 gegründete Brunnen-, Bade- und Vergnügungsanstalt und wollten ein Lustschloss errichten lassen. Doch das war offensichtlich nicht das Metier eines Sohnes der Kirche, sondern das eines Fürsten, der die Badegäste nach Putbus lockte. Immerhin, geblieben ist die Jasmar-Therme. Ein hochmodernes Wellness- und Baderesort, das mit seiner Ferienanlage und dem Gutshaus Neddevitz an die alten Traditionen anknüpft.

Schloss Spyker und die Dinosaurier

Die Ländereien rund um Sagard gerieten nach dem Westfälischen Frieden, der den Dreißigjährigen Krieg beendete, 1648 unter schwedische Herrschaft. Schloss Spyker, von welchem aus der neue Grundbesitz verwaltet wurde, ist einer der ältesten

Der Strand ist auch mit dem Rad gut zu erreichen.

AUTORENTIPP!

KUNSTHOF SALSITZ

Betritt man die Werkstatt von Uwe Piontkowski, glaubt man sich zunächst in den Lagerräumen einer Zimmerei. Überall finden sich zum Trocknen gelagerte Balken und Stämme, teils Strandgut, teils aus alten Abrisshäusern gerettet. Die Ausgangsmaterialien haben bereits ihre eigene Geschichte, die mit der Region eng verknüpft ist. Durch geschickte Bearbeitung und Komposition mit anderen Materialien wird die gesamte Hofanlage zum Showroom. Wer sich in einer der Ferienwohnungen einmietet, hat viel Muße und Ruhe, die ausgestellten Handwerksstücke zu betrachten. Hat man keine Idee, um was es sich handeln soll, ist das kein Problem. Vieles erfordert keine scharfsinnige Interpretation, und der »Künstler« weiß viel über Herkunft, Beschaffenheit und Verarbeitungstechniken zu berichten.

Kunsthof Salsitz. www.altstadtvillen.de/salsitz-kunsthof

»Durchblick«: Kunsthof Lohme

Oben: Auch Katamarane kann man in Glowe ausleihen.
Unten: Der Strand bei Glowe wird vom DRK überwacht.

sogenannten Profanbauten Rügens und war der Wohnsitz von Carl Gustav von Wrangel (1613 bis 1676), Reichsmarschall der Schwedischen Krone. Das rot getünchte Gebäude ist bereits von Weitem zu sehen und beherbergt nach vielen Jahren der Sanierung ein Hotel. Betritt man des Nachts die Eingangshalle, wenn der Wind durch die Bäume im Hof und durch die Flure der oberen Etagen pfeift, wirken die »vollplastischen« Stuckarbeiten an der Decke mindestens so gruselig wie die Dinosaurier im nahe gelegenen Freizeitpark. Sie sind aber genauso so ungefährlich und regen lediglich die Fantasie an. Gleiches gilt, wenn man von der gemütlichen Terrasse vor den Gemäuern des rustikalen Restaurants im Tiefparterre lange genug auf den alten Bentley draußen im Hof schaut. Irgendwann sieht man Miss Marple und Edgar Wallace aussteigen.

Glowe

Hier beginnt der Badespaß: Ein elf Kilometer langer Sandstrand reicht von Glowe entlang der gesamten Schaabe genannten Landbrücke zwischen Ostsee und Bodden bis nach Juliusruh. Genügend Platz auf einer riesigen Düne, die erst im 19. Jh. mit Kiefern bepflanzt wurde. Durch Wälder führen Rad- und Wanderwege und an den Stränden tobt das wahre Leben. Und doch gibt es immer die Möglichkeit, dem saisonalen Sommertrubel auszuweichen und ein stilles und erholsames Plätzchen zu finden. Glowe selbst war bis in die 30er-Jahre noch ein beschaulicher Fischerort mit 250 Einwohnern. Heute liegen im Hafen überwiegend die Boote von Freizeitkapitänen und das Seenotrettungsboot »Kurt Hoffmann«. Von hier starten Angelfahrten, und Sportfischer können sich Boote leihen. Auf einer Karte des Hafenmeisters sind für die verschiedenen Fischarten in Bodden und Meer die besten Reviere ausgewiesen.

Infos und Adressen

ESSEN UND TRINKEN

Café Niedlich. Am Hang gelegen mit fantastischem Blick bis Kap Arkona, Dixie-Klo – und die Bedienung kommt ohne viele Worte aus. Zum Hafen 6, 18551 Lohme

Strandbar in Glowe

Panorama Hotel Lohme. So schön und gemütlich kann also ein Restaurant sein. Und ein Abend auf der Terrasse im Sonnenuntergang ist nicht nur ein kulinarisches Erlebnis. An der Steilküste 8, 18551 Lohme, Tel. 03 83 02/91 10, info@panorama-hotel-lohme.de, www.panorama-hotel-lohme.de

Restaurant Fischerhus. Uriges, rustikales Restaurant im Stil Fischerkneipe. Dafür gibt es auch fangfrischen Fisch. Hauptstr. 53, 18551 Glowe, Tel. 03 83 02/52 35, www.ruegen-schewe.de

ÜBERNACHTEN

Campingplatz Störtebeker Camp. Neben dem Campingplatz werden einfache Zimmer im Gästehaus vermietet. Waldstraße 59a, 18528 Lietzow, Tel. 03 83 02/21 66 oder 03 83 02/31 71, info@lietzow.net, www.lietzow.net

Haus am Meer. Aus dem richtigen Appartement hat man den Hang herunter einen tollen Blick auf die Ostsee. Im Haus gibt es ein Bistro mit Terrasse. Eine Treppe führt hinunter zum Hafen. Zum Hafen 7, 18551 Lohme, Tel. 03 83 02/8 85 23, info@hausammeer-lohme.de, www.hausammeer-lohme.de

Ostseeperle Glowe. Modernes Gebäude mit sehr schön eingerichteten Appartements in »erster Reihe« am Wasser. Hauptstraße 65, 18551 Glowe auf Rügen, Tel. 03 83 02/56 38 0, info@sandstrand-ostseeperle.de, www.sandstrand-ostseeperle.de

INFORMATION

Touristik Lohme. Hier gibt es auch Informationen zum Hafen. Arkonastr. 31, 18551 Lohme, Tel. 03 83 02/8 88 55, touristik-lohme@t-online.de, www.lohme.de

Tourismusverein Gemeinde Glowe e. V. Hier findet man jede Adresse im Ort. Hauptstraße 37, 18551 Glowe, Tel. 03 83 02/88 99 39, 01 60/8 41 51 77, www.glowe.de

Zu essen gibt es auch etwas im Schlosshotel Spyker.

Mitte: Der Hafen von Wiek
Unten: Die Georgiekirche an der Backsteinroute

19 Die Halbinsel Wittow

Das Windland

Auf die Halbinsel Wittow gelangen die meisten nur auf dem Weg nach Kap Arkona. Mit der Fähre nach Wittow reisend, ist Wiek nach knapp zehn Kilometern der erste Ort, den man auf der L30 wahrnimmt, bevor das Ortsendeschild wieder erscheint. Das gut 1100 Einwohner zählende Haufendorf liegt angeschmiegt an den Wieker Bodden in der Kornkammer Rügens.

Die Marina ist zentraler Anlaufpunkt in Wiek, in erster Linie für Freizeitkapitäne, Angler und alle, die ihre Yacht zu Hause vergessen haben. Für die gibt es nämlich einen Bootsverleih am Hafen.

Die Kornkammer Rügens

Alle, denen bereits schlecht wird, wenn sie ein Boot nur im Hafen vertäut in den Wellen schaukeln sehen, können baden gehen, Drachen steigen lassen oder durch die größte Kornkammer Rügens wandern. Der Dichter Fritz Reuter (1810–1874) schrieb 1830: »Am Morgen wanderte ich Wittow, der Kornkammer Rügens zu. Da lag das lieblichste, reich ausgestaltete Ländchen im Sommermorgen, umgürtet vom sonnenbegrenzten Meer, in unendlicher Mannigfaltigkeit durch die Buchten, Bodden und Wyken, …«

Tief Durchatmen

Über die Ostsee fegen oft stürmische Winde heran und machen die Region zu einer windigen Gegend, weswegen Wittow auch »Windland« genannt wird. Das hat zur Folge, dass die Wolken schnell weitertreiben und dem Ort viele Sonnentage und saubere

Fahrräder können mit auf das Schiff.

Luft bescheren. Aus diesem Grund ist Wiek anerkannter Luftkurort. Die 1929 als Erholungsheim gebaute Kurklinik blickt auf eine lange Tradition zurück. Bereits die Bezeichnung für die Architektur des ganz aus Holz gefertigten Gebäudes, der sogenannte Floridastil, schürt hohe Erwartungen, die der Standort direkt am Meer sicherlich erfüllen kann.

Stille Revolution

Nachdem Klaus Störtebeker sein Unwesen rund um Rügen getrieben hatte, keimte 400 Jahre später erneut Widerstand gegen die Obrigkeit auf. Diesmal nicht mit Waffengewalt, sondern mit der Macht der Worte. Und nicht, um sich selbst zu bereichern, sondern um die Freiheit, Würde und Individualität aller Menschen zu achten und die Leibeigenschaft abzuschaffen. Der Name des stillen Helden ist heute noch auf dem Grabstein auf dem Friedhof der Dorfkirche von Altenkirchen zu lesen: Ludwig Theobul Kosegarten (1758–1818). Und so still war er dann doch nicht. Seine Strandpredigten als Pastor der Kirche erlangten eine gewisse Berühmtheit: Als Vorbild dienten ihm die Ideale des französischen Philosophen Jean-Jacques Rousseau (1712–1778), der als einer der Wegbereiter der französischen Revolution gilt.

AUTORENTIPP!

SCHIFF-RAD-WANDERN

Ganz ehrlich, wer hier Urlaub macht und den nicht allein damit verbringen möchte, sich den ganzen Tag in der Sonne braten zu lassen oder drei 1000-Seiten starke Romane zu lesen, muss einfach mal hier weg. Das mag zunächst abwertend klingen, ist aber als Vorschlag gemeint, mit der Fähre vom Hafen Breege aus Touren in das Umland zu unternehmen. Dazu gehören so schöne Ziele wie die Insel Hiddensee oder die Störtebeker-Festspiele in Ralswiek. Ein besonderes Angebot stellt das Schiff-Rad-Wandern dar. Die Reederei Kipp transportiert nicht nur die Fahrräder, sondern liefert auch gleich noch Tourenvorschläge, die zum Fahrplan ihrer Schiffe passen. Wer Spaß an den kleinen Minikreuzfahrten durch den Jasmunder Bodden gefunden hat, kann um den gesamten Bodden fahren.

Reederei Kipp, Dorfstraße 101, 18556 Breege auf Rügen, Tel. 03 83 91/1 23 06, info@reederei-kipp.de, www.reederei-kipp.de

AUTORENTIPP!

AQUAMARIS PIRATENLAND

Das Piratenland in der Aquamaris Strandresidenz bietet so viel Programm für Kinder zwischen drei und elf Jahren, dass der Stundenplan in der Schule kaum gefüllter sein dürfte. Nur der Tagesablauf ist ein wenig anders. Basteln, Malen, Bauen im Innenbreich sowie am Strand sind die Hauptaktivitäten. Da entstehen Schlösser aus Sand, Seeungeheuer, Perlenketten, Tontopftiere und Drachen für das Kinderzimmer, alles kann man mitnehmen – bis auf das Schloss. Das ist eben auf Sand gebaut. Ballspiele, Kegeln und ein regelmäßiger Kindertisch garantieren Beschäftigung, sodass sich Eltern den Wellness- oder Sportprogrammen widmen oder einfach nur die Seele baumeln lassen können. Ganz nach Bedarf reicht das Programm von 8.30 bis 20 Uhr.

Aquamaris Piratenland. In der Aquamaris Strandresidenz Rügen. Wittower Straße 4, 18556 Seebad Juliusruh, Tel. 03 83 91/44 0, www.aquamaris.de/kinder

Breege

Verträumte reetgedeckte Kapitänshäuser ziehen sich entlang des Breeger Boddens. Sie erinnern an die Zeit, als Breege die Heimat von Fischern und Seefahrern und vielen Frachtseglern war. Die Bewohner hatten nie eine eigene Kirche und galten seit jeher als weltlich eingestellt. Im Mittelalter war die Gemeinde ein bedeutender Marktflecken und gehörte zu den reichsten Gemeinden Rügens. Der kleine Hafen ist Ausgangspunkt für eine Fährverbindung nach Hiddensee und vielerlei Aktivitäten in den Boddengewässern. Die sind immer ein wenig wärmer als die Ostsee und für einige deswegen das bevorzugte Badegewässer. Im Winter kann man hier Schlittschuh laufen oder auf dem Eis spazieren gehen, da der Bodden schneller zufriert als die Ostsee.

Juliusruh

Nachdem die Fischer- und Seefahrerei an Bedeutung verlor, wanden sich die Bewohner Breeges einem einträglicheren Geschäft, dem Fremdenverkehr, zu. Der boomte schnell an dem wunderschönen und langen Strand am nordwestlichen Ende der Schaabe. Als Julius von der Lancken seinen Park errichtete, gab es noch keinerlei Bebauung an dem Küstenstreifen. Kein Wunder, bei Winden mit Geschwindigkeiten von über 100 Stundenkilometern während der Herbststürme zogen sich die Einheimischen lieber weiter in das Landesinnere zurück. Erst das Saisongeschäft mit den Touristen führte dazu, dass sich im ausgehenden 19. Jh. die ersten kleinen Hotels und Pensionen ansiedelten. Heute gibt es davon jede Menge und die bieten alles: vom Wellnessprogramm über Beauty-Arrangements bis hin zum Piratenland für Kinder. Und natürlich jede Menge Strand, an dem sich Radwege entlang der gesamten Landbrücke nach Osten ziehen. Die werden auch gern von Skatern genutzt.

Infos und Adressen

ÜBERNACHTEN

Aquamaris Strandresidenz Rügen. Modern eingerichtete Zimmer, Suiten und sehr schöne Ferienwohnungen in schönen Holzhäusern. Es gibt ferner ein Schwimmbad, ein riesiges Restaurant im Ferienparkstil, einen Pub und eine Tapas-Bar. Für Kinderanimation, Wellness, Sport und Spiel ist auch gesorgt. Wittower Straße 4, 18556 Seebad Juliusruh, Tel. 03 83 91/44 0, info@aquamaris.de, www.aquamaris.de

Kapitänshäuser Breege. Modern eingerichtete Appartements für 2–6 Personen direkt am Hafen. Hochzeitsberg 16, 18556 Breege, Tel. 03 83 91/4 20, www.kapitaens-haeuser.de

Pension zur Scheune. Ferien auf dem Bauernhof im Doppelzimmer oder in der Ferienwohnung. Teichstraße 5, 18556 Wiek, Tel. 03 83 91/7 00 94, wewetzer59@t-online.de, www.bauernhofurlaub-ruegen.de

ESSEN UND TRINKEN

Landhotel im Herrenhaus Bohlendorf. Das Restaurant befindet sich in einem alten Gutsgebäude, herrlich gelegen in einem Park. Unterkunft findet man hier auch. Mai–Sept. tägl. 12–21 Uhr, März–April, Okt.–Dez. Mo–Fr 17–20 Uhr, Sa und So 12–20 Uhr, Bohlendorf 6a, 18556 Wiek, Tel. 03 83 91/7 70, www.bohlendorf.de

Altar der Georgiekirche in Wiek

AKTIVITÄTEN

Angelwunder. Bootsverleih, Angeltouren
Die Angelwunder – Geoposition in Wiek auf Rügen
GPS-Position 54°37,128' N / 013°17,232' E,
Tel. 01 70/24 55 1 05 (Gary), 01 71/5 25 92 70 (Rex), www.angelwunder.de

Pfarrkirche Altenkirchen. An der Kirche 1, 18556 Altenkirchen, Tel. 03 83 91/3 66, kirchenkreis-stralsund.de

INFORMATIONEN

Gemeinde Breege. Das A–Z für Breege und Umgebung, Wittower Str. 5, 18556 Juliusruh, Tel. 03 83 91/3 11, seebad-breege@t-online.de, www.breege.de

Die Gewässer vor Wiek sind ein beliebtes Sportbootrevier.

20 Kap Arkona

Wegweiser in die Heimat

Seit Jahrhunderten ist das Leuchtfeuer von Kap Arkona für Seefahrer der Wegweiser zurück in die Heimat. Für alle anderen ein wichtiges Seezeichen, um ihr Schiff nicht auf Grund zu setzen oder in die Kreidefelsen zu bohren. Bei Fremden wie bei Einheimischen weckt der mediterrane Klang im Namen die Sehnsucht nach der Ferne.

Mitte: Blick auf Kap Arkona von See aus
Unten: Entspannen am Steg

Arkona ist ein 45 Meter über der See auf Kreide und Geschieben aus der Eiszeit gelegener Ortsteil von Putgarten. Der Name bedeutet »unter der Burg« und bezieht sich auf die Lage unterhalb der slawischen Kultstätte der Jaromarsburg. Am Kap errichteten die slawischen Ranen im 6. Jh. ihrem Gott Svantevit ein hölzernes Standbild inmitten einer wehrhaften Festung. Die war von drei Seiten vom Meer und zum Land von einem 13 Meter hohen Burgwall geschützt. Die Dänen haben 1168 bei ihrer Eroberung Rügens in einer vierwöchigen Belagerung alles in Schutt und Asche gelegt. Wer sich darüber ärgert, dass von der Anlage bis auf den Wall nichts mehr zu erkennen ist, kann den 30 Meter hohen Leuchtturm besteigen und den Dänen »mal so richtig die Meinung geigen«. Von dort kann man nämlich bei schönem Wetter bis zur Insel Møn schauen.

Eile ist geboten

Man nimmt an, dass mindestens ein Drittel der ursprünglichen Festung Hangrutschungen zum Opfer gefallen ist. Da diese in der Vergangenheit vermehrt an Rügens Steilküsten vorkommen, treibt man die archäologischen Ausgrabungen mit Hochdruck voran. Die Annahme, dass die gesamte

Anlage verloren gegangen sei, basierte darauf, dass man in deren Zentrum keine Artefakte fand. Neueste Erkenntnisse zeigen allerdings, dass sich genau dort der Tempel befunden haben muss. Denn nach den Glaubensvorschriften der Ranen durfte diesen heiligen Ort nichts verschmutzen. So finden sich rundherum viele Fundstücke, die es nun eiligst zu bergen gilt.

Jede Menge Türme

Der nach den Plänen von Karl Friedrich Schinkel 1926/1927 gebaute Leuchtturm aus Backstein ist der älteste Mecklenburg-Vorpommerns. Mit seinen 17 Öllampen reichte das Leuchtfeuer auf dem 21 Meter hohen Turm nur 15 Kilometer und wurde von dem großen Bruder ersetzt. Der sendet seine Lichtblitze elektronisch gesteuert mit 1000 Watt über 40 Kilometer oder 22 Seemeilen auf das Meer hinaus. Einen Leuchtturmwärter, der ein wenig Seemannsgarn spinnen könnte, gibt es leider nicht mehr. Dafür befindet sich in dem alten Backsteinbau eine Ausstellung über »Leuchtfeuer und Seezeichen«, und wer andernorts noch nichts über ihn gelesen hat, auch über den Erbauer, den Berliner Architekten Schinkel. Für Heiratswillige sendet das Leuchtfeuer eindeutige Signale aus. Im nördlichsten Standesamt Mecklenburg-Vorpommerns kann man sich nämlich auch trauen lassen.

Geheime Gänge

In dem ehemaligen Marineführungsbunker ist eine Ausstellung über die Volksmarine untergebracht. Vor der Wende war das Kap militärisches Sperrgebiet, und unter der Oberfläche erstreckt sich eine Bunkeranlage aus Gängen und Röhren, die man ebenfalls besichtigen kann. Zu dem Komplex gehört auch der ehemalige Peilturm, der, als Seefunkfeuer bereits 1927 gebaut, der Reichsmarine

Oben: Backsteinleuchttrum nach Plänen von Karl Schinkel
Unten: Informationstafeln klären über die frühe Besiedlung auf.

AUTORENTIPP!

EIN LEUCHTFEUER FÜR DAS WOHNZIMMER

In Anlehnung an den einige Hundert Meter entfernten Leuchtturm für Seefahrer können sich Besucher der Kerzenmanufaktur in Fernlüttkevitz ein eigenes Leuchtfeuer für das Wohnzimmer kaufen. Dann findet der werte Gatte vielleicht den Weg von der Stammkneipe etwas besser nach Hause. In der Werkstatt kann man den Kerzenmachern über die Schulter schauen und sich seine Kerze ganz nach eigenen Vorstellungen aus hochwertigem Paraffin gießen lassen. Es besteht die Möglichkeit, sich für Workshops anzumelden und selbst Hand anzulegen bei der Fertigung eines ganz individuellen Glanzlichtes.

Werkstatt Rügenkerzen. Teichstraße 14, 18556 Putgarten, OT Fernlüttkevitz, Tel. 01 60/8 12 02 60, www.ruegen-kerzen.de

zur Überwachung der Ostsee dienen sollte. Nach seiner Zerstörung im Krieg wurde er 1996 neu errichtet und beherbergt ein Künstleratelier unter seiner gläsernen Kuppel. Die Betonklötze inmitten der Tempelanlage gehören nicht zur Burg, sondern sind die Fundamente riesiger Antennenanlagen, die durch die Abstrahlung gerichteter Funkwellen Schiffe sicher nach Rügen geleiten sollten.

Noch ein Stückchen weiter

Der nördlichste Punkt am Kap befindet sich ca. 600 Meter weiter nordöstlich am sogenannten Gellort. Den kann man im Gegensatz zu anderen Nordkaps oder dem Königsstuhl noch ohne Eintritt betreten. Und wenn man es ganz genau nimmt, müsste man sich eigentlich noch zu dem 165 Tonnen schweren Findling, dem Söbenschniedersteen, gut 30 Meter vor dem Strandsaum bemühen. Tapfer waren sie, die Schneider, wenn sie dort der Sage nach gesessen und gearbeitet haben.

Putgarten

Der Ort ist eigentlich nichts Besonderes, gäbe es da nicht den alten Gutshof, den Rügenhof. In den alten Wirtschafts- und Wohngebäuden hat sich eine ganze Reihe kleiner (Kunst-)Handwerksbetriebe angesiedelt. Eine Korbflechterei, eine Keramik- und Schmuckwerkstatt, eine Steinschleiferei und eine Näherei ergänzen den Antik- und Trödelmarkt. Der findet von Mai bis Oktober statt und bietet sich zum Stöbern an, nachdem man den Handwerkern bei der Arbeit über die Schulter geschaut hat. Für kulinarische Genüsse sorgen das Hofcafé, die Räucherei und der Rügenladen. Möchte man die Leckereien nicht alle mit nach Hause schleppen, macht man sich eine Einkaufsliste und bestellt im Internet die »Fresspakete« mit Namen wie »Störtebekers Beute« oder »Rügener

Seekiste«. Wer die Mühe des knapp zwei Kilometer langen Fußmarsches oder einen Spaziergang entlang des Hochufers scheut, gelangt von dem kostenpflichtigen Parkplatz mit der Arkonabahn zu den Leuchttürmen.

Vitt

Mindestens so romantisch wie der Gedanke an Palmenstrände ist das kleine Dorf Vitt. Es liegt knapp zwei Kilometer östlich vom Kap. Von Arkona oder Putgarten erreicht man es in gut 20 Minuten zu Fuß, mit der Parkbahn oder standesgemäß mit der Kutsche. Gäbe es da nicht den Fremdenverkehr, wäre »abgeschieden« wohl das treffendste Attribut zur Beschreibung des Ortes. Der aus einem guten Dutzend weiß getünchter Reetdachhäuser bestehende Ort liegt vom Plateau aus schauend, kaum sichtbar in einer Schlucht, die direkt zum Meer führt. Schmale Gassen winden sich vorbei an niedrigen Häuschen, die Schutz im Wald und hinter Natursteinmauern eng beieinanderstehen wie Pinguine im Schneesturm. Blendet man die grellen Farben von Treckingjacken in den engen Gassen

MAL EHRLICH

So schön die Küste der Schaabe auch sein mag, manchmal braucht es einfach Ruhe von dem Trubel des sommerlichen Strandlebens und Bananenbooten. Mit Glück findet man die am Nordstrand hinter Fernlüttkewitz im Norden. Die Strandzugänge an der Steilküste sind zwar kein wirklicher Geheimtipp mehr und Parkautomaten gibt es auch schon, aber Flintsteine zum Sammeln findet man hier im Wechsel mit sandigen Strandabschnitten reichlich. Die Ausrichtung gen Norden garantiert auch an heißen Tagen fast immer eine sanfte Brise und so soll er sein, der Tag am Meer.

AUTORENTIPP!

GUTSHOF AM KAP

Kap Arkona ist oft hoffnungslos überlaufen und hat durch seinen Ruf als eine der Hauptattraktionen der Insel Rügen zur Hauptsaison einiges der besonderen Stimmung eingebüßt. Trotzdem möchte man vielleicht nicht darauf verzichten, wenn im Sommer im Garten des alten Gutshofes die Blumen blühen, die Kinder die Tiere streicheln oder auf dem Abenteuerspielplatz toben können. Der umgebaute Reitstall des Gutshofes beherbergt nach seiner Sanierung einige Ferienwohnungen. Die Appartements sind mit einer Küche ausgestattet. Da lohnt es sich, aus der Räucherei am Strand von Vitt aus dem Tonnenofen das Abendbrot zu angeln und mit anderen Köstlichkeiten aus den Speisekammern des Rügenhofes in aller Ruhe zu verzehren. Und wenn alle weg sind, ergibt sich bestimmt die Gelegenheit, die besondere Stimmung dieses Ortes wahrzunehmen.

Rügenhof Arkona, Dorfstr. 22, 18556 Putgarten, Tel. 03 83 91/40 00

Oben: Eine Kirche extra für die Fischer in Vitt
Mitte: Dorfidylle in Vitt
Unten: Fliesen zur Erinnerung an Hochzeiten

aus und konzentriert den Blick nur auf den Steg oder die Boote, könnte man meinen, hier sei die Zeit stehen geblieben. Eine Gründungsurkunde gibt es von dem Ort nicht. Sicher ist aber, dass an Ort und Stelle bereits im 10. Jh. Menschen wohnten. Der aus dem schwedischen *Vitte* abgeleitete Name zeugt von der Besiedlung durch Fischer, die hier ihren Fang verarbeiteten und Handel trieben.

Stopp – hier wird gepredigt

Wie ein achteckiges Stopp-Schild thront oberhalb des Dorfes die kleine Kapelle des Ortes. Pastor Kosegarten, der die ansässigen Fischer nur schwerlich dazu bewegen konnte, in das Gotteshaus nach Altenkirchen zu kommen, hielt hier seine Predigten. Für seine Schäfchen war es von existenzieller Bedeutung, die Heringsschwärme rechtzeitig zu entdecken, um sich schnellstens auf Fangfahrt begeben zu können. Nachdem es Kosegarten zunächst mit Strandpredigten versucht hatte, sammelte er schließlich das Geld und ließ 1806 nahe dem Hafen die Kapelle in Meeresnähe errichten. Im Inneren trägt St. Christophorus, der Schutzpatron der Reisenden, das Jesuskind über die stürmische See, hin zu den Fischern, die mit sorgenvollen Blicken auf ihre Schiffe im tosenden Meer blicken. Die Angler, die heute die Küste säumen, haben es weniger auf den Hering als auf dessen Jäger, die Meeresforelle, abgesehen.

Infos und Adressen

ÜBERNACHTEN

Ferienwohnung Putgarten. Wunderschön gelegene Ferienwohnung mit großem Garten, Teich und Grill. Dorfstr. 8, 18556 Putgarten kontakt@fewo-putgarten.de, www.fewo-putgarten.de

Leckerer Fisch direkt am Strand

Hotel zum Kap Arkona. Nichtraucherhotel mit Naturschwimmteich, Saunahaus im Außenbereich, Restaurant und Bar. Dorfstraße 22a, 18556 Putgarten, Tel. 03 83 91/43 30, info@zum-kap-arkona.de, www.zum-kap-arkona.de/kontakt_de.htm

Rügenhof. Ferienwohnung im Leuchturmwärterhaus oder auf dem ehemaligen Gutshof. Tel. 03 83 91/40 00, info@kap-arkona.de

ESSEN UND TRINKEN

Café Helene Weigel Haus. Im ehemaligen Ferienhaus der berühmten Schauspielerin Helene Weigel verbrachten sie und ihr Ehemann Bertold Brecht die Ferien. Eine Ausstellung erinnert an die talentierte Frau. Außerdem gibt es Kaffee und Kuchen in dem schönen alten Haus oder im großen Garten. Dorfstraße 16, 18556 Putgarten, Tel. 03 83 91/43 10 07, info@weigelhaus.de, www.helene-weigel-haus.de/html/kontakt.html

Zum goldenen Anker. Klingt wie eine Seemannkneipe, sieht aus wie eine Seemannskneipe und schmeckt nach Fisch: Hering, Hornfisch, Matjes oder Scholle kommen hier auf den Teller. Natürlich auch Fleischgerichte und Kuchen. Vitt Nr. 2, 18556 Putgarten, Tel. 03 83 91/1 21 34, gasthof-vitt@t-online.de, www.gasthof-vitt.de/impressum.php

AKTIVITÄTEN

Schinkelturm am Kap Arkona. Ausstellung über den Architekten und Leuchttürme an der Ostseeküste, tägl. 11 . 16 Uhr

Marineführungsbunker. Führungen finden zu jeder vollen Stunde statt und dauern ca. 45 Min. Nov. bis März, tägl. 12–16 Uhr, letzte Führung um 15 Uhr

INFORMATION

Tourismusgesellschaft mbH Kap Arkona, Am Parkplatz 1, 18556 Putgarten, Tel. 03 83 91/41 90, info@kap-arkona.de, www. kap-arkona.de

Früher hielt man hier Ausschau nach den Heringsschwärmen.

Mitte: Der Strand bei Dranske
Unten: Angeln ist nicht nur bei den Fischern beliebt

21 Dranske

Vom Fischerdorf zur Militärischen Sperrzone

Würde der Mensch nicht eingreifen, könnte man eines Tages trockenen Fußes von Rügen nach Hiddensee wandern. Die äußerste Spitze des sogenannten Bugs südlich von Dranske wächst durch Verlandung kontinuierlich. Während andernorts die See die Inseln zu zerreißen droht, ist es am Bug nur dem Menschen zu verdanken, dass durch ständiges Ausbaggern der Fahrrinne Rügen und Hiddensee nicht zu einer einzigen Insel zusammenwachsen.

Das kleine Fischerdorf slawischen Ursprungs wurde urkundlich das erste Mal 1314 erwähnt. Im Rahmen der großen Schenkungsaktion des Fürsten Jaromar I. wurde auch Dranske an das Zisterzienserkloster in Bergen übergeben. Wie in vielen anderen Regionen sorgten die Klöster für eine prosperierende Wirtschaft, und bis Ende des 19. Jh. startete von hier eine Postschifflinie nach Ystad in Schweden. Das Heimat- und Marinemuseum gibt mit seinen Exponaten, die in erster Linie aus privaten Beständen stammen, einen Überblick über die schicksalhafte Geschichte des Ortes. In den 30er-Jahren wurde bis auf ein einziges Gebäude die gesamte Stadt niedergerissen und durch Unterkünfte für eine Marinefliegerschule ersetzt. Diese Anlagen wurden nach dem Krieg gesprengt und 1967 durch schmucke Plattenbauten ersetzt. Von da an war der Ort ein Schnellbootstützpunkt. 1991 gab die NVA den Standort auf und hinterließ eine zum Sterben verurteilte Ortschaft, die bis dahin fast ausschließlich vom Militär gelebt hatte.

Auf zu neuen Ufern

Viele Menschen waren arbeitslos und verließen den Ort. Aus politischer Sicht betrachtet, ein guter Nährboden für gewagte Pläne. Die reichten vom größten Freizeit-Resort der Region bis zur Austragungsstätte der Olympischen Spiele in Berlin, für die sich die Stadt beworben hat. Mit Subventionen genährte Hirngespinste geisterten über die Planungstische von Gemeinde und möglichen Investoren. Wie so oft: außer Spesen nichts gewesen. Für Tausende von Zugvögeln und die heimische Flora und Fauna ist dies sicherlich ein Segen. Den Menschen hilft es nicht. Inzwischen entwickelt sich der Ort langsam, aber sicher zu einem Eldorado für Surfer. Stetiger Wind und die wunderschöne Lage zwischen der Ostsee auf der einen Seite und dem Wieker Bodden auf der anderen sind das Revier einer Wassersportschule, die vor allen Dingen junge Leute anlockt. Inzwischen ist Dranske Austragungsort von nationalen und internationalen Surfwettbewerben, die den Strand für kurze Zeit in ein Venice Beach Rügens verwandeln.

Alles neu macht der Mai

In Dranske besinnt man sich gern auf alte Traditionen. So ist zum Maibaumpflanzen das ganze Dorf auf den Beinen. Die Kinder aus dem Kindergarten schmücken dann eine Birke, die am Sportplatz aufgestellt wird. Mit ordentlich Musik und der Feuerwehr vorneweg, wird der Frühling begrüßt, gegrillt und abends in den Mai getanzt. Das ist das Startzeichen für die Fahrradsaison. Ein Radweg führt auf der Strecke des Ostseeküstenradweges bis zum Kap Arkona. Für Wanderer wurde das Wanderwegenetz neu ausgebaut und lockt vor allen Dingen Hobbyornithologen an, welche die Beobachtungsstände zu schätzen wissen. Das im Süden gelegene Naturschutzgebiet darf man allerdings nur im Rahmen einer Exkursion betreten.

Infos und Adressen

ESSEN UND TRINKEN

Restaurant Strandhotel Dranske. Die Köche lassen sich von den »Genüssen des Mittelmeerraumes« inspirieren. Schick und direkt am Wasser. Tolle Aussicht von der Terrasse oder aus einem der Zimmer im 4-Sterne-Hotel. Tel. 03 83 91/43 48 0, Hafenstraße 4, 18556 Dranske, www.strandhotel-dranske.de/kontakt neu.php

Schreiber's Räucherfisch. Räucherfisch und ein kühles Bier. Regenbogencamp Nonnevitz, 18556 Dranske-Nonnevitz, Tel. 01 70/4 81 14 62

ÜBERNACHTEN

Caravancamp Ostseeblick. Alle schön in Reih und Glied, aber dafür direkt am Wasser. Seestr. 39 a, 18556, Dranske, Tel. 03 83 91/81 96, GPS-Koordinaten: 54°37,45' Nord 13°13,23'Ost

AKTIVITÄTEN

UST Surf und Rad. Wassersportschule, Shop und »Beachbar«, Am Ufer 14, 18556 Dranske, www.ustruegen.de

Heimat- und Marinemuseum. April–Okt, Mo–Sa 11–16 Uhr, Schulstraße 19, 18556 Dranske, Tel. 03 83 91/87 30

INFORMATIONEN

Fremdenverkehrsamt Dranske. Karl-Liebknecht-Str. 41, 18556 Dranske, Tel. 03 83 91/8 90 07, info@gemeinde-dranske.de, www.gemeinde-dranske.de

DER SÜD-WESTEN

22 Altefähr
Startpunkt des Ostseeküsten-radwegs

Von weither sichbar erhebt sich über den Ufern des Strelasund die Kirche St. Nikolai. Einst diente sie den Fährleuten als Landmarke auf der Überfahrt von Stralsund nach Altefähr. Seit dem Bau des Rügendamms setzen die Stralsunder nur noch mit der Fähre über, um den Ausblick auf die Hansestadt zu genießen und die Freizeitmöglichkeiten rund um den kleinen Ort zu nutzen.

Vorangehende Doppelseite: Aussichtsplattform zur Vogelbeobachtung auf Ummanz
Mitte: Die Kirche St. Nikolai in Altefähr
Unten: Fähre nach Stralsund

Lange bevor der Damm ab 1937 die Hansestadt Stralsund mit der Insel Rügen verband, erfüllte eine Fährverbindung die Aufgabe, die Insel mit den wichtigsten Gütern zu versorgen. Bereits aus dem frühen 13. Jh. gibt es darüber erste Aufzeichnungen. Auf umgekehrtem Weg waren es in erster Linie landwirtschaftliche Erzeugerprodukte, die auf das Festland transportiert wurden. Anfang des 19. Jh. erreichte die Nutzung der Verbindung als Teil der Bahnlinie Sassnitz–Trelleborg (Königslinie) und Berlin–Stockholm ihren Höhepunkt. Ab 1856 wurden die Fischerboote, welche das Wappen der Stadt bis heute trägt, durch einen Raddampfer und einige Jahre später durch Eisenbahnfähren über die Halbinsel Wittow abgelöst. Nach 1990 hat der Fährhafen Neu Mukran, der inzwischen in Fährhafen Sassnitz umbenannt wurde, diese Funktion im Eisenbahn- und Personenfährverkehr mit Skandinavien und dem Baltikum übernommen.

St. Nikolai

Die alte Seefahrer-Kirche trägt den Namen des Schutzpatrons der Seefahrer. Der Legende nach rufen in einen Sturm geratene Seeleute ihren Schutzheiligen St. Nikolai (auch St. Nikolaus) an, der sie aus dem Unwetter steuert oder die Wogen des Sturmes glättet. Aus diesem Grund tragen viele Kirchen im Einflussbereich der Hanse diesen Namen und dienten den Seefahrern bei schlechter Sicht als Leuchtturm. Die ältesten Teile der Kirche stammen aus der zweiten Hälfte des 15. Jh. Ein besonderes Merkmal ist die Eckturmuhr mit den Worten »Christ Kyrie, ja dir gehorcht die See«.

Die Stadt am Strelasund

Obwohl der Rügendamm, die alte und die neue Strelasundbrücke, die ICE-Trasse und der Ausbau der B96 als Anbindung Bergens an die A20 den Verkehr immer schneller an dem kleinen Ort vorbeiführen, droht er keinesfalls in der Bedeutungslosigkeit zu versinken. Immer noch nutzen die Stralsunder am Wochenende die bestehende Fährverbindung auf die Insel. Nah am Wasser gibt es einen Campingplatz, der für viele Reisende mit Wohnmobil die erste Station auf Rügen ist. Gleich nebenan befindet sich ein Kletterpark, der Wald-Seil-Park Rügen. Wer zu lange im Auto oder die Woche über hinterm Schreibtisch gesessen hat, kann hier seine müden Knochen wieder in Schwung bringen. Allein das ausgeschüttete Adrenalin macht wach und fit für einen erholsamen (Kurz-)Urlaub. Unter Freizeitkapitänen, die den Strelasund ansteuern und die Nacht auf dem Schiff verbringen, gilt die Marina von Altefähr mit der Aussicht auf die abendliche Silhouette von Stralsund als Geheimtipp.

Der Ostseeküstenradweg

Der Campingplatz in Altefähr ist ein beliebter Treffpunkt von Radlern, die den Ostseeküstenradweg befahren. Die Tour, die in Lübeck beginnt und über 670 Kilometer an der Ostseeküste entlang bis

AUTORENTIPP!

WOCHENENDIDYLL VOR DEN TOREN STRALSUNDS

Nicht nur für Wochenendurlauber ist der Strelasund vor den Toren der Hansestadt ein aufregendes Segel- und Surfrevier. Unter Jugendlichen hat es sich längst rumgesprochen, dass die Promenade und der Strand in Altefähr eine vergnügliche Abwechslung zu anderen bereits überlaufenen Schauplätzen an den Küsten Rügens bieten. Mit der Surf- und Segelschule vor Ort bietet sich auch Urlaubern die Möglichkeit, erste Gehversuche auf dem Wasser zu unternehmen. Wer weiß, vielleicht schafft man es, nach einigen Trainingsstunden bereits auf einen Kaffee bis nach Stralsund zu surfen oder am Ende des Urlaubs selbst eine Jolle aus dem Hafen zu steuern. Auf jeden Fall ist Altefähr ein guter Ort, um die Vorzüge einer Stadt wie Stralsund zu genießen und sich jederzeit wieder in die ländliche Idylle an der See zurückziehen zu können.

Strandbad an den Ufern des Strelasund

nach Polen führt, macht in Stralsund einen Abstecher nach Rügen. 250 Kilometer auf der Insel sind auch bei Rügenurlaubern eine beliebte Tour, um die gesamte Insel zu entdecken. Wer möchte, kann die Strecke noch um einen Abstecher nach Hiddensee ergänzen. Bis zur Fähre in Schaprode sind es ca. 55 Kilometer. Auch ein Rundweg auf der Halbinsel Ummanz ist ausgewiesen und kann gerade im Spätsommer und Herbst ein interessanter Schlenker zur Beobachtung der Kraniche auf ihrem Zug nach Süden sein. Der Allgemeine Deutsche Fahrrad Club gibt Auskunft über die besonders Fahrradfahrer-freundlichen Bett & Bike-Gastbetriebe und viele alternative Routen in das Landesinnere.

Einmal rund um die Insel per Bike

Der Ostseeküstenradweg führt einmal um die ganze Insel: durch Rapsfelder, entlang an Bodden und Meer zu den Badeorten im Osten, durch die Wälder der Granitz und das traditionsreiche Mönchgut.

AN- UND ABFAHRT

Wer nicht über den Ostseeküstenradweg nach Stralsund kommt, kann mit der Bahn bis Stralsund anreisen.

RÜCKFAHRT

Entweder verlässt man die Insel wieder über Stralsund oder die Fähre von Glewitz nach Stahlbrode, wenn man weiter Richtung Polen möchte.

WEGBESCHAFFENHEIT

Der Großteil der Route verläuft auf ruhiger Strecke auf Radwegen, Feld- und Waldwegen oder mäßig befahrenen Straßen. Aber immer wieder sind wenige Kilometer lange Lückenergänzungen auf stark befahrenen Straßen zu überwinden.

LÄNGE

ca. 300 km.

WICHTIGE STATIONEN

Ⓐ **Altefähr** – Immer wieder gibt es lohnende Abstecher zum Stralsunder Fahrwasser .

Ⓑ **Rambin** – In der Klosterkapelle finden Ausstellungen des 1. Rüganer Kunstvereins statt.

Ⓒ **Insel Ummanz** – Kurz vor Gingst gelangt man auf die Insel Ummanz.

Ⓓ **Gingst** – Die Außenanlagen des Museums sind ein schöner Ort für eine Rast.

Ⓔ **Schaprode** – Wer sich für den Abstecher nach Hiddensee entscheidet.

Ⓕ **Hiddensee** – Das Radfahrerparadies!

Ⓖ **Wittower Fähre** – Die alte Eisenbahnfähre setzt über in das »Windland«.

Ⓗ **Kap Arkona** – Der nördlichste Punkt Rügens

Ⓘ **Schaabe** – Der schmale Landstreifen führt zu den Kalkklippen im Nationalpark Jasmund.

J Jasmund Nationalpark – Abstecher zu den Kalkfelsen

K Sassnitz – Der erste der bekannten Badeorte an der Ostküste Rügens

L Prora – Die Ruinen der alten »Kraft durch Freude«-Anlage

M Binz – Der bekannteste Badeort

N Sellin – Die schönste Seebrücke

O Göhren – Der schönste Badeort

P Mönchgut – Wo die Mönche lebten

Q Putbus – Die alte Residenztstadt Malte I.

R Garz – Die älteste Stadt Rügens

S Poseritz – Eine hübsche gothische Kirche ist die einzige Sehenswürdigkeit.

T Glewitz – Alternative, um die Fähre auf das Festland zu besteigen.

Mitte: Die historischen Handwerksstuben in Gingst
Unten: Eine alte Backstube

23 Zwischen Gingst und Schaprode

Mal sutje

1983 erschien der Roman »Die Entdeckung der Langsamkeit«. Daraus entwickelte sich mit den Jahren eine neue Leitkultur. Menschen, die im Arbeits- wie im Privatleben unter enormem Arbeits- oder Leistungsdruck standen, lernten, die Dinge einmal etwas behutsamer anzugehen. Da hätte man gar nicht so lange zu warten brauchen, bis ein Roman dafür die notwendige Inspiration liefert. Im Westen Rügens lebt man diesen Gedanken seit vielen Jahrhunderten.

Gingst ist ein beschaulicher kleiner Ort, dem man seine historische Bedeutung für die Insel Rügen zunächst nicht ansieht. Hier scheint die Zeit stehen geblieben zu sein. Das beginnt bereits damit, dass die Zufahrt aus Norden kommend durch das ehemalige Stadttor einspurig verläuft und man automatisch abgebremst wird, um das Nadelöhr zu passieren. Der Ort konnte sich seinen Charme bewahren, obwohl er mehrere Male durch Großbrände zerstört wurde. Umso schöner strahlen seit den Stadtsanierungsmaßnahmen die restaurierten Häuser rund um den Markt in bunten Farben und bieten alles, was man für den täglichen Bedarf braucht. Ja, sogar einen Bäcker, der nicht Teil des ebenfalls ansässigen Discounters ist und eine Weinstube, die edle Tropfen nicht verkauft.

Handwerk hat goldenen Boden

Gingst besitzt seit dem Mittelalter das Marktrecht und war ein sogenannter Marktflecken mit allen Funktionen eines zentralen Ortes. Wer glaubt, Bürokratie und Gesetzgebung in unserem Lande seien eine Erfindung der Neuzeit und dienen nur dazu den öffentlichen Dienst und Rechtsanwälte zu ernähren, irrt. Die Neigung, Dinge komplizierter zu machen als sie sein müssten, das Marktrecht, diente in erster Linie dazu, sich unliebsame Konkurrenz vom Hals zu halten und dafür Sorge zu tragen, dass die Zusammenkunft und der Handel friedlich verliefen. Um Streitigkeiten, die im Mittelalter schnell mal im handfesten Austausch von schlagenden Argumenten endeten, zu verhindern, war z. B. das Tragen von Waffen an den Markttagen verboten. Kontrolleure wie Eichmeister und Brotbeseher prüften, ob Gewichte und Größen der angebotenen Waren eingehalten wurden. Heute nennt man das Verbraucherschutz. Für die Obrigkeit fielen dabei natürlich auch ein paar Groschen ab, aber dafür herrschten Gesetz und Ordnung.

Zeuge einstiger Größe

Die Pfarrkirche St. Jacobi ist die zweitgrößte der Insel Rügen und zeugt von dem Reichtum, den die angesiedelten Handwerker der Region einbrachten. Anfang des 14. Jh. wurde zunächst mit dem Chor im Stil der Backsteingotik begonnen. Über 100 Jahre später entstanden der Glockenturm und die Kapelle am südlichen Seitenschiff. Hier befindet sich die älteste Orgel der Insel Rügen. Gebaut wurde sie 1790 von dem Stralsunder Orgelbauer Christian Kindten (1752–1803), wie der Inschrift auf dem Notenpult zu entnehmen ist. Charakteristisches Merkmal der Orgel ist ein Engel, der in eine Posaune bläst, wenn die richtigen Register gezogen werden. Es ist ein Gebäude mit bewegter Geschichte. Ein Blitz (1699) und ein Orkan (1703) brachten den Kirchturm zum Einsturz, und als Gingst 1726 brannte, wurde der Sakralbau stark in Mitleidenschaft gezogen. Dies ist der Grund, warum die spätgotische Kirche, wie sie heute dasteht, einige klassizistische Elemente

AUTORENTIPP!

RÜGEN PARK

Wenn die »Titanic« vor dem Koloss von Rhodos ankert oder Schloss Granitz neben der Oper in Sydney steht, ist das schon ziemlich beeindruckend. Die bekanntesten Bauten der Weltgeschichte im Maßstab 1:25 ist nur eines der Highlights, die der Rügen Park zu bieten hat. Im Sommer lockt der größte Freizeitpark der Insel mit Rutschen, Seilbahnen, Jetscooter und Tretcarts besonders Familien in den Westen der Insel. Auch Rügen kann in einem kurzen Spaziergang umrundet werden. Alternativ lässt man sich mit der Eisenbahn über das Gelände kutschieren. Hier ist jedenfalls ein Blick in das Oval Office des Weißen Hauses auch ohne Termin mit dem amerikanischen Präsidenten möglich.

Rügen Park. April–Juni Di–So 10–18 Uhr, Juli–Aug. tägl. 10–19 Uhr, Sept.–Okt. Di–So 10–17 Uhr, Mühlenstraße 22b, 18569 Gingst, Tel. 03 83 05/5 50 55, www.ruegenpark.de

Oben: St. Jacobi in Gingst
Mitte: Kirche St.Johannes in Schaprode
Unten: Spinnrad in den historischen Handwerksstuben

aufweist. Gut 170 Jahre zuvor wurde der erste evangelische Pfarrer, Laurentius Krintze, erschlagen, und 1774 setzte der Pfarrer Johann Gottlieb Picht die Abschaffung der Leibeigenschaft durch, 30 Jahre, bevor sie auf ganz Rügen abgeschafft wurde. Ungeachtet jeglichen Widerstandes aus Gesellschaft und Kirche reformierte er den Lebensalltag der nun freien Gingster Bürger und der Schulen. Durch die Gründung einer Weberzunft gab er den Menschen eine neue Perspektive, die sich zu einem wichtigen Wirtschaftszweig der Region entwickelte. Der letzte große Brand, bei dem Gingst beinahe vollständig zerstört wurde, ereignete sich 1950. Grund für die verheerenden Feuersbrünste waren die dicht beieinanderstehenden Häuser mit den Reetdächern, über die sich die Flammen schnell von Gebäude zu Gebäude verbreiten konnten. Den Arbeiten zum Wiederaufbau durch die Jungen Pioniere der FDJ ist ein Denkmal im Zentrum der Kleinstadt gewidmet.

Historische Handwerksstuben

Das 1750 errichtete Efeuhaus und das noch ältere Rauchhaus nebenan beherbergen die historischen Handwerksstuben von Gingst. Natürlich ist dem Weberhandwerk eine eigene Ausstellung mit Webstuhl und Spinnrädern gewidmet. Immerhin wurden hier hochwertige Damaststoffe aus Seide, Kammgarn oder Leinen gefertigt. Einzelne Räume wie die Schuhmacher- oder Schneiderwerkstatt bzw. die Drechslerei sind mit Originalhandwerkszeug und Mobiliar eingerichtet. Geht man durch die Ausstellung, hat man den Eindruck, jeden Moment würde hier weitergearbeitet. Im Außenbereich beschatten alte Obstbäume den Hof, der bei gutem Wetter nicht nur zur Besichtigung der Schmiede, sondern zu Kaffee und Kuchen einlädt. Natürlich fehlt ein kleiner Laden mit regionalen Produkten auch hier nicht.

Markttreiben und liebevolle Geschäfte

Über 50 unterschiedliche Handwerksberufe sollen in Gingst ausgeübt worden sein und so hat die Verbundenheit mit dem Handwerk wider aller Moderne immer noch seinen Platz in Gingst. Am Rande des Markplatzes finden sich kleine Geschäfte mit liebevoll gestalteten Töpferwaren, originellen Vogelhäuschen und ein Buchladen. Ob es nun Eigennutz ist, um nicht jeden Abend den Scherbenhaufen wegfegen zu müssen, oder ein gut gemeinter Rat zum Schutze vierbeiniger Gefährten der Besucher: Hier wird der Hund jedenfalls vor den Katzen gewarnt. So ergibt sich mit der Kirche, den kleinen Geschäften, dem Dorfkrug und dem Freilichtmuseum eine Komposition aus verträumter Behaglichkeit, die eine Stippvisite lohnt. Besonders dann, wenn der Trödelmarkt, der Gingster Markt oder in den Sommermonaten die Orgelkonzerte mit internationalen Künstlern stattfinden.

Schaprode

Das Schönste an Schaprode ist der Blick über den Schaproder Bodden auf die Insel Hiddensee. Viel mehr bekommen die meisten Besucher auch nicht zu sehen – und gibt es auch nicht zu sehen. Einige der reetgedeckten Kapitänshäuser haben traditionelle und schön geschnitzte Eingangstüren, die für Liebhaber derartiger Details interessante Hingucker sind. Aufgrund des stetigen Besucherstroms zu den Fähren nach Vitte, Kloster oder Neuendorf fällt auf, mit welch großem Geschick es Bewohner und Gemeinde geschafft haben, jegliches wilde Parken zu unterbinden. Weiß getünchte Feldsteine am Wegesrand, ein Dauerparkplatz für Inselurlauber und ein kostenpflichtiger Parkplatz mit Pendelbahn zum Hafen sind wohl die prägenden Elemente des Ortes. Der Campingplatz mit Strand, Spielplatz

AUTORENTIPP!

BIKER-TREFF

Jedes Jahr im Sommer veranstalten die Rüg-Biker eine große Party in Gingst. Die Betonung liegt auf Party. Ausgelassen sind die Wettbewerbe unter den PS-Bändigern. Da werden Bierfässer mit dem Vorderrad über die »Turnierstrecke« gerollt oder zum Weitwurf genutzt. Was den Wikingern das Steinstoßen war, ist dem Rüganer eben das Fässchen mit dem begehrten Gerstensaft. In der Hand, im Bauch und auf den Hüften. Die Anhänger der Veranstaltung kommen von weither, aber scheuen deswegen nicht die Teilnahme an den Ausfahrten. Nüchtern natürlich. Erstaunlich groß ist die Anzahl vom Leben »grau gefärbter Kurzhaarfrisuren«. Trotzdem, nur weil hier kein offizielles FKK-Schild steht, stört sich niemand daran, dass einigen Damen beim Wheely auf der Brennplatte und dem Schoß des Bikers die Oberbekleidung abhanden gekommen ist. Das Hauptaugenmerk der Zuschauer liegt zweifelsohne nur auf den brennenden Hinterrädern der Bikes.

Bikerparty Gingst.
www.rüg-biker-gingst.de

AUTORENTIPP!

LINDNER HOTEL & SPA RÜGEN
Sanft gleiten die Finger den Rücken hinauf. Behutsam tastend fährt die Hand wieder hinab und verheißt angenehmes Wohlbehagen. Immer stärker werden der vorsichtige Druck und das Verlangen, die ganze Kraft und das Geschick genau an den Stellen zu spüren, die einen seit Monaten peinigen. Seien Sie sicher, der oder die Masseur/in findet genau jenen Punkt in der überstrapazierten Rückenmuskulatur, der gefunden werden muss. Eine Massage ist noch die einfachste Anwendung im Repertoire des Wellnessprogramms im Lindner Hotel & Spa Rügen. Wie ein Gutshof schmiegt sich das Hotel an den Buger Bodden vor der Wittower Halbinsel. Die Empfangshalle, der Speisesaal, das Schwimmbad mit Außenbecken, der Strand, einfach alles sorgt für inneres und äußeres Wohlbehagen weit abseits vom Alltag.

Lindner Hotel & Spa Rügen.
Vaschvitz 17, 18569 Trent,
Tel. 03 83 09/2 20 www.lindner.de

und Streichelzoo brilliert am ehesten durch seine schöne Lage am Wasser. Wegen der unmittelbaren Nähe zum Nationalpark Vorpommersche Boddenlandschaft wird der Ort vorwiegend von Liebhabern heimischer Flora und Fauna abseits des großen Bäderrummels besucht.

Der Hafen

Schaprode war bereits im Mittelalter ein wichtiger Hafen, Handels- und Umschlagplatz. Die Anleger liegen in einem Kanal vor den Toren der Stadt. Hier herrscht richtig Leben, wenn von der Kaianlage am östlichen Ufer die Fährschiffe und Wassertaxen starten. Bei Wind, Nebel und schwerem Seegang kann die Route nach Hiddensee schnell zum Abenteuer werden, weil das Fahrwasser verhältnismäßig schmal ist. Die Fährkapitäne wissen davon ein Lied zu singen. Die würden wohl blind nach Vitte finden, aber im dichten Nebel sind kleinere Boote oft nur sehr spät zu erkennen. Eine Slipanlage für Angler mit eigenem Boot und ein Bootsverleih sind neben den üblichen Versorgungseinrichtungen vorhanden. Von hier aus gelangt man schnell in den Schaproder Bodden, der im Frühling als gutes Revier für die Jagd auf Hering und Hornfisch bekannt ist. Die flach abfallenden Gewässer sind nicht nur bestens zum Schwimmen für Kinder geeignet, sondern, sollte es mal aufgrund des Windes nicht möglich sein, rauszufahren, ermöglichen einige Watt- und Uferangelstellen auch, auf Fischfang zu gehen. Dabei sind allerdings die Nationalparkgrenzen zu beachten. Vom Boot aus beginnt die Verbotszone an der Zwei-Meter-Wasserlinie.

Schwedenschanze

Wandert man von Schaprode aus den Bodden entlang gen Norden, gelangt man zu einer Neh-

rung, dem Stolper Haken. Dieser bildet das östliche Ufer der engsten Stelle zwischen Rügen und Hiddensee. Hier ist man nur noch 1000 Meter von Hiddensee entfernt. Da ist es dann noch ruhiger. Vor allen Dingen auf der gegenüberliegenden Fährinsel. Denn dort, wo früher der Fährverkehr zwischen Rügen und Hiddensee stattfand, ist heute ein Naturschutzgebiet, das für Menschen gesperrt ist. Wahrscheinlich waren an dieser Stelle die beiden Landmassen einst miteinander verbunden. Erst durch den Meeresspiegelanstieg oder eine Sturmflut wurde die Zufahrt zum Vitter Bodden geschaffen. Ein Nadelöhr, an dem auf Rügener Seite heute noch die Erdwälle der Schwedenschanze zu erkennen sind. Hier galt es, die Zufahrt zum Schaproder Bodden zu kontrollieren und sich feindlich gesinnte Gesellen vom Hals zu halten.

MAL EHRLICH

Ein Aufenthalt im Wellnessresort gehört zum Wunschprogramm vieler. Doch der Westen Rügens ist der ideale Ort, sich einmal vom öffentlichen Leben zurückzuziehen. Das gelingt in einer Hotelanlage nur schwerlich. Und nicht jeder kann sich einen kostspieligen Aufenthalt in einem der Schönheitstempel leisten. In Gingst gibt es eine Physiotherapiepraxis und in Waase auf Ummanz sogar einen mobilen Masseur, der in die Ferienunterkunft kommt. Das strömt zwar nicht denselben Hauch von Luxus aus, ist aber eine kostengünstige Alternative.

Oben: Hafen von Schaprode
Mitte: Wassertaxi zur Insel Hiddensee
Unten: Im Sommer spielt sich hier das Leben draußen ab.

Infos und Adressen

ESSEN UND TRINKEN

Restaurant und Pension Alte Schule. Ja, das Haus ist von alter Schule. Urgemütlich eingerichtet hängt im Gasthof so viel Krimskrams an den Wänden und von den Decken, dass die Räumlichkeiten jedem Heimatmuseum Konkurrenz machen kann. Lange Straße 32 a, 18569 Schaprode, Tel. 03 83 09/14 54, info@restaurant-zur-alte-schule.de, www.restaurant-zur-alte-schule.de

Entspannen im Café »Alte Handwerksstuben«

Schafshorn. Hotel, Pension und Restaurant mit schönem Wintergarten. Auf der Speisekarte stehen rügentypische Gerichte. Streuer Weg 85, 18568 Schaprode, 03 83 09/13 13, info@schafshorn.de, www.schafshorn.de

Weinstube und Weinhandlung Alte Post. Neben Wein gibt es hier auch Kuchen, Kaffee und Flammkuchen, sehr gemütlich und tolle Auswahl. Markt 14, 18569 Gingst, Tel. 03 83 05/53 98 37

ÜBERNACHTEN

Campingplatz »Am Schaproder Bodden«. Schöner Blick aufs Wasser. Lange Straße 24, 18569 Schaprode, Tel. 03 83 09/12 34, www.campingplatz-schaprode.de, camping.schaprode@t-online.de

Ferienwohnungen Traum Sterne. Wunderschöne Ferienwohnungen im Kolonialstil. Sehr gemütlich eingerichtet. Markt 2/3, 18569 Gingst, Tel. 03 83 05/59 97 61, Anfrage@FerienTraumSterne.de, www.ferientraumsterne.de

Hotel Rügen Park. 200 m bis ins Zentrum, 10 km bis zum nächsten Strand auf Ummanz. 85 Zimmer inkl. Restaurant und Bar. Mühlenstraße 33, 18569 Gingst, Tel. 03 83 05/5 00

Zur alten Schmiede. Gemütliche und modern eingerichtete Zimmer. Ein Restaurant serviert »bodenständige norddeutsche Klassiker«, 2 km vom Hafen Schaprode entfernt. Poggenhof 25, 18569 Schaprode/OT Poggenhof, Tel. 03 83 09/7 05 00

BARS UND CAFÉS

Museumscafé. Sehr gemütlich mit toller Atmosphäre besonders draußen im Sommer. Eine gute Raststation auf einer Fahrradtour. Juni–Aug. tägl. 10–17 Uhr, Mai und Sept. Mo–Sa 10–17 Uhr, Okt. Mo–Sa 10–16 Uhr, Nov.–April Mo–Fr 10–17 Uhr, Karl-Marx-Str. 19, 18569 Gingst auf Rügen, Tel. 03 83 05/3 04, museum-gingst@t-online.de

AKTIVITÄTEN

Museum Gingst, Historische Handwerksstuben. Juni–Aug. tägl. 10–17 Uhr, Mai und Sept. Mo–Sa 10–17 Uhr, Okt. Mo–Sa 10–16 Uhr, Nov.–April Mo–Fr 10–17 Uhr, Karl-Marx-Str. 19, 18569 Gingst auf Rügen, Tel. 03 83 05/3 04, museum-gingst@t-online.de

Rügenpark. Rügen und mehr en miniature. 1.Apr.–1.Juli 10–18 Uhr, montags Ruhetag, 2.Juli–2.Sept. 10–19 Uhr tägl., 3.Sept.–4.Nov. 10–17 Uhr, montags Ruhetag, Mühlenstraße 22b, 18569 Gingst, Tel. 03 83 05/5 50 55, info@ruegenpark.de, www. ruegenferien.de

EINKAUFEN

Feinste Regionalwaren und Töpferei. Di–Fr. 10–18 Uhr, Sa 10–14 Uhr, im Sommer auch montags geöffnet, Am Markt 4, 18569 Gingst, Tel. 03 83 05/6 00 86, post@toepferei-regionalwaren.de, www.toepferei-regionalwaren.de

VERANSTALTUNGEN

Der Buchladen. Der Buchladen veranstaltet Lesungen an verschiedenen Orten. Dazu gehören die Kirche und ihr Vorplatz ebenso wie ein Zirkuszelt. Jedenfalls ist für gute Atmosphäre und dann und wann auch für ein Glas Sekt gesorgt. Markt 5, 18569 Gingst, Tel. 03 83 05/53 59 16, post@der-buchladen-ruegen.de

Urige kleine Läden findet man auf der ganzen Insel

Traditionelles Hotel in Gingst

Konzerte in der Kirche St. Jacobi. In erster Linie klassische Konzerte, aber das Programm wechselt. Hier findet auch der Musiksommer in Gingst statt. März–Okt. Mo–Fr 8.30–16 Uhr, Kirchplatz 1, 18569 Gingst, Tel. 03 83 05/3 28 gingst@kirchenkreis-stralsund.de

INFORMATION

Reederei Hiddensee. Von Schaprode aus steuern die Fähren die Häfen von Vitte, Neuendorf und Kloster auf Hiddensee an. Ab Bergen gibt es Zubringerbusse. Gleiches gilt für das kleinere, aber auch schnellere Wassertaxi. Bei Eisbildung und im Winter gelten Sonderfahrpläne. Tel. 0 38 31/2 68 10, vertrieb@reederei-hiddensee.de, www.reederei-hiddensee.de

Hafen Schaprode. Anleger, Tankstelle und kostenpflichtige Fäkalienentsorgung. Hafenweg 44 b, 18569 Schaprode, Tel. 03 83 09/12 09, anfrage@hafen-schaprode.de

Bootsvermietung und Angeltouren Team Bodden-Angeln. Tel. 0 38 31/67 25 70, info@bodden-angeln.de, www.bodden-angeln.de

Tourismusverein West-Rügen e. V. Info-Stube Gingst. Tel. 03 83 05/53 58 62, info@westruegen.net, www.westruegen.net

Mitte: Nationalpark Boddenlandschaft
Unten: Blick über den Schilfgürtel und Bodden

24 Nationalpark Vorpommersche Boddenlandschaft

Ein Paradies für Ornithologen

Die Ruhe im Nationalpark Vorpommersche Boddenlandschaft wird höchstens einmal durch das Wiehern der Haflinger auf Ummanz, das Trompeten der Kraniche oder das Rauschen von Schilf unterbrochen. 247 Menschen leben auf der Insel, die mit 20 Quadratkilometern die fünftgrößte in der Ostsee ist. Mit 14 Einwohnern pro Quadratkilometer kann es vorkommen, dass man mehr Pferde trifft als Menschen. Ein perfekter Ort für Vogelbeobachtungen.

Der Nationalpark erstreckt sich mit über 80 000 Hektar weit über die Grenzen Rügens oder der Insel Hiddensee hinaus. Die Spitze der Halbinsel ist nur ein kleiner Teil des drittgrößten Nationalparks Deutschlands, der im Westen über weite Teile der Zingst bis zum Darß und im Osten tief in den Kubritzer Bodden reicht. Nationalparks sind im Gegensatz zu Biosphärenreservaten großflächig geschützte Naturlandschaften, die in ihrer ursprünglichen Art erhalten oder ohne menschlichen Einfluss einem natürlichen Wandel unterzogen sind. Dies bedeutet allerdings nicht, dass der Mensch daran nicht teilhaben soll.

Informationszentrum Waase auf Ummanz

Im alten Schulhaus in Waase auf Ummanz befindet sich ein Informationszentrum des Nationalparks, das über die Besonderheiten des westlichen Teils Rügens und des Eilandes informiert. Die Landschaft ist allerdings nicht nur unter morphologischen Gesichtspunkten schützenswert, sondern bildet einen

Wanderungen über die Insel Ummanz

Die Tour ist besonders etwas für Ornithologen, die seltene Vogelarten beobachten möchten. Vom Deich an der Westküste kann man bei schönem Wetter über den Schaproder Bodden bis nach Hiddensee schauen und gen Norden sieht man den Kirchturm von Schaprode.

AN- UND ABFAHRT

Wer mit dem Auto anreist, steuert den Parkplatz in Suhrendorf an. Zweimal täglich fährt von Bergen oder Gingst die Buslinie 38 nach Waase (Haltestelle Neue Straße). Eine Fahrradmitnahme ist möglich.

WEGBESCHAFFENHEIT

Betonierte Deichwege und Straßen und Feld- bzw. Waldwege

LÄNGE

Die dreistündige Tour führt über eine Strecke von 14 km.

VERPFLEGUNG

Haide-Hof in Haide (ab 18 Uhr), Fischrestaurant Holzerland am Hafen mit eigener Räucherei in Waase.

WICHTIGE STATIONEN

Ⓐ **St. Marien-Kirche** – Die einzige Kirche auf der Insel besitzt einen wunderschönen Schnitzaltar.

Ⓑ **Aussichtsplattform** – Im Herbst kann man hier Kraniche beobachten, aber auch sonst jede Menge seltener Vogelarten in ihrem natürlichen Umfeld.

Ⓒ **Nationalpark-Haus** – In der alten Küsterei wird in einer Ausstellung über Westrügen informiert.

AUTORENTIPP!

NABU
Der Naturschutzbund (NABU) Mecklenburg-Vorpommern bietet im September Naturerlebniswochenenden für Kinder von acht bis zwölf Jahren an. Die Unterbringung erfolgt im Jugenddorf Jumm auf Ummanz. Von Freitag bis Sonntag ist das Programm prall gefüllt mit Spielen zum Kennenlernen, Exkursionen, Quiz, Spielen, Filmen und natürlich ist für Vollverpflegung gesorgt. Die Ausrüstung wie wetterfeste Kleidung, Gummistiefel, Taschenlampe, Bettwäsche, Handtücher und Hausschuhe ist mitzubringen. Wenn sich dann noch eine ausreichende Portion Geselligkeit und Neugier im Gepäck befindet, steht dem Spaß und drei aufregenden Tagen nichts mehr im Weg.

Hier übt die nächste Generation Naturforscher.

einmaligen Lebensraum für Lebewesen in Feuchtgebieten, die dem Kranich, dem wohl bekanntesten Gast auf Rügen, als Nahrungsquellen dienen. Einige Dinge bedürfen vieler Worte, wenn sie verstanden werden sollen. Wer allerdings einmal den Einfall der Kraniche während ihrer Herbstwanderung beobachtet hat, versteht sehr schnell, warum es Areale auf dieser Welt gibt, die es zu schützen gilt.

Die Kraniche

Beim Anblick ganzer Scharen, die in der Lage wären, den Himmel zu verdunkeln, fragt man sich: Was ist das eigentlich für ein Vogel? Der Kranich galt den Menschen seit jeher als Glück bringender Bote des Himmels. Die Leistung, die dieses Tier bei seinen interkontinentalen Flügen vollbringt, ist erstaunlich. Das ist auch der Grund, warum die Lufthansa das Tier seit 1926 in ihrem Logo führt. Wer das nicht glaubt, kann ja mal einen ganzen Tag mit den Armen wedeln, als würde er die Flügel schlagen. Mit ca. 70 000 noch lebenden Exemplaren gehört der Kranich nicht zu den bedrohten Arten. Dies allerdings könnte sich schnell ändern, wenn man die für ihren Flug in den Süden wichtigen Feucht- und Flachwassergebiete im Nationalpark nicht als Nahrungsquelle für die Wegzehrung erhalten würde.

Windwatten und Bodden

Von besonderer Bedeutung ist dabei das sogenannte Windwatt. Die Ostsee unterliegt anders als die Nordsee nur in sehr geringem Maße und kaum sichtbar den Gezeitenströmungen. Trotzdem kann man beobachten, wie bei starkem Wind das Wasser aus den Bodden gedrückt wird und flache Küstenbereiche trocken fallen. Diese Areale gehören zu den bevorzugten Schlaf- und Nahrungsgebieten der Zugvögel.

Infos und Adressen

ESSEN UND TRINKEN

Pension und Fischrestaurant Holzerland. Hering, Räucherfisch, Terrasse am Wasser, Bootsverleih und Angelfahrten. Am Focker Strom 17, 18569 Ummanz, Tel. 03 83 05/81 59, Pension.Holzerland@freenet.de, www.ummanz-ruegen.de

ÜBERNACHTEN

Pension HAIDE-HOF. Wenn man die regionale Küche genossen hat, kann man sich anschließend ein Fahrrad leihen und die Pfunde wieder abstrampeln. Haide 15, 18569 Haide, Ummanz, Tel. 03 83 05/5 53 60, www.haide-hof.m-vp.de

Camping Ostseecamp Suhrendorf. Direkt am Bodden mit Minigolf, Volleyballfeld, Tischtennis und Kinderspielplatz. 18569 Ummanz Suhrendorf 4, Tel. 03 83 05/8 22 34, ostseecamp.suhrendorf@t-online.de, www.ostseecamp-suhrendorf.de

AKTIVITÄTEN

Informationszentrum Waase. Siehe Ummanz-Information

Ostseekaffee. Schaurösterei mit Konditorei und Café, Hofverkauf und Internetshop. Wem der Kaffee schmeckt, erhält ihn auch in Supermärkten und anderen Cafés auf Rügen. Neben Kaffee findet man hier auch Schokolade und natürlich Sanddornprodukte. Winter Mi–So 11–17 Uhr, Am Focker Strom 2, 18569 Waase auf Ummanz, Tel. 03 83 05/53 58 35, info@ostseekaffee.de

Windsurfing-Rügen. Kite- und Surfkurse zwischen Ummanz und Hiddensee. Ostseecamp, 18569 Suhrendorf, Tel. 03 83 05/8 22 40, info@winsurfing-ruegen.de, www.surfen-auf-ruegen.de

INFORMATIONEN

Nationalparkamt Vorpommern. Im Forst 5, 18375 Born, Tel. 03 82 34/50 20, poststelle@npa-vp.mvnet.de

Ummanz-Information. In der der alten Küsterei. Mai 10–16 Uhr, Juni-Sept. 10–16 Uhr, Sept.–Okt. 10–16 Uhr. Neue Straße 63A, 18569 Ummanz, Tel. 03 83 05/5 34 81, www.ummanz.com

Blick vom Fischrestaurant am Hafen in Waase

Mitte: Wartungsarbeiten an den Maschinen in Güttin
Unten: Den Wolken entgegen

25 Güttin – die Insel aus der Luft

Flieger, grüß mir die Sonne …

Wenn man früher nicht die Mittel oder Zeit besaß, reiste man mit dem Finger auf der Landkarte. Die moderne Informationstechnologie macht es möglich, einen virtuellen Flug im Internet zu erleben oder sich 3-D-Animationen auf dem Rechner anzuschauen. Doch all dies kann das Gefühl, eine kleine einmotorige Maschine zu besteigen und ein Land aus der Luft zu erkunden, nicht ersetzen.

Der kleine Flughafen in Güttin liegt 8 Kilometer südlich von Bergen. Seit Mitte der 90er-Jahre wurde die Graspiste, die Agrarfliegern zum Starten und Landen diente, um eine 900 Meter lange Asphaltbahn mit Landebahnbefeuerung, Rollwegen, Hangar, Tower und Abfertigungsgebäude ergänzt. Eben alles, was man auf einem Flughafen so braucht, um während der Hauptsaison einen kleinen Linienflugbetrieb aufrechtzuerhalten. Alles etwas bescheiden, aber das ist ja nicht der Flughafen Frankfurt und doch der einzige auf der Insel.

Start zum Rundflug

Welcome on board

Bei den Flugzeugen, die hier für Rundflüge zum Einsatz kommen, handelt es sich um verschiedene Typen der robusten Cessna. Allesamt sogenannte Schulterdecker, die aus der Kabine einen freien Blick auf die Insel und bei einem Looping eine gute Aussicht auf den Himmel ermöglichen.

Privatjet für den kleinen Geldbeutel

Setzt man den Benzinverbrauch in dem saisonal bedingten Stop-and-go auf den Hauptstraßen und das vorzeitige Ableben von Stoßdämpfern auf den Nebenstrecken der Insel ins Verhältnis zu dem Preis eines Rundfluges, wird selbst dem gewieften Rechner schnell klar, dass so ein Rundflug eine gute Investition sein kann. Einen 20-minütigen Flug über den Himmel von Putbus und Binz gibt es bereits zu einem Preis, der unter der Taschengeldempfehlung des Jugendamtes für einen 17-Jährigen liegt. Das lohnt sich besonders für Leute, die vielleicht nur ein Wochenende auf Rügen verbringen oder keine Zeit in Fahrten über die Insel investieren wollen.

Auge in Auge mit den Möwen

Doch jede rationale Erklärung wird übertroffen durch den Moment, wenn das Dröhnen der Propeller einsetzt und der Flieger Fahrt aufnimmt, um sich schließlich in die Luft zu schwingen. Häuser, Menschen und Autos, die ganze Welt scheint immer kleiner zu werden. Und mit jedem Meter ändert sich die Perspektive und erweitert sich der Horizont. Genau das macht es aus, wenn wir verträumt von der Erde aus die Kraniche dabei beobachten, wie sie scheinbar unbeschwert von Kontinent zu Kontinent reisen und niemand ihnen dabei im Weg zu stehen scheint. Wer kann schon von sich behaup-

AUTORENTIPP!

RÜGEN IM FREIEN FALL

Eine kleine Cessna zu besteigen, wenn man sonst nur große Verkehrsmaschinen gewohnt ist, dazu gehört sicherlich schon etwas Courage. Wer nach dem ultimativen Kick sucht, springt aus der Maschine und rast im freien Fall der Erde entgegen. Zumindest so lange, bis ein erfahrener Tandempartner aus dem Team der Black-Hawk-Fallschirmspringergruppe die Reißleine zieht. Der Name ist Programm. Wie ein Falke kreist man zunächst im Flieger 3000 Meter über dem Sprunggebiet. Das Erlebnis ist garantiert unvergesslich. Voraussetzungen sind ein guter Gesundheitszustand, eine Größe von min. 1,40 und höchstens 1,95 Meter, ein Mindestalter von zwölf Jahren, bequeme sportliche Kleidung und festes Schuhwerk. Dafür gibt es auf Wunsch auch noch ein Video.

Fallschirmsportzentrum. Informationen und Anmeldung für Tandemsprünge unter 0171/8058460, www.fallschirmsportzentrum.de

Das Biosphärenreservat
aus der Luft

Der Tower in Güttin

ten, Auge in Auge mit den Möwen die Kreideküste entlanggeschwebt zu sein oder über den Bodden und dem Meer die weiße Spur der Fischerboote verfolgt zu haben. Kaum ein anderes Lied vermag diese Momente so einzufangen, wie das von Hans Albers und später der Band Extrabreit gecoverte *Flieger, grüß mir die Sonne*. Das Taschengeld wird zwar nicht ausreichen, um »vom Nordpol zum Südpol« zu fliegen, doch das Erlebnis wird ebenso unvergesslich bleiben.

Die große Runde

Der einstündige Rundflug beginnt mit dem Anflug auf den Jasmunder Bodden im Norden. Ein optischer Leckerbissen sind ab Mai die gelb leuchtenden Rapsfelder, die in das Blau der Bodden hineinzufließen scheinen. Nach der Querung der Schaabe, einer schmalen, aber 12 Kilometer langen Nehrung zwischen den Halbinseln Jasmund und Wittow, geht es raus über das Meer mit Kurs auf Kap Arkona. Über den Leuchttürmen, am nördlichsten Punkt Rügens, wendet der Pilot die Maschine und fliegt Richtung Süden entlang der Kreideküste und dem Nationalpark Jasmund. Deutlich zu erkennen sind der Inselsockel und der aus den Klippen gespülte Kalk, der in einer weißen Fahne mit der Küstenströmung fortgetragen wird. Dunkle Rauchfahnen durchschneidet der Flieger, wenn er die Fahrrinnen der Skandinavienfähren und Ausflugsdampfer bei Sassnitz quert. Vorbei an dem ehemaligen Seebad Prora, dessen Dimensionen des Größenwahns, der hinter diesem Vorhaben stand, aus der Luft erst richtig deutlich werden, nimmt der Flieger Kurs entlang der Badeorte an der Ostküste auf Schloss Granitz, das aus den grünen Baumwipfeln der Wälder ragt. Das Mönchgut querend geht es über die nach strengen und deutlich erkennbaren Mustern angelegte Residenzstadt Putbus über Land zurück zum Flughafen.

Infos und Adressen

In Sassnitz starten Hubschrauberrundflüge.

INFORMATIONEN

Flugplatz Rügen. Rundflüge ab 10 Uhr und bei entsprechend gutem Wetter. Vorherige Terminabsprache empfohlen. Flugplatz Rügen, 18573 Güttin, Tel. 03 83 06/12 89, info@flugplatz-ruegen.de

Rügen Helikopter. Rundflüge ab Sassnitz mit dem Hubschrauber. Tägl. 10–17 Uhr, Landeplatz: An der B96B zwischen Vorwerk und Fährhafen Sassnitz/Mukran, Tel. 01 70/1 00 03 30, fliegmit@ruegen-helikopter.de, www.ruegen-helikopter.de

Mitte: Schloss Libnitz in Trent
Unten: Entspannt auf der Fähre zum Urlaubsziel

26 Trent

Ein Ort wie eine Yoga-Stunde

Hier liegt sprichwörtlich der Hund begraben. Der Westen Rügens steht für eine ruhige und entspannte Gangart. Die Region ist wie Yoga. Findet man den inneren Ruhepol, hilft das, in der Hektik »da draußen« zu bestehen. »Da draußen« ist auf jeden Fall woanders als hier in der Gemeinde Trent.

Wie bei jeder Regel gibt es auch hier eine Ausnahme. Das ist das Radfahren. Dafür eignet sich die Gegend zumindest für Familien auf gar keinen Fall. Es gibt kaum Fahrradwege, die Straßen sind eng und es scheint, als reiche die Ausstrahlung des inneren Ruhepols nicht bis zum Gasfuß der Autofahrer. Auch nicht in der Dämmerung, wo die Tierwelt sich aufmacht, ihre Futter- oder Schlafplätze aufzusuchen. Bilanz auf sieben Kilometern zwischen Trent und Kluis auf der L30: zwei Vollbremsungen wegen Wildschweinen und Hasen und beim Einbiegen zur Unterkunft zwei Rehe, die geruhsam die Straße queren. Die lassen sich übrigens auch morgens im Obstgarten dabei beobachten, wie sie sich an Äpfeln und Birnen gütlich tun.

Neues an der alten Handelsstraße

Der kleine Ort mit 900 Einwohnern inmitten der sanften Hügel liegt an der alten Handelsstraße, die von Stralsund zur Fähre nach Wittow führte. Die hat heute natürlich nicht mehr dieselbe Bedeutung wie einst, als die Heringsfänge von der Küste auf das Festland transportiert wurden. Lebte die Region früher in erster Linie von der Landwirtschaft, ist heute der Tourismus der Haupterwerbszweig. Viele Angler starten von hier aus ihre Fischzüge in den Bodden, die nur wenige Kilometer entfernt liegen. Inspiriert von der wunderschönen Natur, haben einige »von außerhalb« kleine Oasen für sich und ihre Gäste geschaffen. Dazu gehören nicht nur Anlagen wie das »Radisson Blu Resort«. Gerade privates Engagement wie z.B. ein großer Fernsehbildschirm in einer mit viel Liebe umgebauten alten Kantine erfüllen den Ort mit Leben. Dort treffen sich Gäste wie Einheimische und schauen sich bei Bier und Pizza Autorennen oder Fußball an. In Kluis hat sich Familie Jurack den Traum von einer Yoga-Schule mit Pension und Appartements erfüllt. Auch Schloss Libnitz ist von privaten Investoren vor dem Zerfall gerettet worden.

St.-Katharinen-Kirche

Die einzige Sehenswürdigkeit im Ort ist die St.-Katharinen-Kirche. Sie wurde Anfang des 14. Jh. erbaut und von 2007 bis 2008 umgestaltet in eine sogenannte Wegekirche. Im archtektonischen Sinn bedeutet dies eine Ausdehnung in Längsrichtung. Besonders auffällig und großzügig gestaltet sind der barocke Schnitzaltar und das Taufbecken. Sie wirken geradezu verspielt, unterscheiden sich von kleinen Dorfkirchen und zeugen von den vielen Gutshäusern im Umland, deren Herren offensichtlich erheblichen Einfluss finanzieller und architektonischer Art nahmen. In krassem Gegensatz dazu steht der alte Taufstein, der aus Granit gehauen der älteste Einrichtungsgegenstand der Kirche ist. Die 1616 errichtete Turmspitze steht seit einem schweren Sturm 2004 ein wenig schief. Einer Inschrift nach wurde der Turm von Andreas Jesse fertiggestellt. Dem bescheinigte ein Expertenteam handwerklich hervorragende Arbeit, da der Turm trotz der Schieflage im Gebälk nicht saniert werden muss: gute alte Handwerkskunst.

Infos und Adressen

ESSEN UND TRINKEN

Inseltrend. Was man aus einer alten Kantine alles machen kann. Hier gibt es Fisch, Fleisch, Pizza, Pasta und einen großen Bildschirm für den geselligen Fußballabend. Dorfstraße 11, 18569 Trent, inseltrend@mirnet.de, www.Inseltrend.de

ÜBERNACHTEN

Landhaus Windrose. Ferienwohnungen mit Terrassen in einem Blütenmeer von Garten. Die Zimmer sind gemütlich und modern maritim eingerichtet. Dorfstr. 36, 18569 Trent, Tel. 03 83 09/2 29 17, urlaub@windrose-ruegen.de, www.windrose-ruegen.de

AKTIVITÄTEN

Yogazentrum-Rügen Hof Kranichstein. An Yogawochenenden oder für eine ganze Woche kann man hier in dem schönen Fachwerkhaus Entspannung finden. Übernachten kann man in modern eingerichteten Zimmern, Appartements oder Ferienwohnungen. Ruhe ist garantiert. Silenz 9, 18569 Kluis, Tel. 03 83 05/16 97 52, post@hofkranichstein.de, www.yogazentrum-ruegen.de

27 Deutsche Alleenstraße
Schöne Straßen auf Rügen

Mitte: Nostalgisches Fahrerlebnis im geliehenen Trabant
Unten: Die Deutsche Alleenstraße führt bis nach Rügen.

2900 Kilometer zieht sich die Deutsche Alleenstraße durch unser Land. Wenn die Sonne hier und da durch das grüne Blätterdach funkelt und an heißen Sommertagen Schatten spendet, werden die Bäume zu treuen Wegbegleitern. Knorrige Eichen, schlanke Birken und stattliche Kastanien, jeder Baum weiß eine Geschichte zu erzählen. Viele aus alten Tagen, als noch Fuhrwerke in gemächlichem Tempo die Wege entlangrumpelten.

Wer Rügen bereisen und endlich etwas anderes als die Schallschutzwände der Autobahn vorbeiziehen sehen möchte, kommt bereits kurz hinter der Rügenbrücke ganz auf seine Kosten. Die alte Bäderstraße folgt den Alleen bis ans Meer in das Seebad Sellin oder zum nördlichsten Punkt der Route nach Kap Arkona. Ob die Route dort endet oder beginnt, ist eine Frage des Stand- bzw. Startpunktes. Zunächst führt die Strecke über Garz, die älteste Stadt Rügens, bis zur historischen Residenzstadt Putbus. Nicht nur Geschwindigkeitsbeschränkungen, sondern der Straßenbelag verringert die Reisegeschwindigkeit mit dem Auto erheblich. Was für Radfahrer eher unangenehm ist, irritiert die Lenker von gut gefederten Benzinkutschen wohl nur am Rande. Das war sicherlich einmal anders, als noch Pferde die Gefährte zogen. Und manch Einheimischer sieht das bestimmt ebenfalls anders, wenn zur Hochsaison Schlangen verträumt lächelnder Urlauber die Straße entlangjuckeln. Doch davon sollte man sich nicht irritieren und schon gar nicht provozieren lassen. Man ist im Urlaub und nicht auf der Jagd.

Richtung Osten

Bevor sich der Weg in Putbus teilt und der alten Bäderstraße Richtung Osten folgt, ist die historische Residenzstadt mit den blühenden Rosen vor den weiß getünchten Häusern sicherlich einen Zwischenstopp wert. Sie ist die Wiege der Bäderkultur, und man kommt an alten Villen vorbei, wie sie die gesamte Ostküste schmücken. Ein Abstecher nach Göhren führt auf zum Teil sehr schmalen und kurvigen Streckenabschnitten durch die hügeligen Wälder des Mönchgut. Hier kann man sich von Kirchturm zu Kirchturm hangeln, von denen viele von mächtigen alten Bäumen umwachsen sind. Die Wohngebäude und Stallungen alter Gutshöfe sind die Heimat derer, die diese Wege einmal anlegten, um der Sommerglut auf den Äckern zu entkommen. Wanderer und Handwerksleute, die von Ort zu Ort zogen, wussten dies ebenso zu schätzen wie Pferde und Ochsen, die die schweren Karren mit den Früchten der Ernte von den Feldern zogen.

Richtung Norden

Die erste Station nordwärts ist die Inselhauptstadt Bergen. Am Markt mit seinen Cafés, Bistros und Restaurants findet man mitten in der Stadt einen Parkplatz und mit der alten Klosteranlage eine schöne Kulisse für einen Spaziergang durch die Epoche der Backsteingotik. Weiter auf der L301 kurz hinter Kluis macht man einen Abstecher Richtung Jasmunder Bodden und endet dann in Vieregge. Gut 3,5 Kilometer hinter Trent sorgt die Wittower Fähre für Abwechslung und bringt Mitfahrer über den 350 Meter breiten Rassower Strom. Über flache Felder führt der Weg nun direkt auf das Kap Arkona zu. Das Nordende von Rügen ist nur über einen Zubringerbus vom Parkplatz in Putgarden aus zu erreichen. Wirft man einen Blick zurück, sind es knappe 3000 Kilometer bis zum anderen Ende der Deutschen Alleenstraße am Bodensee.

Infos und Adressen

INFORMATION

Fähre Wittow. Die Fähre fährt im Pendelverkehr und braucht nur wenige Minuten von einer zur anderen Seite. Abgerechnet wird nach PKW-Länge und Personenzahl. Erste Abfahrt Nordseite/letzte Abfahrt Südseite:
2. Apr. – 30. Apr. 05.50 Uhr, 20 Uhr,
1. Mai – 2. Sept. 05.50 Uhr, 21 Uhr,
3. Sept. – 28. Okt. 20 Uhr,
29. Okt. – 1. Apr. 19.00 Uhr,
Tel. 0 38 31/26 81 38,
www.ruegen-schifffahrt.de

Fähre Glewitz. Wenn im Sommer an der Rügenbrücke ein Stau droht, ist die Fähre eine Alternative.
2. Apr.–30. Apr. 6 Uhr bis 20.10 Uhr und 3. Sept.–28.Okt., 1. Mai–2. Sept. Pendelverkehr alle 20–30 Min.,
Tel. 0 38 31/26 81 38,
www.ruegen-schifffahrt.de

Fährhafen Sassnitz. Stena Line, BornholmerFærgen, DFDS Seaways, Finnlines TRE, 18546 Sassnitz/Neu Mukran, Tel. 03 83 92/5 50,
info@faehrhafen-sassnitz.de,
www.faehrhafen-sassnitz.de

28 Schloss Karnitz – Golf für alle

Willkommen im Club

Es gibt wohl kaum ein passenderes Klischee als ein Schloss kombiniert mit einem Golfplatz. Doch die Zeiten strenger Kleidervorschriften, Mitgliedschaften zu astronomisch hohen Beiträgen und elitärer Gesellschaften scheinen vorbei. Längst hat sich die Sportart zu einem Volkssport entwickelt.

Mitte: Schloss Kamitz
Unten: Golfplatz in Kamitz

Ursprünglich sollte Schloss Karnitz in das Konzept des Golfplatzes eingebunden werden. Der Plan hat leider nicht funktioniert, und so steht der Name nun für ein Schloss mit bürgerlichem Hausherrn und einer Golfanlage für Otto Normalbürger. Dort gibt es für ambitionierte Laien, Semi- und Golfprofis oder Turniere einen 18-Loch-Meisterschaftsplatz. Für jeden, der die Sportart ausprobieren oder erlernen möchte, stehen ein 9-Loch-Platz und eine Driving-Range zur Verfügung, die ohne Platzreife bespielt werden können.

Das Schloss

Es ist der Name eines alten Adelgeschlechts, der dem Schloss und Ortsteil von Garz und dem Golfplatz seinen Namen gab. 1834 baute Guido von Usedom das Gutshaus im Stil der sogenannten Tudorgotik. Charakteristisch für die späte Epoche der Gotik im Übergang zur Renaissance sind die Spitzbögen im Portalbereich und flankierende, achteckige Türme.

Emanzipierte Hausherren

Die neuen Hausherren sind in jeder Hinsicht und im positivsten Sinne des Wortes emanzipiert. Der

»Wessi«, wie sich der neue Besitzer selbst nennt, war eigentlich Friseur und hat die Schere gegen schweres Gerät eingetauscht. Sie verdient das Geld und er schafft der vier Generationen zählenden Familie ein neues Heim. Kein Adelstitel, kein Standesdünkel und immer darauf bedacht, im Einklang mit den anderen Mitgliedern der kleinen Gemeinde zu leben.

Herrensitze, wohin man schaut

Auf Rügen gibt es derart viele Herrensitze, dass man sich fragt, wer hat hier eigentlich gearbeitet und wie viel Geld konnte man früher mit Fisch, Kartoffeln und Steckrüben verdienen? Die Insel war aufgrund ihrer besonderen Lage für die Herrschaftsgelüste von Königshäusern und Herzogtümern schon seit dem 1. Jh. von außerordentlichem Interesse. Slawen, Dänen, Schweden, Mecklenburger, Pommern, Preußen, alle wollten sie den Fischreichtum vor ihrer Haustür ernten oder brauchten ein Sprungbrett auf das Festland. Die einen wollten die Insel als Handelsposten, um ihre Waren in den Norden, die anderen um sie in den Süden zu exportieren. Für die Errichtung der Menge an Gutshäusern und Schlossanlagen beginnt die Zeitrechnung allerdings erst mit der Christianisierung und den Eigenheiten der Erbfolge innerhalb der Geschlechter. Konnten sich die Erben nicht einigen, wurden zusätzlich zu den ständig wechselnden Machtverhältnissen auf der Insel die Güter geteilt. Jeder neue Gutsherr brauchte natürlich seinen eigenen Sitz. Erheblichen Einfluss hatte auch die Kirche. Die Klöster bauten fleißig Gutsanlagen, um ihre Ländereien zu verwalten. Mit der Reformation ging das Land allerdings zurück an die Herzöge und den Landadel. Die wurden nach dem Krieg enteignet, und ihre Herrensitze fielen 50 Jahre in einen Dornröschenschlaf als LPG (Landwirtschaftliche Produktionsgenossenschaft), Jugend- und Erholungsheim oder verfielen einfach.

Infos und Adressen

ESSEN UND TRINKEN

Restaurant und Lounge im Golfzentrum. Dorfstraße 11 A, 18574 Karnitz, www.inselgolf-ruegen.de

ÜBERNACHTEN

Schloss Karnitz. Die Ferienwohnungen sind einfach und modern eingerichtet. Dorfstr. 2, 18574 Garz OT Karnitz, Tel. 0 38 30/4 62 97 30, gertistrotkamp@yahoo.de, www.jagdschloss-karnitz.de/index.html

Tegelhof. Reiterhof mit wunderschönen Ferienwohnungen und einem Ferienhaus. Im Pensionsstall können Pferde kurzfristig bis 21 Tage untergebracht werden. 18528 Sehlen auf Rügen, Tel. 0 38 38/20 93 07, www.tegelhof-ruegen.de/kontakt

AKTIVITÄTEN

Golf-Centrum Schloss Karnitz. In dem schönen reetgedeckten Clubhaus stehen sieben modern eingerichtete Ferienwohnungen zur Verfügung. Stellplätze für Camper sind auch vorhanden. Der Platz ist ganzjährig geöffnet. Sekretariat, Mo 10–14 Uhr, Mi 12–15 Uhr, Fr 12–15 Uhr, Sa 12–17 Uhr, Shop tägl. 7.30–19.30 Uhr geöffnet, Tel. 03 83 04/8 24 70 oder Tel. 03 83 04/82 47 11 (Sekretariat), Dorfstraße 11 A, 18574 Karnitz, www.inselgolf-ruegen.de

Mitte: Die Dorfkirche von Altenkirchen
Unten: Das schöne Kirchenschiff der alten Dorfkirche

29 Gustow
Startpunkt der Backsteinroute

Die Dorfkirche Gustow ist der Startpunkt für eine Reise zu den Bauwerken der Backsteingotik auf der Insel Rügen. Die Route führt in kleine beschauliche Dörfer abseits vom touristischen Trubel. Jeder einzelne der Sakralbauten ist wie ein Buch, in welchem man über die Menschen, die dort lebten und immer noch leben, lesen kann. Während auf dem Festland mächtige Repräsentationsbauten locken, sind es auf Rügen die kleinen Kapellen, die den Besucher an malerisch gelegene Orte führen.

Die Backsteinroute führt nicht allein zu den historischen Backsteinbauten Rügens, sondern ebenso in die schönsten Regionen auf der Insel. Im Osten ist es das Mönchgut mit seiner hügeligen Landschaft und den kleinen Orten der Boddenfischer. In den Wäldern der Granitz liegt mit Göhren der erste der mondänen Badeorte an der Steilküste, die dann in die Badestrände von Sellin und Binz übergehen. Weiter gen Norden ist Sassnitz mit seiner verträumten Altstadt das Tor zum Nationalpark Jasmund, dessen Kreidefelsen am Königsstuhl und die geheimnisvollen Buchenwälder jedes Jahr Tausende von Wanderern locken. Dann schwenkt die Route in Richtung Westen über den schmalen, zwischen Ostsee und Bodden eingeschlossenen Landstreifen der Schaabe, bis zu den Leuchttürmen bei Kap Arkona auf der Halbinsel Wiek. Vom nördlichsten Punkt der Backsteinroute führt der Weg dann gen Süden in die ruhigen, von Landwirtschaft geprägten Landschaften Rügens, und es bieten sich Abstecher auf die Insel Hiddensee oder auf die Halbinsel Ummanz an, wo im Herbst Tausende von Kranichen Rast auf ihrem Weg nach Süden machen. Bei Altefähr verbindet die Strelasundbrücke Rügen mit dem Festland und weist den Weg zu weitaus größeren Exemplaren der Backsteingotik wie der St.-Jacobi-Kirche, deren Dimension vom einstigen Reichtum der Hansestadt zeugen.

Die Bauherren

Mit der Christianisierung Norddeutschlands entstanden im Mittelalter Klöster und Kirchen, mit denen man die heidnischen Kultstätten der Slawen überbaute oder ersetzte. Die reichen Kaufleute der Hanse und die Kirche benötigten für die repräsentativen Gebäude, die nach dem Motto schneller, größer, höher geplant wurden, einen neuen Baustoff. Sie besaßen zwar viel Geld, doch waren sie auch pfiffige Rechner. Außerdem bleibt zu vermuten, dass sie an dem Fortschritt der Baumaßnahmen teilhaben und nicht warten wollten, bis erst Generationen nach ihrem Ableben die notwendige Menge an Blöcken aus Granit oder Sandstein geschlagen waren.

Himmelsstürmer

Vorbild der Bautechnik ist die französische Gotik: das Bestreben, immer größere Fenster in die Außenwandflächen einzubauen, einzelne Elemente wesentlich filigraner zu gestalten und trotzdem immer höher zu bauen. Dazu wurden alte Bauweisen weiterentwickelt und Konstruktionen wie das Kreuzrippengewölbe, Spitzbogen und Strebepfeiler machten großzügig gestaltete Innenräume ohne Zwischenwände, wie sie sich in den großen Kathedralen auf dem Festland finden, möglich. Aus Frankreich exportierten die Zisterziensermönche den Baustil nach Norddeutschland. Dieser Orden war es auch, der die Klöster in Neukamp, Bergen und Hiddensee gründete. Sie besaßen dafür eigene Ziegeleien, die das Baumaterial lieferten.

Oben: Die Dorfkirche in Gustow
Unten: Klassische Backsteingotik in Altenkirchen

Die Backsteinroute

Die Route der Backsteingotik führt zu 17 Kirchen quer über die gesamte Insel.

Ⓐ **Dorfkirche Gustow.** – Hier steht einer der letzten erhaltenen Sühnesteine auf Rügen.

Ⓑ **St. Marienkirche Poseritz.** – 1302 bis 1325 auf einem Fundament aus Feldsteinen errichtet.

Ⓒ **Pfarrkirche St. Petri Garz.** – Der Taufstein soll ein Geschenk Heinrich des Löwen gewesen sein.

Ⓓ **St.-Jacobi-Kirche Kasnewitz.** – Nach dem Einsturz des Glockenturms 1641 hing die Glocke 100 Jahre an einer Eiche.

Ⓔ **St.-Maria-Magdalena-Kirche Vilmnitz.** – In der Kirche befindet sich die Familiengruft des Putbuser Stadtgründers Malte I.

Ⓕ **St.-Andreas-Kirche Lancken-Granitz.** – Mitte des 15. Jh. aus Findlingen, Back- und Feldsteinen errichtet. Im Chorgewölbe sind noch mittelalterliche Malereien zu sehen.

Ⓖ **St. Katharina Middelhagen.** – Erbaut auf dem Mönchgut des Klosters Eldena.

Ⓗ **St.-Johannes-Kirche Zirkow.** – Die schlanke, achteckige Turmspitze ist mit Holzschindeln gedeckt.

I St. Marienkirche Bergen. – Kirche des ehemaligen Zisterzienserklosters in Bergen.

J St.-Margarethen-Kirche Patzig. – Der Taufstein aus Granit gilt als der älteste Rügens.

K St.-Michael-Kirche Sagard. – In der 1210 gebauten Kirche befindet sich die älteste Barockorgel der Insel.

L St.-Johannes-Kirche Schaprode. – In der Kirche befindet sich eine Patronatsloge mit den Wappen der früher ansässigen Adelsgeschlechter.

M St.-Jacob-Kirche Gingst. – Die Anfang des 14. Jh. gebaute Kirche ist die zweitgrößte auf Rügen.

N Dorfkirche Landow. – Hier legt man viel Wert auf den Dialog zwischen »Kirche und Kunst, Theologie und Kultur«.

O Kirche Samtens. – Besondere Merkmale des Gebäudes sind das filigrane Triumphkruzifix und der ausgesprochen kleine Glockenturm.

P St.-Johannis-Kirche Rambin. – An den Wänden befinden sich barocke Malereien mit lebensgroßen Figuren.

Q St.-Nikolai-Kirche Altefähr. – Die Kirche diente den Fähren auf dem Weg nach Stralsund als Landmarke.

Infos und Adressen

Gustow. Dorfkirche, Kirchweg, 18574 Gustow

Poseritz. St.Marienkirche, Lindenstr.1, Tel. 03 83 07/41 98 78

Garz. Pfarrkirche St.Petri. Wendorf Str. 17, Tel. 03 83 04/2 57, www.kirchengemeinde-garz-homepage.t-online.de

Kasnevitz. St.Jacobi Kirche, Tel. 03 83 01/4 36, www.vorpommern-infowb.de

Vilmnitz. Maria-Magdalena Kirche, Chausseenstr.1, Tel. 03 83 01/5 90

Lancken-Granitz. St.Andreas Kirche, Evangelisches Pfarramt. Di–Sa, Tel. 03 83 08/82 48

Middelhagen. St.Katharina, Dorfstr. 3 a, Pfarramt Groß Zicker, Tel. 03 83 08/82 48

Zirkow. St.Johannes Kirche, Dorfstr., 18528 Zirkow, Tel. 03 83 93/22 69

Patzig St.Margarethen-Kirche, Lange Str. 19, Tel. 0 38 38/31 35 20

Bergen. St.Marienkirche, Mo–Fr 9–12,Di 14–18, Do 14–16 Uhr, Billrothstr. 1, Tel. 0 38 38/25 35 24, www.kirche-bergen.de

Patzig St.Margarethen-Kirche, Lange Str. 19, Tel. 0 38 38/31 35 20

Sagard. St.Michael-Kirche, Oberdorf. 6, Tel. 03 83 02/5 31 18, www.kirche-sagard.de

Trent. St.Katharinen-Kirche, Tel. 0 38 38 09/13 63

Schaprode. St.Johannes-Kirche, Lange Str. 19, Tel. 03 83 09/13 63, www.kirchenkreis-stralsund.de

Gingst. Zum Dorfkrug. Markt 8, Tel. 03 83 05/2 61, Kirchplatz 1, Tel. 03 83 05/3 28

Landow. Dorfkirche, Tel. 03 83 06/2 38 80, www.kirche-landow.de

Samtens. Kirche

Rambin. St.Johannis-Kirche, Ev.Pfarramt Ginst, Kirchplatz 1, Tel. 03 83 05/3 28, www.kirchenkreis-stralsund.de

Altefähr. St.Nikolai-Kirche, Bahnhofstr.20, Tel. 03 83 06/75

DIE MITTE

Vorangehende Doppelseite: Typische Bädervilla in Putbus
Mitte: Klaus Störtebeker hoch zu Ross
Unten: Kulissen der Naturbühne in Ralswiek

30 Ralswiek
Störtebeker-Festspiele

Piraten kreuzen ihre Klingen mit schwer bewaffneten Knechten hanseatischer Kaufleute, Kanonendonner hallt über die Bucht bei Ralswiek, Schiffe gehen in Flammen auf, Pferde galoppieren über die Bühne und Adler schwingen sich durch die Lüfte. Der kleine Ort Ralswiek am Jasmunder Bodden ist seit 20 Jahren Austragungsort der Störtebeker Festspiele. Über 5 Mio. Besucher haben seit der ersten Vorstellung 1993 die Abenteuer des norddeutschen Piraten Klaus Störtebeker live mit erlebt.

Wer war eigentlich dieser Störtebeker, nach dem Schiffe benannt und dem ein halbes Dutzend Denkmäler im norddeutschen Raum gewidmet sind. Bremerhaven, Hamburg, ja sogar der kleine Ort Verden bringen damit die Verbundenheit mit einem Menschen zum Ausdruck, der sie und andere schlichtweg beklaut hat. Ob nun mit oder ohne Kaperbrief. Der Mann war Pirat. Laut Lexikon handelt es sich dabei um finstere Gesellen, die »zu eigennützigen Zwecken unter Gebrauch eines See- oder Luftfahrzeugs auf hoher See oder in anderen Gebieten Gewalttaten, Eigentumsdelikte oder Freiheitsberaubung verüben«. Das macht sie nicht gerade zu Helden oder Vorbildern. Störtebeker hat nicht einmal aus edlen Motiven gehandelt wie ein Robin Hood, der es den Reichen nahm und den Armen gab. Unter seinen Männern soll er allerdings gerecht geteilt haben. Aus diesem Grund nannten sich die Piraten auch die *Likedeeler* – »Gleichteiler«.

So liegt die Faszination wahrscheinlich in der Vorstellung von zügelloser Lebensweise, dem Hauch von Abenteuer, der Verwegenheit und Furchtlosigkeit, mit der sie sich außerhalb des Gesetzes stellten, um ein Leben frei von Knechtschaft nach ihren eigenen Regeln zu führen. Allerdings war es zu jener Zeit durchaus üblich, dass sich Könige und Regierungen zur Durchsetzung eigener Interessen gern und häufig der Dienste von Freibeutern bedienten. Eine der bekanntesten Gestalten war Sir Francis Drake, den die englische Krone ein Jahrhundert nach Störtebeker auf Kaperfahrt gegen Spanien schickte und sogar zum Vizeadmiral beförderte.

Legenden

Das meiste, das man über Störtebeker weiß, basiert auf Legenden. Weder sein richtiger Name noch sein Geburtsort sind dokumentiert. Trinkfest soll er wohl gewesen sein. Wieder so ein zweifelhaftes Attribut. Historiker leiten seinen Namen aus dem Niederdeutschen her – »Stürz den Becher«. Den Becher gab es wirklich, er ist aber bei dem großen Brand von Hamburg verloren gegangen. Mit Sicherheit lässt sich aber sagen, dass er in Hamburg gestorben ist. Er und seine Vitalienbrüder hatten sich mit der Hanse angelegt. Das hieß im Klartext, ausgestattet mit einem Kaperbrief überfielen sie Ende des 14. Jh. im Auftrag des schwedischen Königs dänische Handelsschiffe. Für die Freibeuter hatte ein solcher Freibrief den Vorteil, gegen Abgabe eines Teils der Beute, auch Prise genannt, Schutz in schwedischen Häfen finden zu können. Der König freute sich über die Schwächung seiner Gegner und Rivalen, die damals in erster Linie die Dänen waren. Einige Jahre später, inzwischen von der schwedischen Insel Gotland aus seinem Hauptquartier in Visby vertrieben, war es der holländische König Albrecht, der Störtebeker einen Kaperbrief gegen die Hanse ausstellte. Wie sich herausstellen sollte, war es ein grober Fehler gewesen, diesen anzunehmen. Denn die Hanse machte mit einer ganzen Armada Jagd auf den Freibeuter. Allein

AUTORENTIPP!

PIRATENESSEN
Wer den Besuch einer der Aufführungen der Störtebeker-Festspiele abrunden möchte, kann die Atmosphäre eines mittelalterlichen Marktes nutzen, um sich für die Aufführung in Stimmung zu bringen oder anschließend tiefer in die Welt zu Lebzeiten des berühmten Piraten einzutauchen. Das Binzer Schlossfest im August bietet direkt am Jagdschloss Granitz alles, was dafür notwendig ist: Spielleute, Gaukler, erlesene und deftige Speisen und natürlich das Störtebeker Bier, das in Stralsund gebraut wird. Bogenschießen, Axtwerfen und Schaukämpfe im Wikingerlager bereiten die kleinen und großen Bewerber auf einen Job bei den *Likedeelern* vor und machen sachkundig, um die Kampfhandlungen im Jasmunder Bodden beurteilen zu können.

Binzer Schlossfest. www.ostseebad-binz.de

Das Finale der Festspiele

AUTORENTIPP!

SCHLOSS RALSWIEK

Wie eine Fortsetzung der Kulissen der Festspiele wirkt das nur wenige Hundert Meter entfernte auf einer Anhöhe thronenende Schloss Ralswiek. Es wurde 1893 von Hugo Sholto Graf Douglas (1837–1912) im Stil französischer Renaissanceschlösser gebaut. Heute ist das Schloss ein 4-Sterne-Hotel. Wer den Aufenthalt in gediegener Atmosphäre bevorzugt oder einen Besuch der Festspiele mottogerecht im stilvollen Ambiente verbringen möchte, dem wird hier eine gelungene Kombination aus Komfort, Tradition und Romantik geboten. Ein Spaziergang durch den zugehörigen Landschaftspark, vorbei an dem Gutshaus und der Holzkapelle bis zum Hafen, wo schon vor 1000 Jahren die Slawen am ältesten bekannten Ort Rügens Handel trieben, sind eine ideale Einstimmung auf die Vorführung.

Schlosshotel Ralswiek.
Parkstraße 35, 18528 Ralswiek/Rügen, Tel. 03838/20320, www.schlosshotel-ralswiek.de

der Name seines Schiffes »Roter Teufel« hatte lange genug für Angst und Schrecken auf der Nordsee gesorgt. In einem erbitterten Gefecht vor Helgoland stellte man die Piraten am 22. April 1401, nahm Störtebeker gefangen und brachte ihn und seine Männer nach Hamburg.

Störtebekers Tod

Dort stellte man ihn vor ein Gericht und verurteilte ihn zum Tode durch Enthauptung. Im Mittelalter, im Gegensatz zum Galgen, keine ehrwürdige Hinrichtungsmethode. Stolz wie der Mann gewesen sein mag, ging er, so erzählt es die Sage, noch an elf seiner Gefährten vorbei, nachdem man ihm bereits den Kopf abgeschlagen hatte. Eine edle Tat, soll er doch mit dem Bürgermeister ausgehandelt haben, dass so viele von ihnen verschont bleiben sollten, wie er ohne Haupt noch passieren konnte. Der Bürgermeister hielt sich nicht an die Absprache, und so wurden 30 seiner Gefährten auf dem Grasbrook bei Hamburg von einem Scharfrichter hingerichtet. Die Legende berichtet weiter, dass er dem Hamburger Senat für sein Leben eine goldene Kette angeboten haben soll, die einmal um die ganze Stadt reiche. Wie der Verlauf der Geschichte zeigt, haben die Ratsmitglieder dies abgelehnt. Seither rankt sich eine Vielzahl von Geschichten um den sagenhaften Schatz des Klaus Störtebeker.

Postmortaler Kopfschmerz

Auf dem Grasbrook in Hamburg fanden Arbeiter 1878 bei den Bauarbeiten zur Speicherstadt den Schädel eines Piraten. Woher man das wusste? Deren sterbliche Überreste sind, wie das makabere Ausstellungsstück im Museum für Hamburgische Geschichte zeigt, unschwer an einem großen Nagel, senkrecht in die Schädeldecke des Freibeuters getrieben, zu erkennen. Zur Abschreckung pflegte man die Schädel auf Holzbalken zu nageln und öffentlich aufzustellen. Dass es sich dabei um den als »Störtebeker-Schädel« bezeichneten Kopf des Klaus Störtebeker handelt, konnte nie belegt werden.

Alles ziemlich authentisch

Die Festspiele haben den kleinen Ort Ralswiek weit über die Grenzen Rügens hinaus bekannt gemacht. Begonnen hat alles damit, dass 1959 von der damaligen Regierung die Rügenfestspiele ins Leben gerufen worden sind. In wenigen Monaten wurde nahe des Schlosses Ralswiek eine Naturbühne aus dem Erdboden gestampft und die dramatische Ballade *Klaus Störtebeker* von Klaus Barthel (1914 bis 1967) aufgeführt. Seit 1993 ist daraus vor der grandiosen Kulisse des Jasmunder Boddens ein modernes Theaterstück mit detaillierten Kulissen, jeder Menge Spezialeffekten und großem technischem Aufwand geworden. An der Inszenierung des Piratenspektakels wirken an die 150 Menschen mit: Es wurden vier Schiffe angefertigt, die mit jeder Vorstellung wieder in Flammen aufgehen oder von den gegnerischen Kanonen auf den Meeresgrund geschickt werden. Dahinter steckt eine ausgeklügelte Technik, die die versunkenen Boote pünktlich zur nächsten Vorstellung wieder auftauchen lässt. 1998 wurde die Kogge von Klaus Störtebeker in der Werft Bootsbau Rügen in Lauterbach gebaut. Die Kulisse mit den Gebäuden einer längst vergangenen Epoche wirken täuschend echt. 200 Meter Festholz, fast 300 Quadratmeter Sperrholzplatten und über 500 Liter Farbe sorgen für eine authentische Kulisse. Nicht nur die Schauspieler und Komparsen geben Jahr für Jahr ihr Bestes. Eine der Attraktionen der Show ist der Adler Laran, der von dem Falkner Volker Walter aus Duisburg abgerichtet wurde. Im Vorprogramm der Aufführung können Besucher der Festspiele an einer Flugschau teilnehmen.

Infos und Adressen

ESSEN UND TRINKEN

Gasthaus Zum Störti. Im Hof hat man den Eindruck, als säße man vor einem mittelalterlichen Gasthof. Serviert wird deftiges Essen und süffiges Bier. Am Bodden 100, 18528 Ralswiek, Tel. 0 38 38/31 10 18, stoertebeker-catering@t-online.de, www.gasthaus-zum-stoerti.de

Zum Likedeeler. Typisches Gasthaus für Familienfeiern. Serviert wird Fisch, Wild und »gutes vom Hof«. Aber bitte nichts vom Teller des Tischnachbarn nehmen. So ernst wird das hier niemand mit den Likedeelern, den Gleichteilern, nehmen. Am Bodden 21 18528 Ralswiek, Tel. 0 38 38 31/1 30, willkommen@ZumLikedeeler.de, www.zumlikedeeler.de

ÜBERNACHTEN

Pension Zum Schlossgarten. Einfache modern eingerichtete Zimmer zu günstigen Preisen. Dem Haus sind ein Restaurant und eine Bowlingbahn angeschlossen. Parkstraße 44, 18528 Ralswiek auf Rügen, Tel. 0 38 38/311 40, urlaub@zum-schlossgarten.de

INFORMATION

Störtebeker Festspiele Ralswieck. Ticket und Reservierungen. Am Bodden 100, 18528 Ralswiek, Tel. 0 38 38/3 11 00, www.stoertebeker.de

Mitte: St. Marienkirche in Bergen
Unten: Reste des alten Klosters

31 Bergen
Die Hauptstadt

An einen Hügel, den sogenannten Rugard geschmiegt, schlummert das Verwaltungszentrum Bergen vor sich hin. In der Mitte der Insel gelegen, ist die Stadt neben Sassnitz die einzige Siedlung der Insel, die diesen Namen verdient. Das Mittelzentrum ist mit seinen knapp 25 000 Einwohnern der wichtigste Verkehrsknotenpunkt für Straßen und Bahnlinien, die hier zusammenlaufen und die Besucher der Insel auf die Badeorte verteilen.

Der Ort ruht auf dem Hügel einer Grundmoräne. Der Ortsname ist die Übersetzung des Wortes *gora*, Berg, aus dem Slawischen. Später wurde daraus dann Bergen. Für Händler und Handwerker war der Ort dank seiner zentralen Lage seit jeher ein attraktiver Standort. Von hier aus konnte jeder Punkt auf der Insel binnen kurzer Zeit erreicht werden.

Der Rugard

Auf der mit 91 Meter höchsten Erhebung stand bis 1325 die Slawenburg Rugard, die »Burg der Ruganer«. Nur die Kapelle war aus Backstein gebaut, die übrigen Gebäude der sich in eine Vor- und eine Hauptburg gliedernden Residenz der Ranenfürsten waren aus Holz. Von den Türmen der Burg hatten die Wachen in dem damals noch unbewaldeten Gebiet eine gute Sicht in alle Richtungen. Übrig blieben nur die 10 Meter hohen und 6–7 Meter breiten und inzwischen bewaldeten Wallanlagen, die den Menschen Schutz vor Eindringlingen boten, in Zeiten, als die Region noch stark umkämpft war. Man erreicht das Gelände heute vom Parkplatz am Ende der Rugardstraße oder vom Markt aus über die Vieschstraße. Der Weg lohnt sich, und von Unlust befallene Kinder lockt man einfach mit einem Eis auf die Terrasse der Rugard-Gaststätte, die Inselrodelbahn oder den Kletterwald.

Ernst-Moritz-Arndt Turm

Wo einst die Burg stand, wurde vom Komitee zur Errichtung eines Arndt-Denkmals anlässlich des 100. Geburtstags des Schriftstellers Ernst Moritz Arndt ein Backsteinturm errichtet. Architekt war der Berliner Hermann Eggert (1844–1920), der später unter anderem den Hauptbahnhof in Frankfurt am Main und den Kaiserpalast in Straßburg entworfen hat. Finanziert wurde der Bau durch Konzerte und Spenden u. a. von Kaiser Wilhelm I. Natürlich ließ es sich auch der Schöngeist Malte zu Putbus nicht nehmen, seinen Beitrag zu leisten und lieferte Ziegelsteine aus der Ziegelei Tegelhof auf Rügen. 27 Meter ragt das viergeschossige Gebäude in den Himmel und ermöglicht demjenigen, der die 79 aus einem Findling geschlagenen Stufen zur Aussichtsplattform erklimmt, einen sagenhaften Ausblick bis weit in den Jasmunder Bodden. Die Glaskuppel erhielt das Gebäude erst 2002 anlässlich

Mancher muss da den Kopf einziehen – historische Türstöcke in Bergen.

Oben: Ernst-Moritz-Arndt-Turm in Bergen
Unten: Von der Kuppel kann man bei gutem Wetter bis zur See schauen.

Oben: Auch in der Stadt: Blütenpracht im Vorgarten
Unten: Einige Türen zieren fromme Sprüche.

des 125-jährigen Bestehens, nachdem die ursprüngliche Kuppel zur Montage eines Flakgeschützes 1944 entfernt worden war. Wer fürchtet, nicht schwindelfrei zu sein, kann aus jedem Stockwerk von den umlaufenden Balkonen einen vorsichtigen Blick werfen, bevor er sich entscheidet, bis ganz nach oben zu gehen. Bei gutem Wetter weisen Hinweistafeln und Karten in die Richtung, wo markante Punkte der Insel liegen, z. B. das Jagdschloss Granitz oder die Insel Hiddensee.

Raus aus der Stadt

Vom Ernst-Moritz-Arndt-Turm aus führt ein Naturlehrpfad in das umliegende Waldgebiet. Eine Tafel am Eingang erklärt nicht nur die Historie des Rugard, sondern versucht den Besucher mit Zitaten bekannter Persönlichkeiten und viel Aufklärungsarbeit über die Entstehung der Landschaft, Flora und Fauna dazu anzuregen, mit offenen Augen durch das Naturschutzgebiet zu wandern. Leider ist der Pfad nicht geeignet für Kinderwagen. Je nach Lust und Laune folgt man dem Rundgang, der über die botanischen Namen der Bäume aufklärt, oder man folgt auf Höhe der Freilichtbühne dem Rugardweg raus aus dem Wald bis zu dem ca. drei Kilometer entfernten Ort Buschvitz. Hier war einst der Hafen der in Bergen ansässigen Fischer. Gegenüber liegt die Halbinsel Pulitz, die als Brutgebiet für zahlreiche Vögel unter Naturschutz steht und nur vom 16. Juli bis 14. Januar betreten werden darf. Dort hat man eine gute Chance, Seeadler zu beobachten. Für Hobbyornithologen bietet sich alternativ ein Ausflug zu dem Naherholungsgebiet am Nonnensee an. An dem fünf Kilometer langen Rad- und Wanderweg befinden sich zwei Türme, von denen aus man eine Vielzahl von Vogelarten beobachten kann, die hier im Spätsommer und Herbst an dem Biotop Rast machen.

Magister Historicus

Ein Spaziergang durch die Stadt lohnt sich dann, wenn man ihn unter der Führung des Kirschnermeisters Uwe Hinz macht. Auf verschiedenen Routen führt er Geschichts- und Kulturinteressierte durch die 1000-jährige Geschichte der vier Quartiere von Bergen. Der Ort war einige Male Opfer verheerender Brände, sodass das Stadtbild und die Anordnung der Katen und Freihäuser recht ungeordnet scheinen und man schnell hilflos nach einem attraktiven Einstieg in einen Stadtrundgang sucht. Doch der Magister Historicus weiß vielerlei Geschichten von den alten Straßen Bergens zu erzählen. Da gibt es z. B. das Nachtjackenviertel, das seinen Namen zu Zeiten bekommen hat, als die Frauen nur eine Jacke über das Nachtgewand warfen, um frühmorgens mit Kübeln das Wasser von öffentlichen Brunnen zu holen. Hier erfährt man auch, warum die erste halbe Stunde bei einem Blick auf die Turmuhr der Marienkirche 31 Minuten hat und wie man bei den Sanierungsarbeiten 1985 durch geschicktes Einsparen eines Bohrlochs die »Minute von Bergen« wieder eingespart hat.

AUTORENTIPP!

DIE INSELRODELBAHN

Wenn jemand sagt, ich werde mit dir Schlitten fahren, wo kein Schnee liegt, lässt dies alles andere als ein angenehmes Erlebnis erwarten. Ganz anders bei der Inselrodelbahn, einer Art Achterbahn, in der man seine Geschwindigkeit selbst bestimmt. Der Rekord liegt derzeit bei knapp 50 Stundenkilometern. Doch niemand wird etwas dagegen haben, wenn man die Fahrt so gestaltet, dass sie wie eine romantische Kutschfahrt durch den Rugard anmutet. Das Procedere ist ganz einfach: Beförderungsbedingungen lesen, reinsetzen, anschallen, warten bis man auf Schienen gleitend auf den Startpunkt hochgezogen wird, Hebel voll nach vorn drücken, um Höchstgeschwindigkeit zu erreichen und nach hinten ziehen, um zu bremsen. Einfach und schnell.

Inselrodelbahn Bergen.
Juli–Aug. 10–19 Uhr, April–Juni und Sept./Okt. 10–18 Uhr, Nov.–März 13 Uhr bis Eintritt der Dunkelheit, Rugardweg 7, 18528 Bergen, Tel. 03838/828282, www.inselrodelbahn-bergen.de

AUTORENTIPP!

GO-KART- UND BUGGYBAHN
Im Ortsteil Zittvitz liegen die Pisten der Go-Kart- und Buggybahn Bergen. Sie sehen nicht gerade aus wie die Rennboliden auf dem Nürburgring, aber dafür bieten die Flachen Flundern mit Rasenmähermotor auf der Kartbahn ausreichend Vortrieb für Fahrspaß, der nur durch das eigene Können begrenzt ist. Die Rennstrecke ist 320 Meter lang und jede Sekunde, die man Runde für Runde schneller wird, zählt. Für die Jüngsten ist auch gesorgt. Die kleinen Elektrokarts lassen einen Kampf um die Pole-Position bereits ab dem zarten Alter von drei Jahren zu. Eine ganz andere Erfahrung ermöglichen die Quads auf der Sandpiste. Hier ist schon ein wenig mehr Geschicklichkeit gefordert, da diese Fahrfehler nicht so leicht verzeihen.

Go-Kart- und Buggybahn Bergen. Tägl. Frühjahr/Herbst 10–18 Uhr, Sommer 10–19 Uhr, Winter 10–16 Uhr, Tel. 03838/209485, www.ruegenkartbahn.de

Kloster und Marienkirche

Nachdem die Ranen 1168 mit der Eroberung der Tempelburg auf Kap Arkona ihre Unabhängigkeit an Dänemark verloren hatten und zum Christentum konvertierten, wurde zur Festigung des christlichen Glaubens 1193 das Kloster in Bergen gegründet. Zunächst wurde es von Ordensschwestern aus dem dänischen Roskilde und später von Zisterzienserinnen bewohnt. 1541 wurde das Nonnenkloster von Herzog Philipp I. (1515–1560) in eine »Zuchtschule für adlige Jungfrauen« umgewandelt. Die Stiftdamen, wie sie hießen, erhielten hier eine christlich ehrbare Erziehung. Es war sogar möglich, sein eigenes Mobiliar und Personal mitzubringen. Alles in allem also etwas komfortabler, und die Damen konnten im Gegensatz zu den Klosterfrauen das Stift jederzeit verlassen. Lediglich die 1180 unter der Regierung des Slawenfürsten Jaromar I. erbaute Marienkirche, einige Nebengebäude und der Klosterhof sind noch erhalten. Das älteste Gotteshaus der Insel Rügen steht jedem Besucher offen. Architektonisch als romanische Basilika begonnen, überrascht es durch eine Mischung verschiedener Stile und Einflüsse von Slawen und christlichen Dänen über die Jahrhunderte.

Klostergenuss

Ganz im Sinne der Geschäftsüchtigkeit der Mönche des Klosters, dem auf Bergen immerhin drei Gaststätten, drei Mühlen und eine Vielzahl an Gütern gehörte, befinden sich im heutigen Klosterhof einige kleine Geschäfte und eine Schauwerkstatt einheimischer Handwerker. Kaffee, Kuchen und ein unglaubliches Konfitüreangebot des Obstbaubetriebes Zöllmann machen den Aufenthalt in der entspannten Atmosphäre der Anlage sehr kurzweilig. Wesentlich betriebsamer wird es hingegen bei dem von Mai bis September monatlich stattfindenden Floh-, Handwerker- und Kleinkunstmarkt.

Infos und Adressen

ESSEN UND TRINKEN

Gastwirtschaft Am Markt. Junge Speisekarte, die zu lesen Spaß macht und junges Publikum in historischer Kulisse. Markt 14, 18528 Bergen auf Rügen, Tel. 0 38 38/25 22 59, post@biboergosum.de, www.biboergosum.de

Kontor. Die Mahlzeiten, das klassische Ambiente des Restaurants und die Zimmer im Romantikhotel wirken gediegen und werden dem Ruf der hanseatischen Gilde sicherlich gerecht. Bahnhofstaße 6–8, 18528 Bergen auf Rügen, Tel. 0 38 38/8 04 50, info@kaufmannshof.de, www.kaufmannshof.de

Puk up'n Balken. Der »Puk« bewahrt den Gast vor Hunger und Durst. Rustikales Ambiente und Essen. Bahnhofstraße 65, 18528 Bergen auf Rügen, Tel. 0 38 38/25 72 73, puk-bergen.de

ÜBERNACHTEN

Am Rugard. Direkt an historischer Stelle gelegen, verfügt das Hotel über 18 Zimmer und vier moderne Appartements. Rugardweg 10, 18528 Bergen auf Rügen, Tel. 03 83 8/2 01 90, www.rugard.de

Hotel Ratskeller. Modern eingerichtete Zimmer, auch mit Zustellbett. Markt 27, 18528 Bergen auf Rügen, Tel. 038 38/40 35 90, info@ratskeller ruegen.de, www.ratskellerruegen.de

Der Marktplatz in Bergen

Parkhotel. Modernes Hotel, schick eingerichtet und hell, angeschlossener Wellnessbereich, Restaurant und Bar, Stralsunder Chaussee 1, 18528 Bergen auf Rügen, Tel. 0 38 38/81 50, www.parkhotel-ruegen.de

INFORMATION

Touristeninformation Benedix Haus, Markt 23, 18528 Bergen auf Rügen, Tel. 0 38 38/81 12 06, touristeninformation@stadt-bergen-auf-ruegen.de

Das alte Kloster prägt das Stadtbild.

Mitte: Bauernhof und Freizeitpark in einem
Unten: Kinder freuen sich vor allem über den Streichelzoo

32 Zirkow – Karls Erlebnisbauernhof

Erdbeerernte

In unmittelbarer Nachbarschaft zum Biosphärenreservat Südost-Rügen liegt im Dreieck Binz-Bergen-Putbus die 700-Seelen-Gemeinde Zirkow. Den Mittelpunkt des verschlafenen Ortes bildete früher die in der ersten Hälfte des 15. Jh. gebaute St.-Johannis-Kirche. Folgt man heute den Besucherströmen, erreichen die von Binz über die B196 kommend erst gar nicht mehr den Ort, sondern direkt den Parkplatz mit den überdimensionalen Erdbeeren.

Zur Einstimmung auf das Abenteuer Erlebnisbauernhof eine kleine Geschichte: Ein Postbote kommt auf einen einsamen Bauernhof. In der Hofeinfahrt sitzt ein kleiner Junge, den er anspricht. »Ich habe hier ein Paket für deinen Vater. Ist der da?« »Nein«, antwortet der Junge. »Vom Trecker überfahrn.« »Oh, das tut mir leid«, antwortet der Postbote betroffen. »Ist deine Mutter da?« »Nein, vom Trecker überfahrn.« »Du armer Kerl! Ist denn deine Großmutter oder dein Großvater da?« »Nein, beide vom Trecker überfahrn.« »Mein Gott, Junge, du hast es aber auch wirklich nicht leicht. Was machst du denn den ganzen Tag?« »Trecker fahrn!« Trecker hatten schon immer etwas Faszinierendes. Wer hat als Kind nicht schon einmal davon geträumt, einmal ein solches Gefährt mit den riesigen Hinterrädern über Feld und Wiesen zu steuern. Besonders deshalb, weil man mit einer Sondergenehmigung bereits ab 16 Jahren berechtigt ist, dieses vor Kraft strotzende Gefährt fahren zu dürfen und einen erhabenen Blick von oben auf die anderen Autos herabwerfen kann. Die Faszina-

tion endet meist nach dem ersten Ernteeinsatz, wenn man Tage auf der Maschine verbringt, die Ruckelei einem die Lust aufs SMS-Schreiben verdirbt und man gerade noch lesen kann, wie sich die Freunde an Spätsommertagen in der Badeanstalt verabreden. Stadtkinder kennen Bauer Hein auf seinem Trecker meistens nur aus Kinderbüchern oder von Wimmelbildern. Und nun ist sie da, die Gelegenheit, ein solches Gefährt zu bewegen und König des Feldwegs zu sein.

Wochenmarkt – täglich geöffnet

Für viele Menschen ist der wöchentliche Besuch des Marktes ein lieb gewonnenes Ritual. Man kauft Käse, Wurst, Brot und Eier beim Händler seines Vertrauens oder dort, wo man mal ein Wort schnacken kann. Eltern von Kindern wissen allerdings ein Lied davon zu singen: Wenn die Kinder quengeln und auch die Scheibe Wurst nicht mehr hilft, ist schnell Schluss mit einem entspannten Einkaufsbummel. Keine Ahnung, ob Karl Kinder hat, aber seine Geschäftsidee ist einfach und schafft Abhilfe: Man sorge dafür, dass die Kleinen beschäftigt sind. Mama oder Papa können sich dann anschauen, wie in der Marmeladenküche leckerer Brotaufstrich eingekocht wird oder in der hofeigenen Bäckerei Holzofenbrot gebacken, Mandelkekse und Kuchen im Glas hergestellt werden. Auch wenn die Erdbeersaison längst vorbei ist, bleibt Friedas Hofküche gut gefüllt und hält ein Sortiment vor,

Oben: Das Gelände ist großzügig gestaltet.
Mitte: Die Bewohner sind kontaktfreudig.
Unten: Eine Frucht bildet das Markenzeichen.

Der schwebende Wasserhahn bringt den Besucher am Anfang ins Grübeln.

Mancher fand hier seine Berufung.

das dem eines Supermarktes in nichts nachsteht. Nur die Atmosphäre ist hier die eines überdimensionalen Hofladens. Die Produkte sind liebevoll verpackt und arrangiert, gepaart mit all den schönen und entbehrlichen Accessoires, die ein Homestore bietet. Einiges davon sicherlich *Made in China*, anderes aus der Region und vieles passt einfach ins Hofladenprogramm.

Animal Farm

Wahrscheinlich gibt es hier mehr Stofftiere in den Regalen der Spielzeugabteilung oder der hofeigenen Stofftierfabrik als lebendes Inventar in Form von Ferkeln, Schafen und Ziegen. Doch ein schön gestalteter Abenteuerspielplatz, der Wasserspielplatz, Dorf-Go-Karts, Minibagger, Stockbrotbacken, Feuerwehrlöschzug und die Kartoffelsackrutsche greifen die Themen rund um einen großen landwirtschaftlichen Betrieb und das Leben im Dorf in spielerischer Form auf und beschäftigen die Kids für Stunden. Sollten sie dennoch zu früh wieder auftauchen, kann man sie noch eine Weile im Maislabyrinth beschäftigen. Wertvolle Zeit, um sich dem Einkaufsbummel zu widmen. Wenn der große Hunger kommt, sorgen das Hofcafé, der Dorfkrug oder die Fischbude für Schnellverköstigung. Der Beweis dafür, wie man ein Schnellrestaurant rustikal und stilvoll gestalten kann.

Im Hofcafé gibt es kleine Snacks.

Selbst die Kassen sind hier liebevoll gestaltet.

Karls Bauernhof. Binzer Str. 32, 18528 Zirkow, Tel. 038393/131534. www.karls.de

Mitte: Typisch: die Rosen vor den Häusern
Unten: Der Platz vor der Orangerie in Putbus

33 Putbus
Die Rosenstadt

Entworfen von Fürst Malte I. zu Putbus auf dem Reißbrett, erlebte die jüngste Stadt Rügens ihre Blütezeit Anfang bis Mitte des 19. Jh. und lockte mit ihrem Ruf als Hochburg des vergnüglichen Sommerlebens zahlreiche Besucher gehobener Gesellschaftsschichten an. Auch heute ist ein Besuch der Stadt wie ein Rundgang durch die Kulissen eines Buches von Theodor Fontane, der die Fantasie in die Gründerzeit entführt.

Die Ursprünge von Putbus reichen bis in das 14. Jh. zurück. Der Name ist slawischen Ursprungs und bedeutet »Hinter dem Holunderbusch«. Die Anlage gehörte seit jeher zu den Besitztümern der Lehnsherren von Putbus. Da man seinerzeit durchaus gewillt war, die Besitzverhältnisse nötigenfalls mit Waffengewalt zu ändern, stand an Ort und Stelle eine Burg mit Burggraben, Hängebrücke, Rittern und allem, was dazu gehört. Von dem später durch Fürst Wilhelm Malte I. (1783–1854) in einen prächtigen dreiflügeligen, im klassizistischen Stil angelegten Herrensitz (1808–1823) sind leider nur noch die Nebengebäude zu sehen. Dem Verfall preisgegeben und 1960 abgerissen, war das Schloss selbst sicherlich der geringste Verlust, den die Familie während der Bodenreformen nach dem Zweiten Weltkrieg hinnehmen musste, der bis dahin ca. ein Sechstel der Insel Rügen gehört hatte.

Wandelwege im Schatten

Der heutige Haupteingang zum Schlosspark, die Orangerie, lässt erahnen, welche Pracht diese grüne Oase der Ruhe einst beherbergt haben muss. Der Park wurde auf einer Fläche von über 75 Hektar nach englischen Vorbildern als Landschaftsgarten mit einer Vielzahl von exotischen Gewächsen aus aller Herren Länder angelegt, denen die Orangerie zur Überwinterung diente. Breite Wege führen durch die großzügigen, von Bächen durchzogenen Freiflächen, vorbei an Teichen, dem Fasanen- und Affenhaus und Wildgehege, bis hinein in die angrenzenden Eichenwälder.

Große Pläne

Pläne des Adelsmanns, Putbus zu einer Residenzstadt auszubauen, trafen bei der Bevölkerung zunächst auf wenig Begeisterung. Ein Aufruf in der *Stralsundischen Zeitung* aus dem Jahr 1808, der sich an Handwerker und Tagelöhner richtete und ihnen eine Wohnstatt in vom Fürsten bereitgestellten Hausplätzen anbot, verhallte im Nichts. Mag es daran gelegen haben, dass man »Beweise eines ordentlichen und stillen Betragens« beibringen musste oder ob es der Tatsache geschuldet war, dass zu viele Handwerker auf ihr Geld bei Maltes Vater hatten warten müssen. Die Gründung der Residenzstadt erfolgte jedenfalls erst einige Jahre später ab 1810.

Die Rosenstadt

Gegenüber dem Park entlang der Alleestraße entstand eine lange Reihe säuberlich weiß getünchter eingeschossiger Backsteinhäuser, die wohl den Ansprüchen des Fürsten wie den Bewohnern Genüge tragen konnten. Nur mit Sondergenehmigung des Fürsten, der genaue Vorstellungen von der architektonischen Ausgestaltung der Häuser hatte, durften einige Auserwählte wie sein Sekretär oder der Tischlermeister Katter zweistöckige Gebäude errichten. Viele der Häuser entstanden nach den Plänen des Berliner Architekten Johann Gottfried Steinmeyer. Der war zum Haus- und Hofarchitek-

AUTORENTIPP!

PUPPEN- UND SPIELZEUGMUSEUM

Die große Glaskuppel, wo einst Affen Ausschau nach der Kokosnuss hielten, beherbergt ein gemütliches Café, das mit allerlei Antiquitäten aus den Kinderzimmern zweier Jahrhunderte dekoriert ist. Zur Einstimmung auf das eigentliche Museum empfiehlt es sich, die Briefe ehemaliger Besitzer von Teddybären einzulesen. Die rührenden Geschichten über die Herkunft und die gemeinsame Kindheit zeugen von den Beweggründen, den alten Weggefährten in den Kreis seiner Artgenossen zu entlassen. Das neue Zuhause bietet ihnen alle Annehmlichkeiten eines Kinderzimmers. Angefangen von Puppenstuben, Kaufmannsläden und Puppentheatern, Eisenbahnen, Autos, Flugzeugen und Schiffen bis hin zu einer Armee von Zinnsoldaten, die über die kleinen und großen Schätze wachen.

Rügener Puppen- und Spielzeugmuseum. Kastanienallee (ehem. Affenhaus im Schlosspark), 18581 Putbus, Tel. 03 83 01/6 09 59, www.puppenmuseum-putbus.de

Oben: Das Badehaus in Goor, heute ein Hotel
Unten: Orangerie im Schlosspark

ten Fürst Maltes avanciert und hatte bereits das Badehaus in Goor und Schloss Granitz entworfen. Auch für die Umgestaltung des Schlosses und des Marstalls zeichnete Steinmeyer verantwortlich. Spaziert man die Allee entlang, berichten kleine Schilder an den Hauswänden von deren ehemaligen Bewohnern, dem Nutzungszweck und bekannten Persönlichkeiten, die dort logierten. Rosen vor jedem Haus schmücken die Allee, welche auf ein Straßenrondell zuführt, den sogenannten Circus. Sternförmig angeordnete Wege führen zu einem spitz in den Himmel ragenden Obelisken mit der Krone des Fürsten. Rings um das Rondell, von dem Straßen in alle Himmelsrichtungen abzweigend zu den wichtigsten Orten der Insel führten, entstanden 15 mehrgeschossige sogenannte Kavaliershäuser, die von Bediensteten des Hofes bewohnt wurden oder als Verwaltungsgebäude, Gymnasium und Internat fungierten. Nach und nach wuchs so eine Infrastruktur heran, die den Unterschied zwischen einer Residenzstadt und einer Schlossresidenz ausmachen sollte.

Gute Unterhaltung

Putbus bot den Besuchern von damals alles, was der zeitgenössischen Unterhaltung dienen konnte. Dazu gehörten das umgebaute, an die Erfordernisse eines breiteren Publikums angepasste Theater oder eine ortsansässige Druckerei, die 1894 das erste *Rügensche Kreis- und Anzeigenblatt* in täglicher

Stadtrundgang

Ein Rundgang durch die Stadt ist ein Spaziergang durch eine vergangene Epoche. Wie eine Filmkulisse wirken die weißen Häuser mit den Rosenbüschen entlang der Alleestraße. An den Gebäuden befinden sich Informationstafeln, die von der Geschichte der Erbauer, Bewohner und Gäste berichten.

A Circus – In der Mitte des Straßenrondells steht ein Obelisk mit der Krone des Fürsten Malte I. zu Putbus.

B Orangerie – 1818 wurde die Orangerie als Gewächshaus zur Überwinterung exotischer Pflanzen aus dem Schlosspark gebaut.

C Mausoleum – Das Mausoleum ist seit 1867 die letzte Ruhestätte der Fürstenfamilie zu Putbus.

D Pergola und Schlosspark – Die großzügigen Treppenaufgänge zur Pergola des einstigen Schlosses und die Markierungen des Grundrisses zeugen von der Großzügigkeit des einstigen Herrensitzes inmitten des Schlossparks, der nach den Vorbildern englischer Landschaftsparks angelegt worden ist.

E Marstall – Die alten Stallungen beherbergen ein Restaurant mit schönem Blick über den Schlosspark.

F Puppen- und Spielzeugmuseum – Fürst Maltes Frau galt als sehr tierlieb, und so kaufte er ihr auf der Pariser Weltausstellung einige Affen, für die er ein eigenes Gehege errichten ließ. Das ehemalige Affenhaus ist auch heute noch ein im wahrsten Sinne des Wortes verspielter Ort, denn darin befindet sich nun ein Puppen- und Spielzeugmuseum.

G Alte Schmiede – In der alten Schmiede informiert eine Ausstellung über »Das verschwundene Schloss«.

H Fasanenhaus – Der Tierliebe der Schlossherrin gewidmet, entstand dieses Gebäude 1837.

I Schlosskirche – Einst als Kursaal erbaut (1844–1846), ließ Fürst Wilhelm zu Putbus auf Drängen der Bevölkerung das Haus 1892 in eine Kirche umbauen.

J Historisches Uhren- und Musikgerätemuseum – Das Ticken der Uhren klingt wie eine Zeitreise in die Vergangenheit.

K Markt – In der Mitte des Platzes steht eine Säule zum Gedenken an im Krieg gefallene Söhne der Stadt.

L Theater – Das Schauspielhaus weist eine über 180-jährige Tradition auf und ist heute doch nur noch Gastspielort. In regelmäßigen Führungen kann man sich jedoch von der gelungenen Restauration (1992–1998) selbst überzeugen.

M Ehemaliges Pädagogium – Das einstige Gymnasium und Internat beherbergt heute das IT-College Putbus.

AUTORENTIPP!

WELT DER EXPERIMENTE
Man wird in der Ferienzeit keine bessere Möglichkeit finden, seinen Kindern Nachhilfe in naturwissenschaftlichen Fächern zu erteilen. Ein Tipp: Während der Nachwuchs damit beschäftigt ist, »stille Gewitter« zu erzeugen oder den Zielsuchkopf einer Rakete auszurichten, einfach schon mal auf die Erklärungsstafel spicken, um später mächtig Eindruck zu schinden. Wie es aussehen könnte, wenn die Kleinen mit dem erlernten Wissen über angewandte Physik ihr Heim auf den Kopf stellen, davon kann man sich gleich gegenüber einen Eindruck in dem Haus-über-Kopf machen. Wer seine Ferienunterkunft schonen und so nicht wieder an den Vermieter übergeben möchte, hat eine letzte Chance, sich die Kinder in der Pirateninsel, dem Hallenspielplatz Putbus, austoben zu lassen, in der Hoffnung, die Kleinen sind dann zu müde, um Schabernack mit dem Mobiliar zu treiben.

Museum Putbus,
Lauterbacher Str. 9a, 18581 Putbus,
lindow@oneworldcamp.de

Auflage herausbrachte. 1890 erhielt die Stadt Anschluss an die Eisenbahn nach Bergen und fünf Jahre später an die Schmalspurbahn nach Binz. Wegen dieser Kombination weist der Bahnhof eine Besonderheit auf. Auf dem gemeinsamen Abschnitt zwischen Putbus und dem Ortsteil Lauterbach verfügt der Schienenweg über ein Drei-Schienen-System, damit die Strecke für die normale und die Schmalspurbahn befahrbar war. Mit dem ausgehenden 19. Jh. kamen dann die Badeorte an der See bei der Oberschicht in Mode, sodass die Residenzstadt nie wirklich mit pulsierendem Leben erfüllt war. Auch heute noch wirken der Park, die Alleen, der Markt und der Circus von der perfekt anmutenden Architektur umrahmt wie eine künstliche und leere Kulisse. Putbus ist eben auf dem Papier entstanden, und quirlige Gassen mit Cafés, Kneipen und Restaurants, wie sie andernorts organisch gewachsen sind, wird man hier nicht finden.

Lauterbach

Mit der zunehmenden Beliebtheit von Putbus als Badeort ließ Malte I. 1817–1818 unter dem Namen Friedrich-Wilhelm-Bad knapp 3 Kilometer südlich, am Greifswalder Bodden im Ortsteil Lauterbach, durch den Berliner Architekten Steinmeyer ein Bad am Rande des Waldgebietes Goor erbauen. Der von 18 dorischen Säulen getragene Eingang

MAL EHRLICH

Dass Putbus als Stadt im Gemeinderegister geführt wird, liegt wohl am Einfluss des Fürsten – oder die Größe wurde in Relation zu anderen Orten gesetzt. Mit ca. 4500 Einwohnern würde man in einem Stadtteil mehr Einkaufsspaß vermuten. Zwar gibt es die Möglichkeit, sich mit dem Grundbedarf einzudecken, doch zum Shoppen fährt man besser nach Binz oder besser gleich nach Stralsund.

führte die Treppen hinauf zu Salons, Speisesälen und Bädern aus italienischem Mamor. Eine gediegene Atmosphäre für eine Oberschicht, die hier in Warm- und Kaltbädern oder Brunnenkuren nach Heilung und Erholung suchte.

Baden mit Anstand

Zuvor gab es im benachbarten Neuendorf lediglich Badekarren und Zelte. Geschützt vor den Blicken des männlichen Geschlechts, zogen sich die Damen in den Karren um und konnten dann, in tiefes Wasser gefahren, ganz ungeniert den Badefreuden frönen. Die Reihenfolge wurde von den behandelnden Ärzten festgelegt und von einem Bademeister sorgsam überwacht. Die Errichtung einer Landungsbrücke 1836 sorgte fortan für einen bequemen Ausstieg der Gäste aus Stralsund, Stettin und sogar aus Schweden, die zuvor mit Ruderbooten an Land übergesetzt werden mussten. 1840 findet Lauterbach mit sieben Häusern erste urkundliche Erwähnung in den historischen Aufzeichnungen.

Der Hafen

Erst 1902 wurde dann der Hafen fertiggestellt, über den noch heute viele Reisende auf Entdeckungsreise in den Bodden hinausfahren. Es folgte die Ansiedlung einiger kleiner Werften, die neben dem Fischfang einen bedeutenden Anteil an der Wirtschaftsstruktur hatten und noch haben. Von den weit über die Region hinaus bekannten Vilm-Yachten mit einer Länge zwischen 10 und 12 Metern, werden diese seit den Anfängen der Werft 1948 und dem Beginn des Sportbootbaus 1965 bis in die Niederlande, Skandinavien und die USA geliefert. Begonnen hatte es mit dem Bau von gedeckten Fischerbooten, die in erster Linie an das Fischkombinat in Sassnitz ausgeliefert wurden.

AUTORENTIPP!

UHREN- UND MUSIKGERÄTE-MUSEUM PUTBUS

Ein Besuch von Putbus ist wie eine Reise mit der Zeitmaschine. Da bietet sich ein Besuch im Uhren- und Instrumentenmuseum natürlich an. Bereits im Vorgarten des Hauses Nr. 3 in der Alleestraße erwartet den Besucher eine große Pendeluhr mit gläsernem Ziffernblatt und zwei Handwerkern, die auf einem Amboss die vollen Stunden erklingen lassen. Eine Führung durch die liebevoll eingerichteten Räume klärt den Besucher auf, wessen Salon, Kaminsims oder Wände einfacher Stuben von Handwerkern und Fischern diese filigranen Präzisionsmaschinen über drei Jahrhunderte geschmückt haben. Wer mag wohl zu den Klängen der vielen Spieluhren, Musikboxen und Grammofone mitgesummt oder das Tanzbein geschwungen haben?

Uhren- und Musikgerätemuseum.
Tägl. Mai–Okt. 10–18 Uhr,
sonst 11–16 Uhr, Alleestraße 13,
18581 Putbus, Tel. 03 83 01/6 09 88,
www.uhrenmuseum-putbus.de

Infos und Adressen

ESSEN UND TRINKEN

Jägerhütte. Traditionelle Küche. Ein bisschen düster und wer seinem Kind nicht erklären möchte, dass die süßen Rehe im Gehege gegenüber hier auf dem Teller landen, sollte nach einer Alternative Ausschau halten. Eher für Freunde rustikaler Jagdgesellschaften gemacht. Mo–Fr 11.30–14.30 Uhr, 17.30–20.30 Uhr, Sa/So 11.30–20.30 Uhr, Alleestr. 33, 18581 Putbus, Tel. 03 83 01/5 10, www.jaegerhuette.de

Nautilus. Man fühlt sich wie bei Kaptän Nemo an Bord. Die Einrichtung ist einmalig, auch wenn man keine Fotos machen darf. Vielleicht reicht es, den Blitz auszuschalten und der Bedienung nicht im Weg zu stehen. Deftige Speisen und Fisch. Tägl. ab 11.30, Dorfstr.17, 18581 Putbus, Tel. 03 83 01/83 0, info@ruegen-nautilus.de, www. nautilus-ruegen.de

Restaurant Rosenhof. Italienisches Restaurant mit Bestuhlung wie im Esszimmer des Fürsten. Juni–Sept. 10–22 Uhr, Okt–Mai auf Anfrage, Bahnhofstr.13, 18581 Putbus, www.restaurant-auf-ruegen.de

Hotel Koos in Putbus

BARS UND CAFÉS

Cafe Central. Kuchen und leichte Speisen. Apr.–Okt. Di–Sa 9–23 Uhr, So 9–18 Uhr, Okt.–März 10.30–15 Uhr,18–21 Uhr, Alleenstr. 9, 18581 Putbus, Tel. 03 83 01/8 81 22, www.cafecentral-putbus.de

Café Puppenmuseum. Sehr schmackhafter selbst gebackener Kuchen. Da ist auch mal was Außergewöhnliches dabei. Kastanieallee 1, 18581 Putbus, Tel. 03 83 01/6 09 59, www.puppenmuseum-putbus.de/

Orangerie. Helles, einfaches Bistro, Eisdiele und Café in toller Lage und mit schönem Ausblick auf den Schlosspark. April–Okt. 11–18 Uhr, Alleenstr.35, 18581 Putbus, Tel. 03 83 01/8 86 53, www. eiscafe-bistro-putbus.auf-ruegen.com

Rosencafé. Hier wohnte bereits die fürstliche Familie. Unserer Tage werden Kuchen aus der eigenen Konditorei und warme Gerichte internationaler Küche serviert. Mo–So 10.30–22 Uhr, Bahnhofstr. 1, 18581 Putbus, Tel. 03 83 01/88 72 90, www.rosencafe-putbus.de

ÜBERNACHTEN

Badehaus Goor. Luxuriöses Ambiente der alten Tage in modernem Gewand inkl. Beauty, Wellness und Restaurant. Lauterbach, Fürst-Malte-Allee 1, 18581 Putbus, Tel. 03 83 01/8 82 60, www.hotel-badehaus-goor.de

Hotel Koos. Gemütliche Zimmer und jede Menge Tiertrophäen im Gastraum. Bahnhofstr.9, 18581 Putbus, Tel. 03 83 01/2 78, www.hotel-auf-ruegen.de

Hotel Wreecher Hof. Zimmer und Ferienwohnungen im Landhausstil unter reetgedeckten Dächern. Kastanienallee, 18581 Putbus, Tel. 03 83 01/8 50, www.wreecher-hof.de

Restaurant am gleichnamigen Platz

Ulmenhof. Schön gelegen mit modern, aber gemütlich eingerichteten Zimmern, Suiten und Ferienwohnungen. Vilmnitz, Chausseestr.5, 18581 Putbus, Tel. 03 83 01/8 82 80, www.landhotel-ulmenhof.de

AKTIVITÄTEN

Alte Schmiede. Ausstellung »Das verschwundene Schloss«, im Schlosspark neben dem Marstall, 18581 Putbus, Mai–Okt. tägl. 11–17 Uhr, Tel. 03 83 01/89 83 36

Haus-Kopf-Über. Die Welt auf den Kopf gestellt. Nov.–März 12–16 Uhr, April–Okt. 10–19 Uhr, Lauterbacher Str.10, 18581 Putbus, Tel. 03 83 01/89 83 66, www.pirateninsel-ruegen.de

Historisches Uhren- und Musikgerätemuseum. Tägl. Mai–Okt. 10–18 Uhr, außerhalb der Saison 11–16 Uhr, Allestraße 13, 18581 Putbus, Tel. 038301 60959, www.uhrenmuseum-putbus.de

Pirateninsel Rügen. Auf diesem Indoorspielplatz können sich die Kids mal richtig austoben. Trampoline, Wabbelberg, kleines Fußballfeld und Elektrogokarts. Mo–Fr 13–19 Uhr, Sa/So 10–19 Uhr, Lauterbacher Str.10, 18581 Putbus, Tel. 03 83 01/8 83 66, www.pirateninsel-ruegen.de

Theater Putbus. In dem schönen historischen Theater finden Gastspiele des Theaters Vorpommern statt, also kein durchgängiges Programm. Mitte Jan.–Mitte Feb. geschlossen, kostenlose Führungen (ca.45 Min.) des Fördervereins mehrmals in der Woche, Markt 13, 18581 Putbus, Tel. 03 83 01/80 80, www.theater-putbus.de

WASSERSPORT

Im jaich. Eine umfangreiche Wassersportanlage mit Hafen, Hotels, Gastronomie und Häusern auf dem Wasser. Ein schöner Ausgangspunkt für Fahrten in die Ostsee oder den Bodden. Am Yachthafen, Lauterbach, 18581 Putbus, Tel. 0 83 01/80 90, www.im-jaich.de

INFORMATION

Putbus-Information. In der Orangerie. Mai–Okt. tägl. 10–17 Uhr, Nov.–April Di–Sa 10–17 Uhr, Alleenstr.35, 18581 Putbus, Tel. 03 83 01/8 86 53, Tel. 03 83 01/4 31, www.putbus.de

Rügen Besucher Service. Alleenstr.7, 18581 Putbus, Tel. 03 83 01/6 05 13, www.ruegen-besucher-service.de

Eine ganz neue Erfahrung für Besuche: das umgekippte Haus

Mitte: Lauterbach: der Hafen von Putbus
Unten: Hier starten die Rundfahrten um die Insel Vilm.

34 Insel Vilm

Maler, Mönche, Minister

Es ist, als beträte man eine andere Welt, gestrandet wie ein Schiffbrüchiger auf einer einsamen Insel. Knorrige Überreste angespülter oder vom Kliff gestürzter Bäume am Strand, behangen mit getrocknetem Seegras und mit Moos bewachsen, bieten ein bizarres und doch wunderschönes Bild, wie es nur die Natur schaffen kann, wenn man ihr Ruhe und Frieden gönnt.

Als Teil des Biosphärenreservates Südost-Rügen besitzt die knapp ein Quadratkilometer große Insel Vilm einen besonders strengen Schutzstatus. Die kleine Barkasse »Julchen« ist von Lauterbach die einzige Verbindung zu dem Kleinod der Stille und bringt für zwei bis drei Stunden täglich maximal 30 Naturbegeisterte in Begleitung eines Führers auf die Insel. Das war mal anders. Bereits seit Beginn des letzten Jahrhunderts strömten Hunderte von Besuchern auf die Insel, um im Schatten der Bäume zu picknicken, zu baden und zu malen. Auf dem von Gletschern vor 10 000 Jahren abgelagerten Geröll stehen alte knorrige Buchen und Eichen, deren Füße von Farnen und seltenen Blütenpflanzen gesäumt sind. Der Baumbestand war seit jeher ein begehrter Rohstoff, und doch finden sich hier einige Exemplare, die die letzten Rodungsarbeiten 1527 überlebten.

Die geheimnisvolle Insel

Bereits 1959 wurde das Inselchen zum Naturschutzgebiet erklärt und das Betreten verboten. Eine perfekte Tarnung, denn hier haben die Mitglieder des Ministerrates der DDR, abgeschottet von der

Öffentlichkeit, ihren Urlaub verbracht und für ein Image sorgte, von Geheimnissen umwoben. Denn waren die »Herren« zugegen, wurde die Insel schwer bewacht. Wie sich zeigen sollte, nicht nur zum Vorteil der hohen Herrschaften, sondern auch zu dem der Natur. Die Insel verwilderte, und was andernorts als Renaturierungsmaßnahme Millionen verschlingt, haben Flora und Fauna hier von ganz allein geschafft. Die Frage, warum die einsame Insel nun gerade Naturschützern als Tagungsstätte dient, mag ja ein wenig frevlerisch sein, erklärt aber die Solaranlagen, deren technisches Äußere den Gesamteindruck ein wenig trübt, während sich die reetgedeckten Häuser perfekt in das Landschaftsbild einfügen. Ein Biosphärenreservat eben. Und der konspirative Charakter der ehemaligen Feriensiedlung bleibt auch erhalten.

Der Blick von See

Genauso schön wie die Insel zu betreten und in die Fußstapfen von Malern, Mönchen und Ministern zu treten, ist es, mit einem Charter-Segler oder Ausflugsboot einfach nur die Küste entlangzufahren. Der Blick durch das Fernglas zeigt nur geheimnisvolle Natur. Keine Menschen, keine Autos, keine Hotels säumen die bis heute einem stetigen Wechsel von Abtragung und Landbildung unterliegenden Küsten. Man hat das Gefühl, vor einer unbekannten Insel zu kreuzen und beginnt zu verstehen, wie sich die großen Entdecker oder der Bundesnachrichtendienst gefühlt haben müssen, bevor sie fremdes und unerforschtes Land betreten haben. Die durften das oder haben es einfach getan. Doch die Wächter sind auch heute noch vor Ort. Nicht bewaffnet und außer für Fische ungefährlich. Manchmal entdeckt man sie zwischen den Wellen, wenn sie den Kopf aus dem Wasser strecken und genau beäugen, wer denn dort in ihr Revier eindringt: Robben.

Infos und Adressen

INFORMATION

Fahrgastreederei Lenz. Überfahrt und geführte Wanderungen über die Insel. Rechtzeitige Anmeldungen sind ratsam, da die Teilnehmerzahl begrenzt ist. Tel. 03 83 01/6 18 96, fgr.lenz@t-online.de, www.vilmexkursion.de

Weiße Flotte. Rund um die Insel Vilm ab Hafen Lauterbach, Tel. 0 38 31/26 81 38, www.weisse-flotte.com/

Fahrgastreederei Lenz & Co. KG. Am Hafen, 18581 Putbus, Tel. 03 83 01/6 18 96 oder Tel. 03 83 01/6 18 74, fgr.lenz@t-online.de, www.fahrgastreederei-lenz.de/

Möwe vor »Landefeuer«

Mitte: Ein Traum für Pferdenarren
Unten: Sattelkammer des Reiterhofes Viervitz

35 Viervitz – Reiterhof
Mit Black Beauty über Rügen reiten

Auf Rügen machen sogar die Pferde Urlaub. Über die gesamte Insel verteilt gibt es Reiterhöfe für jeden Anspruch und jede Altersgruppe. Traumhafte Möglichkeiten für Ausritte über Wiesen, durch Wälder, am Strand und gelegentlich auch durchs Wasser. Man munkelt, der »Rasende Roland« sei schon einmal von Bandidas überfallen worden. Und wo es die gibt, da findet man sogar Einhörner. Sagt man.

Das wäre bestimmt eine weitere sensationelle Attraktion für die Insel Rügen, gäbe es neben all den Sagen, dem Seemannsgarn und Anglerlatein auch noch echte Fabelwesen zu bestaunen. Doch tatsächlich steht das Einhorn Pate für die gleichnamige Reitschule. Aber man weiß ja nie. Über die gesamte Insel verteilt können Menschen aller Altersklassen verschiedene Disziplinen auf dem Rücken der Vierbeiner erlernen oder verfeinern. Die Angebotspalette reicht von ersten Annäherungsversuchen an die Tiere aus Fleisch und Blut und das Vertrautmachen mit Sattel und Zaumzeug am hölzernen Modell, Voltigierkursen, gemeinschaftlichen Ausritten bis hin zu Vorbereitungslehrgängen für Reitabzeichen, Berittführerlehrgängen und Fahrunterricht für Kutschen.

Pferdehotel

Wer seinen eigenen Zossen mit auf die Insel bringen möchte, findet auf Rügen verschiedene Unterstellmöglichkeiten. Einige Reiterhöfe bieten von einem Pensionsbetrieb über Ferienwohnungen bis hin zur Übernachtung im Vierzimmerappartement im Guts-

haus alles an. Wer einen Hotelaufenthalt bevorzugt, findet auch Gastboxen und Abstellplätze für den Pferdeanhänger, eine Reithalle, Weide- und Paddockmöglichkeiten. Da kann sich dann auch der geliebte Vierbeiner mal so richtig im frischen Inselklima austoben. Das Ganze gibt es auch kombiniert mit einem Aufenthalt auf einem Erlebnisbauernhof. Da kommt dann insbesondere der Reitnachwuchs auf seine Kosten. Den kann man zeitweise auch bei Pippi Langstrumpf in der Villa Kunterbunt im Feriencamp oder als Tagesgast unterbringen. Da Pippi bekanntlich sehr kreativ war, werden hier schon einmal Pferde angemalt, und für fantasievolle Abwechslung sorgen Nachtwanderungen oder Ausfahrten mit dem Kanu und in einen Kletterwald.

Oben: Kutschfahrt über Land
Unten: Reitunterricht für alle Altersgruppen

Jesse James auf Rügen

Den Hut tief in das Gesicht gezogen, das Gesicht verhüllt mit einem Tuch, prescht die Gruppe Bandidas parallel zum Schienenweg des »Rasenden Rolands« über Stock und Stein. Nach wenigen 100 Metern holen sie den Zug schließlich ein, zwingen den Lockführer zu halten und die Passa-

AUTORENTIPP!

WIE DIE INDIANER
Eine traditionelle Variante des Jagdreitens ist das berittene Bogenschießen. Einmal im Jahr bietet der Ferienhof Birkengrund in Sassnitz das Training mit Pfeil und Bogen für Kinder und Jugendliche an. Voraussetzung ist natürlich, dass man bereits sicher auf dem Pferd ist, da unter Aufsicht eines erfahrenen Ausbilders der freihändige Galopp geübt wird. Parallel erlernt man das sogenannte intuitive Bogenschießen. Das bedeutet, dass wie bei den Indianern oder alten Wikingern ohne Zieleinrichtung das Ziel anvisiert wird und man sich nur auf ein gutes Auge verlässt. Am Ende des 7-tägigen Kurses wird dann beides miteinander kombinieren, sodass man aus dem Galopp heraus mit dem Bogen schießen und den Bandidas Konkurrenz beim Überfallen des »Rasenden Rolands« machen kann. Geronimo!

Ein Stück Zucker stärkt die Freundschaft.

giere auszusteigen. Was von den jungen Frauen 2010 als ein perfekt inszeniertes Schauspiel gedacht war und mit den Störtebeker-Festspielen durchaus mithalten konnte, findet zwar nicht unter Beteiligung von Inselgästen statt, kann aber auf einigen Reiterhöfen auf Western-Reit-Lehrgängen geübt werden. Wer sich dann doch entscheidet, lieber auf dem Pfad der Tugend zu reiten, für den bietet der Tourismusverband Mecklenburg-Vorpommern Routenvorschläge für weniger aufregende und ganz legale Ausritte an. Wer sich an die Reitwege hält und zwischendurch keine Bank ausraubt, sollte dann nicht in Konflikt mit den Sheriffs der Insel geraten.

Alte Traditionen

Bei traditionellen Schleppjagden haben es die Teilnehmer nicht auf den Goldschmuck von Zugpassagieren abgesehen. Im 17. und 18. Jh. war dies ein Sport, der im Umfeld des Adels zelebriert wurde. Dabei machte man nicht nur Gebrauch vom Jagdrecht auf das heimische Wild, sondern blies zu einem gesellschaftlichen Ereignis im erlauchten Kreise. Hetzte man einst mit Pferd und Hund lebendiges Wild, müssen die Hunde heutzutage die Fährte eines sogenannten Schleppenlegers aufspüren, der Fuchslosung im Gelände verteilt. Es ist schon ein interessanter Anblick, wenn die Hundemeute auf das Zeichen des Hundeführers losjagt und eine Horde von Reitern durch das Gelände prescht.

Füchse, Hasen, Umweltschützer und Tierliebhaber müssen sich keine Sorgen machen, sich blutige Nasen zu holen. Rot sind hier nur die Wangen der Reiter im Herbst, wenn sie im vollen Galopp über Feldwege und Stoppelfelder jagen, die Röcke erfahrener Jagdleiter und die Zungen der Hundemeute. Da lässt sich auch gerne mal die Prominenz blicken.

Infos und Adressen

INFORMATION

Hof Viervitz. Viervitz 3a, 18528 Zirkow auf Rügen, Tel. 03 83 93/1 45 50, hof-viervitz@web.de, www.hof-viervitz.de

WEITERE REITERHÖFE AUF RÜGEN

Reiterhof Schmoock. Geführte Ausritte, Stil: nur Western, Ponyreiten für Kinder, Ferienwohnungen, Gastboxen, Altensien 14, 18586 Sellin, Tel. 03 83 03/8 79 39

Pferdehof Altkamp. Geführte Ausritte, Reitstunden, Ausbildung,Longenunterricht, Stil: nur Englisch, Ponyreiten für Kinder, Gastboxen, Pferdepension, Ferienwohnungen, Dorfstraße 3, 18581 Altkamp, Tel. 03 83 01/6 17 30, info@pferdehof-altkamp.de, www.pferdehof-altkamp.de

Reiterhof Pisch. Geführte Ausritte, Reitstunden, Longenunterricht, Stil: Western & Englisch, Ponyreiten für Kinder, Gastboxen, Pferdepension, Pferderassen: Shetlandpony, Ausritte zum Strand, Quarterhorse, Warmblut, Ferienwohnungen Tel. 03 83 08/23 70, lindenhof@ruegentypisch.de, www.ruegentypisch.de

Die richtige Haltung ist die Grundlage.

Übungseinheiten auf dem Trainingsplatz

Appaloosazucht und Reitbetrieb. Geführte Ausritte, Reitstunden, Longenunterricht, Stil: nur Western, Ponyreiten für Kinder, Gastboxen, Pferdepension, Pferderassen: Appaloosa, Quarterhorse, Ferienwohnungen, Tagesausritt inkl. Verpflegung, Stadthof 2, 18528 Bergen, Tel. 0 38 38/31 59 28 info@westernreiten-ruegen.de, www.westernreiten-ruegen.de

Reittouristik H. Thomsen. Geführte Ausritte, Reitstunden, Longenunterricht, Stil: nur Englisch, Ponyreiten für Kinder, Gastboxen, Pferdepension, Pferderassen: Haflinger, Tel. 0 38 38/31 36 08, info@reitspass-ruegen.de, www.reitspass-ruegen.de,

Wittower-Heide-Hof. Geführte Ausritte, Reitstunde, Longenunterricht, Stil: Gangpferdereiten, Ponyreiten für Kinder, Gastboxen, Pferdepension, Pferderassen: Islandpferde, Ferienwohnungen, Strandausritt Okt.–April, Alt Glowe 118d, 18551 Glowe auf Rügen, Tel. 03 83 02/5 34 66, mail@wittower-heide-hof.de, www.wittower-heide-hof.de/

Weitere Angebote unter:
www.ruegenurlaub.de/insel-ruegen/freizeit/reiten-auf-ruegen.html

HIDDENSEE

Vorangehende Doppelseite: Der Strand bei Vitte auf Hiddensee
Oben: Fischerboote im Hafen von Vitte

36 Vitte

Klein und beschaulich

Vitte ist so klein und abgeschieden vom Rest der Republik gelegen, dass es nicht einmal eine eigene Internetseite, geschweige denn einen eigenen Eintrag in einem bekannten Online-Lexikon besitzt. Keine Autos, keine Flieger, einfach genau der richtige Ort, um einen ruhigen, entspannten Urlaub zu verbringen. Zum Eremiten-Leben reicht es dann doch nicht. Es gibt Restaurants, kleine Geschäfte und einen Fährbetrieb, der Fluchten in die Zivilisation ermöglicht.

Das ist wohl auch der Grund, warum es Seebad Hiddensee heißt und die kleinen Siedlungen wie Vitte als Ortsteile geführt werden. Mit gut 1000 Einwohnern, verteilt auf 19 Quadratkilometer, ist die Insel kleiner als mancher Ortsteil in Hamburg. Dafür aber mit Sicherheit dünner besiedelt. Doch immerhin, Vitte ist der Hauptsitz der Inselverwaltung und besitzt eine lange Tradition als Heringshandelsplatz. Der Name leitet sich von dem slawischen Wort *Vit* ab, das ebendiese Handelsplätze bezeichnet, die im 13. Jh. überall an der Ostseeküste verteilt lagen. 1513 wurde der Ort erstmals urkundlich erwähnt.

Auf den zweiten Blick

Wenn sich in der Hauptsaison die Besucherströme erst einmal auf der Insel verteilt haben, beginnt die Zeit, in der man die klare Seeluft einatmet, sich mit dem Fahrrad oder zu Fuß auf den Weg macht und die Insel entdeckt. Vitte mit dem Strand im Westen, den Heidelandschaften im Süden und den Boddengewässern und Schilfgürteln im Osten

Spaziergang durch Vitte

Die Besiedlung des Reihendorfes folgt einer mehr oder weniger geraden Nord-Süd-Achse. Die Orientierung ist einfach. Vom Hafen kommend, folgt man dem Wallweg vorbei an der Bühne Hiddensee bis zu einer Kreuzung. Nun kann man sich entscheiden. Links folgt man der Straße Süderende, rechts der Straße Norderende. Der Spaziergang führt uns allerdings zunächst nach Norden.

Gemütliche Restaurants gibt es hier viele.

A Seebühne Hiddensee – Große Namen im kleinen Theater. In der Sommersaison ein kulturelles Muss.

B Blaue Scheune – Ein Fischer wäre wohl nie auf die Idee gekommen, sein Haus blau zu streichen. Aber Hiddensee ist eben eine Künstlerkolonie. Die Künstlerin Henni Lehmann (1862–1937) gründete hier zum Missfallen von Gerhart Hauptmann den Hiddenseer Künstlerinnenbund. Dass Frauen gehobener Gesellschaftsschichten malten, war nichts Ungewöhnliches. Doch sich zu organisieren und dem Trend folgend, die Natur als Anregung für eigene Werke zu nutzen und auch noch Geld damit zu verdienen, war neu.

C Vitter Windmühle – Biegt man an der nächsten Kreuzung links ab, gelangt man zum Strand. Linker Hand befindet sich eine der zwei Mühlen, die einst auf Hiddensee das Korn gemahlen haben. Das letzte Mal allerdings Ende des Zweiten Weltkrieges, als die Ladung eines gestrandeten Schiffes zu Mehl verarbeitet wurde. Heute steht die Mühle unter Denkmalschutz. Auch ohne Flügel.

D Zeltkino – Rechter Hand, gleich hinter dem Abzweig, liegt ein wenig abseits der Straße das ehemalige Inselkino. Diese Zelte waren früher eine echte Institution und sorgten zu DDR-Zeiten für abendliche Unterhaltung.

E Nationalpark-Haus – Das reetgedeckte Nationalpark-Haus beherbergt eine kleine Ausstellung, die über die Entstehung und Besonderheiten der Insel Hiddensee und des Nationalparks Vorpommersche Boddenlandschaft informiert. Gleich dahinter befindet sich ein Naturlehrpfad.

F Asta-Nielsen-Haus – In dem aufgrund seiner Bauform auch »Karusell« genannten Gebäude wohnte in den Sommermonaten die Anfang des 20 Jh. berühmte Stummfilm-Schauspielerin und gebürtige Dänin Asta Nielsen (1881–1972).

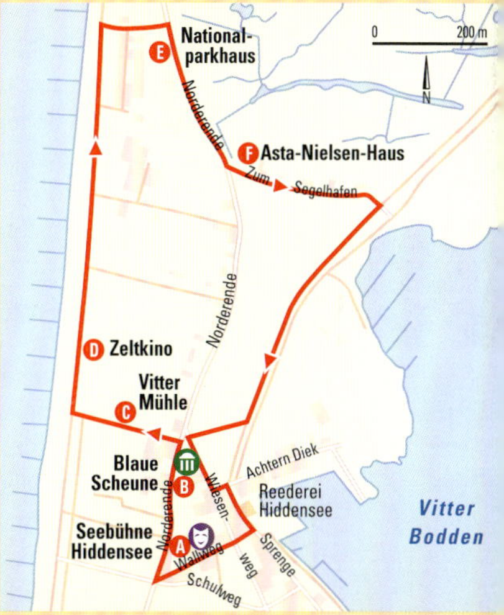

AUTORENTIPP!

TAXI, BITTE

Wer sich vom Beginn seiner Reise an nach Ruhe und Entspannung sehnt und Hiddensee nur aus diesem Grund als Reiseziel auserkoren hat, dem sei empfohlen, eines der Wassertaxen zu nutzen. Die sind zwar ein wenig teurer, doch trotz höherer Reisegeschwindigkeit erheblich relaxter. Bereits sieben Personen reichen aus, um nicht gleich das ganze Boot mieten zu müssen. Es geht zwar erheblich schneller voran, doch der Blick auf die Insel ist gleichwohl prachtvoll. Und ehe man sich mit einem Handkarren abmüht, sein Gepäck in das Hotel zu schleppen, ist es einfacher und mit Sicherheit unterhaltsamer, mit einer der Kutschen die Fahrt zur Unterkunft anzutreten. Neben Pferdeäpfeln sind die Insiderinformationen und Geschichten der Kutscher eine kostenlose Zugabe. Vorausgesetzt natürlich, die Nordländer sind in Plauderlaune.

Hiddenseer Taxiring. Achtern Diek 4, 18565 Vitte, Tel. 03 83 00/2 10, www.reederei-hiddensee.de

ist der ideale Ausgangspunkt für eine Wanderung. Der Ort selbst hat kaum kulturell Sehenswertes zu bieten. Lediglich am südlichen Ortsrand befinden sich noch einige alte Katen. Naturkundlich Interessierte steuern zunächst das Nationalpark-Haus an, um sich dort mit den natürlichen Gegebenheiten der Region vertraut zu machen. Denn dann fällt es wesentlich leichter, die Einmaligkeit dieser Region zu entdecken. Wer dies auch auf den zweiten Blick nicht schafft und zu würdigen weiß, der wird wohl auch nicht wiederkommen, sagt man auf Hiddensee.

Kunst am Bau

Zwei in Privathand befindliche Gebäude ziehen die Aufmerksamkeit des Betrachters besonders auf sich. Nach den Plänen des Architekten Max Traut (1884–1967) entstand das sogenannte »Karusell« am nördlichen Ortsrand und das Haus mit dem schiefen Dach direkt nebenan. Ansonsten sind es eher die kleinen Details wie der aus Holz geschnitzte Eisbär oder die Skulpturen auf dem Spielplatz, die einen dazu verleiten, allzu unvorsichtig die einer Fahrradautobahn ähnelnden »Betonpisten« zu betreten und damit den Unmut von Radlern auf sich zu ziehen. Nichts wie weg, ab zum Strand oder in die Heide. Sonst wird das nichts mit der einsamen Glücksseligkeit auf der Insel Hiddensee.

Tradition an der Hauswand

An einigen Häusern findet man neben einer Hausnummer noch runenartige Symbole. Jede Familie besaß ihr eigenes, oft nur sehr fein differenziertes Zeichen, das sie an die Kinder weitergab. Wenn diese ihr eigenes Haus bauten, ergänzten sie es um einen einzelnen Strich. Diese Tradition wird bis heute auf ganz Hiddensee gepflegt.

Infos und Adressen

ESSEN UND TRINKEN

BühneXI. So stellt man sich eine gemütliche Kneipe an der See vor. Rustikale Tische, Fischgerichte, Fleisch vom Grill und Eis auf der Außenterrasse, Norderende 104, 18565 Vitte, Tel. 03 83 00/2 99, www.hiddensee-buhne11.de

ÜBERNACHTEN

Haus Mühlenstein Süd. Sehr gemütliche Ferienwohnungen im Landhausstil unter reetgedeckten Dächern moderner und nach ökologischen Gesichtspunkten errichteter Häuser. Immer schön ein Kaminofen. Wiesenweg 64b, 18565 Vitte, Tel. 03 83 00/6 66 20, www.traumhaus-hiddensee.de

Hotel Godewind. Sehr schön eingerichtetes und gemütliches Hotel. Auch in der Bar und im Restaurant wird der angenehme Stil weitergeführt und sorgt für Gemütlichkeit. Süderende 53, 18565 Vitte, Tel. 03 83 00/66 00, www.hotelgodewind.de

Inselhaus Hiddensee. Nichtraucher-Ferienwohnungen in großzügigem modernen Landhausstil mit Swimmingpool, Sauna und Solarium. Nicht ganz billig und Extrakosten für Saunabereich, Haustier und Aufbettung bremsen die Begeisterung. Klingt dann doch eher nach Sylt. Hat aber auch das Niveau. Süderende 185, 18565 Vitte, Tel. 03 83 00/6 66 20

EINKAUFEN

Buchladen Koralle. Eine gute Auswahl gegen Langeweile, Mai–Sept.tägl.10–18 Uhr, Norderende 202, 18565 Vitte, Tel. 03 83 00/2 18

Ingos Bernsteinwerkstatt Vitte. Hier kann man seine Fundstücke verabeiten lassen oder selbst an einem Kurs teilnehmen. Mai–Okt. Mo–Fr 10–13 Uhr, 14.30–18 Uhr, Norderende 142, 18565 Vitte, Tel. 03 83 00/6 07 30, www.bernsteinwerkstatt-vitte.de

AKTIVITÄTEN

Blaue Scheune. Nur von außen zu besichtigen, Norderende 170, 18565 Vitte

Fuhrmannshof&Fahrradverleih. Das Hiddenseer 1-PS-Taxi. Süderende 4, 18565 Vitte, Tel. 03 83 00/6 80 15, www.pferdundfahrrad.de

Henni-Lehmann-Haus. Sieht zwar aus wie die klassische Zahnarztvilla aus den 80ern, beherbergt aber eine kleine gemütliche Bibliothek. Mai–Juni Mo–Fr 15–18 Uhr, Juli–Aug. Mo–Fr 14–18 Uhr, Wiesenweg 2, 18565 Vitte, www.seebad-hiddensee.de

Karusel. Astra-Nielsen-Haus. Zum Segelhafen 7, 18565 Vitte

Seebühne. Bretter, die die Welt bedeuten, Mai–Sept., Wallweg 2, 18565 Vitte, Tel. 03 83 00/ 6 05 93, www.hiddenseebbuehne.de

Weiße Flotte. Ausflugsschiffe, die Hiddensee ansteuern, Achtern Diek 4, 18565 Vitte, Tel. 03 83 00/2 10, www.reederei-hiddenseee.de

Zeltkino. Klassisches Sommerzeltkino mit Klassikern der Filmgeschichte, Achtern Diek 21 (Nähe Hafen), 18565 Vitte, Tel. 03 83 00/6 06 74, www.comedy-filmzeltival-hiddensee.de

WASSERSPORT

Surf und Segeln Hiddensee. In »chilligem« Beach-Camp-Ambiente werden Windsurf-, katamaran-, Jollesegel-, Stand-up-Paddling- und Kinderkurse angeboten. In den Dünen 68, 18565 Vitte, Tel. 01 70/4 69 82 11

INFORMATION

Fremdenverkehrsamt Vitte.
Norderende 162, 18565 Vitte,
Tel. 03 83 00/64 20,
www.seebad-hiddensee.de

Mitte: Das Asta-Nielsen-Haus
Unten: Innen erinnern Fotos an die Schauspielerin.

37 Das Asta-Nielsen-Haus in Vitte

Eine märchenhafte Karriere

Greta Garbo (1905-1990) sagte über Asta Nielsen: »In der darstellerischen Interpretation sowie in der Ausdrucks- und Wandlungsfähigkeit bin ich im Gegensatz zu ihr ein Nichts.« Asta Nielsen ahnte zu diesem Zeitpunkt wohl noch nichts von der märchenhaften Karriere, die den Rest ihres Lebens erfüllen sollte. Grund genug, sich mit einer Frau auseinanderzusetzen, die viele Jahre auf Hiddensee ihre Sommerferien verbrachte.

Asta Nielsen wurde 1881 in Kopenhagen als zweites Kind von Ida Frederike Nielsen und Jens Christian Nielsen in sehr bescheidenen Verhältnissen geboren. Nachdem ihr Vater 1895, im selben Jahr, als Nielsen die Schule mit 14 Jahren verließ, starb, musste die junge Frau von nun an zum Unterhalt der ganzen Familie beitragen. Gegen den Widerstand der Mutter trat sie 1902 ihre erste feste Stelle am Dagmar-Theater in Kopenhagen an. Zu diesem Zeitpunkt war bereits ihre uneheliche Tochter Jesta geboren.

Die erste europäische Filmdiva

1910 heiratete Asta Nielsen den Bühnenbildner Urban Gad. Im selben Jahr hatte ihr Debütfilm *Afgrunden* Premiere, der ein großer Erfolg wurde und sie zur Diva des europäischen Films machte. Bis dahin hatte sie nie eine Hauptrolle gespielt. Von 1911 bis 1915 drehte sie zusammen mit ihrem Ehemann 25 Filme für die Deutsche Bioscop. Asta Nielsen und ihr Mann trennten sich 1915. Auch wenn die beiden Filme wie am Fließband produzierten, erlangte sie nie den Ruhm, den sie sich erhofft haben mochte. Doch sie war eine selbstbewusste Frau, gründete ihre eigene Produktionsfirma und verfilmte ihre Biografie, in der sie selbst die Hauptrolle spielte. In ihren zumeist tragischen Rollen war sie zum Vorbild vieler Künstlerinnen geworden, und ihr Haus auf Hiddensee ist bis heute ein Treffpunkt für die Kunstszene geblieben. Während der Asta-Nielsen-Wochen finden auf der ganzen Insel Veranstaltungen statt, die sich mit ihrem Leben und Werk auseinandersetzen. Zu ihren Freunden gehörte auch Joachim Ringelnatz (1883–1934). Das Leben auf der Insel, das Haus und die außergewöhnliche Frau fanden einen Platz in seinem Gedicht *Insel Hiddensee*.

Nirgendwo ist man so frei

Ihr Sommerhaus mit den runden Ecken in Vitte wurde von dem Berliner Architekten Max Traut entworfen. Sie gab ihm den Namen »Karusel«, beschwingt, wie Asta Nielsen das Leben auf Hiddensee empfand: »Nirgends ist man so jung, so froh und so frei wie auf dieser schönen Insel.« Mit der Machtergreifung der Nationalsozialisten verließ Asta Nielsen Hiddensee, das Haus und das Land. 1939 zog sie sich aus dem Filmgeschäft zurück. Einige Selbstbildnisse sind aus alten Filmkostümen entstanden. 1946 veröffentlichte die einstige Stummfilmdiva ihre Memoiren unter dem Titel *Die schweigende Muse*. 1970 heiratete sie im stolzen Alter von 88 Jahren den dänischen Kunsthändler Christian Theede. Zwei Jahre später starb Asta Nielsen, acht Jahre nach dem tragischen Tod ihrer Tochter an den Folgen eines Unfalls. Sie war an über 70 Filmen beteiligt und prägt bis heute das künstlerische Leben auf der Insel Hiddensee. Jedes Jahr, in der Woche ihres Geburtstages, dem 11. September, wird mit Veranstaltungen im Heimatmuseum, im Zeltkino und auf der Seebühne an sie erinnert.

Oben: Die ungewöhnliche Form macht das Haus so interessant.
Mitte: Asta Nielsen erinnerte es an ein Karussell.
Unten: Blumen im Vorgarten

38 Das Gerhart-Hauptmann-Haus in Kloster

Bürger oder Träumer?

Mit dem Bild »Der arme Poet« von Carl Spitzweg (1808–1885) hat die Sommerresidenz des Dramatikers Gerhart Hauptmann nur wenig zu tun. Inmitten seines Arbeitszimmers steht ein schwerer Schreibtisch, gerahmt von einem Bücherregal, in dem der Nobelpreis für Literatur, den er 1912 erhalten hat, steht. Der Schreibtischstuhl scheint hingegen derart unbequem, dass es einen nicht wundert, dass er als einer der bedeutendsten deutschen Dramatiker in die Literaturgeschichte einging.

Mitte: Das Haus von Gerhart Hauptmann
Unten: Das Schlafzimmer

Gerhart Hauptmann wurde 1862 im schlesischen Ober Salzbrunn als Sohn der Gastwirte Marie und Robert Hauptmann geboren. Eine Lungenkrankheit war es, die ihn von jeher von seinen Freunden und Spielkameraden unterschied und die es ihm schwer machte, sich dem sozialen Gefüge der von den preußischen Idealen geprägten Schulen zu unterwerfen und sich nicht seine eigenen Gedanken »zu Gott und der Welt« zu machen. So scheiterte auch der Versuch, einen landwirtschaftlichen Beruf zu erlernen, genauso wie er Schwierigkeiten hatte, an der Königlichen Kunst- und Gewerbeschule in einer Bildhauerklasse zurechtzukommen. Nachdem er diese 1882 ohne Abschluss verlassen hatte, blieben seine Versuche, Literaturgeschichte an der Universität Jena oder Geschichte an der Universität Berlin zu studieren, ebenso unvollendet.

Reich eingeheiratet

Zur Hochzeit seines Bruders führte Hauptmann nicht nur sein erstes Bühnenstück öffentlich auf,

hier lernte er auch seine zukünftige Frau kennen, die er nach einer heimlichen Verlobung 1885 heiratete. Marie Thienemann, Tochter eines wohlhabenden Dresdner Wollgroßhändlers, finanzierte Hauptmann fortan seine künstlerischen Ambitionen. Dazu gehörte der erfolglose Versuch, sich als Bildhauer in Rom niederzulassen ebenso wie das Geschichtsstudium in Berlin, das er nie beendet hat. Es mutet schon ein wenig seltsam an, dass Hauptmann es mit seinem wohl bekanntesten Drama *Die Weber* in, wie man heute sagen würde, die Bestsellerlisten schaffte. Ob Kaiser Wilhelm II. die Widersprüchlichkeit in Hauptmanns Verlangen nach einem bürgerlichen Leben und dem Wunsch aus der Masse auszubrechen bei der Premiere 1894 im Deutschen Theater oder, wie einige Literaturkritiker behaupten, den Aufruf zur Revolution in dem Bühnenstück erkannte? Er kündigte jedenfalls anschließend aus Protest seinen Logenplatz. Auf ihrer Hochzeitsreise kamen Hauptmann und seine Frau zum ersten Mal nach Hiddensee. Ende des 19., Anfang des 20. Jh. war die Insel zu einem Treffpunkt illustrer Gäste wie Thomas Mann, Joachim Ringelnatz oder Sigmund Freud geworden. 1930 kaufte Hauptmann das Haus Seedorn schließlich als Sommerdomizil und ließ es umfangreich nach seinen Vorstellungen umbauen. Gebäude und Inventar sind im Originalzustand erhalten, bis hin zu den auf die Wand seines Schlafzimmers gekritzelten Gedanken, die den Dichter und Literaten des Nachts wachhielten. Andere haben für so etwas

Oben: Das Arbeitszimmer des Nobelpreisträgers
Mitte: Das neue Eingangsportal
Unten: Das historische Ambiente kann man selbst auf sich wirken lassen.

AUTORENTIPP!

MENSCH HAUPTMANN
Es ist lohnenswert, sich einmal genauer mit Gerhart Hauptmann auseinanderzusetzen, wo man seinem Namen doch ständig auf Veranstaltungen, in Museen und bei Lesungen begegnet. Er gilt als einer der bedeutendsten Vertreter des Naturalismus, einer Strömung in der deutschen Literatur, die auf exakter Naturbeobachtung beruht. Aus Sicht eines Naturwissenschaftlers münden die aber in Erkenntnissen wie die der Evolutionstheorie von Charles Darwin. Abschließende oder abgeleitete Schlussfolgerungen scheinen Hauptmann in seinem Leben allerdings verwehrt geblieben zu sein. Eine der umfangreichsten Biografien ist die von Peter Sprengel, Professor für Neuere deutsche Literatur an der Freien Universität Berlin, *Bürgerlichkeit und großer Traum*. Vielleicht hilft das Buch, sich eine eigene Meinung zu bilden und die Frage zu beantworten, warum ihm zu guter Letzt auch noch hohe SED-Funktionäre das letzte Geleit gaben.

Der Buchladen im Museum bietet viel Lesenswertes über Hauptmann und Hiddensee.

einen Notizblock auf dem Nachtschrank. Apropos, die Großzügigkeit seiner Gattin dankte Hauptmann ihr mit einer Affäre mit der Schauspielerin Margarete Mearschalk (1875–1957), die er 1904 nach der Scheidung von Marie heiratete und bereits ein Jahr später mit der 16-jährigen Schauspielerin Ida Orloff (1889-1945) betrog. Die Affäre wurde allerdings erst 20 Jahre nach seinem Tod öffentlich bekannt, als autobiografische Schriften Hauptmanns in *Die großen Beichten* im Berliner Propyläen-Verlag erschienen.

In vino veritas

Dass Hauptmann sich vom Alkohol abgewendet haben soll, ist nach der Besichtigung des Weinkellers kaum zu glauben. Abgesehen von der beeindruckenden Größe der Einlagerungsfläche findet man an den Wänden Korrespondenzen mit verschiedenen Weinhändlern und »saftige« Rechnungen. Beleg für seine Abstinenz soll das 1889 verfasste Sozialdrama *Vor Sonnenaufgang* sein. Seltsam nur, dass im Keller Briefe und Bestelllisten in erheblichem Umfang, ausgestellt zwischen 1917 und 1944, zu finden sind. Die edlen Tropfen waren also entweder für seine Gäste oder sind ein Beleg dafür, dass Literaturkritiker und kritische Zeitgenossen mit ihrem Wissen vom Leben anderer manchmal »voll« danebenliegen. Den von ihm in einem Schreiben an den Winzer hochgelobten Spätburgunder von den »Südhängen des Höllenthales« im Schiefergebirge kann man im Büchershop kaufen. Den braucht man vielleicht, um zu verstehen, warum jemandem der Nobelpreis verliehen wird, der den Eintritt Deutschlands in den Ersten Weltkrieg befürwortete, Mitglied der Gesellschaft für Rassenhygiene war oder erfolglos um die Aufnahme in die NSDAP ersuchte. Seine letzte Ruhestätte fand der Träumer Hauptmann auf dem Friedhof von Kloster, so wie es sein Wunsch gewesen war.

Sitzgruppe in der Diele
des Hauptmann-Hauses

39 Kloster

Sommerdomizil der Kunstszene

350 Menschen wohnen in dem kleinen Ort am Fuße des Dornbusch, einem Waldgebiet im Nordwesten, und ein Vielfaches an Besuchern flaniert, wandert oder radelt im Sommer durch die staubigen Straßen. So klein der Ort auch sein mag, der Name geht auf ein längst zerstörtes, aber nicht vergessenes Kloster zurück, beherbergte mit Gerhart Hauptmann einen Literatur-Nobelpreisträger und ist magischer Anziehungsort für viele Künstler nach ihm.

Mitte: Fährhafen von Kloster
Unten: Erinnerungen an die Mönche, die hier einst lebten.

Deren Geschichten und die vieler anderer, die auf Hiddensee arbeiteten und lebten oder nur ihre Ferien hier verbrachten, erzählt das Inselmuseum. Darunter waren bekannte Persönlichkeiten, die durch ihre Kunst in Wort und Bild viele Kreative nach sich zogen, die bis heute die Künstlerkolonien der Insel bilden. Viele der Werke drücken, inspiriert von der rauen Wildheit der Elemente ebenso wie von der beschaulichen Langsamkeit im Gleichklang mit der Umwelt, die Verbundenheit mit der Natur aus. Da die Symbiose aus Kunst und Natur auf Hiddensee schon immer einen besonderen Stellenwert hatte, werden im Museum zu besonderen Anlässen in Sonderaustellungen die Werke von Künstlern präsentiert.

Von Seenotrettern und Strandpiraten

Das Heimatmuseum ist in der liebevoll restaurierten und umgestalteten ehemaligen Seenotrettungsstation beheimatet. Ein Teil der Ausstellung ist deshalb der Arbeit der Lebensretter gewidmet. Ein Gemälde des Selliner Pfarrers Christoph Rosenow an der Empore der Inselkirche erinnert an die riskante Arbeit der Seenotretter, die in die erbarmungslose See hinausfuhren, wenn andere die Boote an Land und sich selbst in ihre Häuser zurückzogen und den Sturm hinter einem warmen Feuer mit einer Tasse Tee in der Hand abwarteten. Doch für viele war die Bergung von Schiff, Ladung und Besatzung ein Zubrot zu dem kargen Einkommen. Erst Mitte des 19. Jh. organisierten sich Helfer aus christlichen und ethischen Gründen, um Passagiere und Seeleute von ihren an den Küsten gestrandeten Wracks zu bergen. Vorher galt das Strandrecht, das es den Menschen an der Küste erlaubte, zu behalten, was man fand. Manchen mag das dazu verleitet haben, dem Seelenheil der Besatzung gestrandeter Schiffe nicht unbedingt Priorität einzuräumen. So munkelt man, dass das Handwerk der Küsten- und Strandpiraterie auf Rügen und Hiddensee erst mit dem Eintreffen der ersten Touristen ein Ende nahm. Denen hätte man schlecht erklären können, womit man sein Geld verdiente. Nicht selten wurde die Besatzung eines Schiffes, höflich umschrieben, nicht daran gehindert, mit ihrem Schiff auf den Grund des Meeres zu sinken. Das schützte vor unliebsamen Zeugen bei der Plünderung des Wracks oder vornehm ausgedrückt, der Wahrnehmung des Strandrechts. Aus diesem Grund trugen viele Matrosen einen goldenen Ohrring. Wurden ihre sterblichen Überreste an

Morgenstimmung am Strand

Oben: Picknick am Hafen
Mitte: Ländliche Idylle
Unten: Bojen als Wegweiser

AUTORENTIPP!

BILDER, BÜCHER, BUNTES
Ob über Wikingergold, Seenotretter, Heimatkunde – das passende Buch findet man bestimmt bei »Bilder, Bücher, Buntes«. Eng ist es in dem kleinen Laden. Überall stapeln sich Bücher. Romane, Bildbände, Biografien, Kunstschmöker und vieles mehr animieren dazu, darin zu blättern und tief in die gedruckte Welt der Insel einzutauchen. Von der Decke hängen Schiffsmodelle und aller möglicher anderer Nippes, der nicht nur eine maritime Atmosphäre schafft, sondern auch käuflich zu erwerben ist. Überall, wo dann noch Platz ist, z. B. draußen unter dem Schutz von Sonnenschirmen auf Wäscheleinen, sind Bilder, darunter viele Originale lokaler Künstler, aufgehängt oder angeheftet. Über Preise braucht man auch nicht zu verhandeln, die stehen dran.

Inselbuchhandlung Bilder. Bücher, Buntes. Kirchweg 19, 18565 Hiddensee, Tel. 03 83 00/4 65

Land gespült, erhöhte dies die Wahrscheinlichkeit, ein anständiges Begräbnis zu bekommen und besserte den kargen Lohn der »Strandpiraten« aus der Fischerei oder der Landwirtschaft auf.

Wikingergold

Im wahrsten Sinne des Wortes das Schmuckstück des Heimatmuseums ist der aus 16 Teilen bestehende Hiddenseer Goldschmuck. Er dürfte auch einer der ältesten Fundstücke der Wikinger sein, die hier auf der Insel zu finden sind. Die Fertigung dieses mit 70 Mio. Euro versicherten und über einem halben Kilo schweren Wikingscher Goldschmiedearbeit wird auf 970–980 v.Chr. datiert. Diebstahl lohnt allerdings nicht, da das Original sicher verschlossen im Kulturhistorischen Museum Stralsund aufbewahrt wird. Bis heute weiß niemand genau, wo der Schmuck eigentlich wirklich gefunden wurde. Fest steht nur, dass die ersten Stücke nach einer Sturmflut im November 1872

MAL EHRLICH

Die Transportkosten rüber nach Hiddensee für eine Durchschnittsfamilie mit zwei Kindern, einem Hund und drei Fahrrädern, um sich auf der autofreien Insel fortbewegen zu können, belaufen sich lt. Preisliste auf 68,90 Euro. Für eine Großfamilie mit vier Kindern empfiehlt es sich, ein nettes Pärchen ohne Kinder zu suchen, mit dem ein Kind die Fahrkartenkontrolle passieren kann, um nur für drei Kinder zahlen zu müssen. Oder lassen sie es einfach. Die Zeit, wo die kleinen Racker nicht mehr mit in den Familienurlaub möchten, kommt bestimmt, und wenn der Drang eines elitären Inselbesuches bis dahin nicht abgeklungen ist, wird es billiger. Sand, Strand und Meer gibt es an anderer Stelle zur Genüge. Und was will man mehr?

Spaziergang durch Kloster

Ⓐ **Hafen Kloster** – Ausgangspunkt mit Fähranleger, Restaurants und kleinen Geschäften

Ⓑ **Inselkirche** – Die Inselkirche ist alles, was vom ehemaligen Zisterzienserkloster St. Nikolaus übrig geblieben ist. 1781 wurde die Kirche gebaut und ist damit das älteste noch erhaltene Gebäude der Insel.

Ⓒ **Lietzenburg** – Die Jugendstilvilla ließ der Maler Oskar Kruse (1847–1919) 1904/1905 auf einem Hügel mit fantastischem Ausblick auf das Meer errichten. Heute befindet sich das Gebäude in Privatbesitz.

Ⓓ **Heimatmuseum** – Das Heimatmuseum informiert über die Natur und Kultur der Insel Hiddensee.

Ⓔ **Der Anker** – Er ist einer der größten Funde seiner Art. Der Anker vor dem Heimatmuseum wurde 1976 einige Meilen vor Kap Arkona von Fischern aus dem Wasser gezogen und war vermutlich der Reserveanker eines schwedischen Seekriegsschiffes aus dem 17. Jh.

Ⓕ **Gerhart-Hauptmann-Haus** – Der Besuch der Wirkungsstätte des Nobelpreisträgers oder seines Weinkellers oder ein Spaziergang auf dem Grundstück gewähren einen Einblick in die Arbeit und das Leben des Literaten.

Ⓖ **Klostertor** – Das Klostertor, romantisch verborgen unter dem grünen Blätterdach, gehört zwar nicht zu dem alten Kloster, ist aber eine schöne Kulisse.

Ⓗ **Hitthim Restaurant und Café** – An dieser Stelle stand einst das verschwundene Kloster.

Ⓘ **Hafen Kloster** – Endpunkt des Stadtrundgangs ist wieder der Hafen von Kloster.

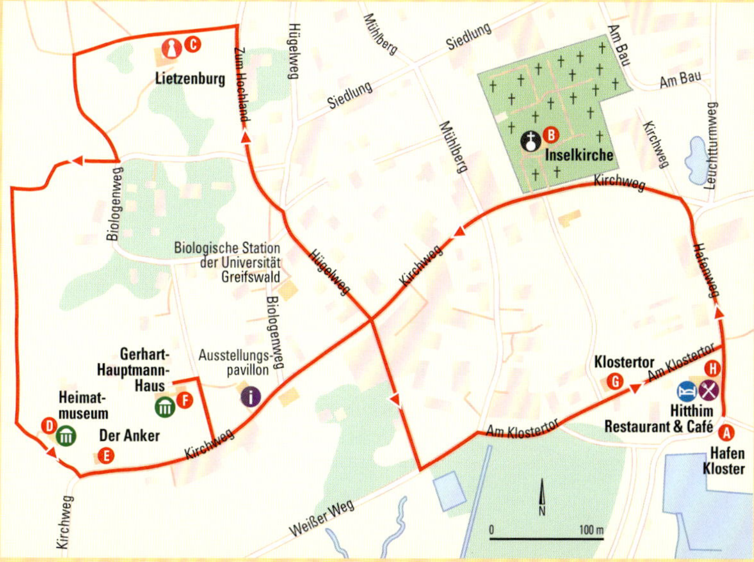

AUTORENTIPP!

INSELKIRCHE UND FRIEDHOF
Betritt man das Innere des letzten noch existierenden Gebäudes des ehemaligen Klosters Hiddensee, setzt sich der freundliche erste Eindruck der weiß getünchten Außenmauern im Inneren der Inselkirche fort. Das Gemälde von Seenotrettern in stürmischer See, Gedenktafeln und das Wikingerschiff an der Decke erinnern an die bewegte Geschichte und reichen vollkommen aus, die gebotene Ehrfurcht vor diesem Ort zu empfinden. Die Geschichten einzelner erzählen die gusseisernen Kreuze und kunstvoll in Stein gemeißelten Verzierungen historischer Grabsteine. Dazu gehört auch der einfache Granitblock mit dem Namen Gerhart Hauptmann oder das Grab des unbekannten Seemanns. Eine Orientierungstafel am Eingang hilft, sich zu orientieren.

Inselkirche. Kirchweg 42,
18565 Insel Hiddensee,
Tel. 03 83 00/3 28,
www.kirche-hiddensee.de

und nach einer weiteren 1874 auftauchten. Ob nun die Meeresgewalten den Schatz an Land gespült oder am Strand Neuendorf freigelegt wurden, wird wohl für immer das Geheimnis der glücklichen Finder bleiben. Und sie hatten Glück, denn wenige Monate später änderte sich die Rechtslage und das Strandrecht, das erlaubte, Funde am Strand zu behalten, wurde abgeschafft, und es wurde die Strandungsordnung erlassen. Die Stücke hätten dann dem Fiskus übergeben werden müssen. Dusel hat – Glück gehabt, wie es auf Plattdeutsch heißt.

Das Kloster

Aus dem Volksstamm der Wikinger sind die ersten Königshäuser Skandinaviens hervorgegangen. Gorm der Alte (vor 900–958) war einer der letzten Anführer seines Stammes, der noch mehreren Göttern huldigte. Sein Sohn Harald Blauzahn (um 910–987) trat in den christlichen Glauben über. Dessen Nachfahren bildeten später das dänische Königshaus, das im Osteeraum weitreichenden Einfluss hatte und damit auch Rügen und Hiddensee zu seinem Reich zählte. Um ihren vor allen Dingen wirtschaftlichen Einfluss auszuweiten, gründeten die Rügenfürsten auf der Insel einige Klöster, die nicht nur Orte der asketischen Gottesliebe waren, sondern auch eine Art Außenhandelsposten der Kirche darstellten. Witzlaw II. (1240–1302), dessen Vater Jaromar II. sich gegen die dänische Krone aufgelehnt hatte, schenkte die Insel Hiddensee dem Kloster Neunkamp auf Rügen, das dort nur wenige Meter vom heutigen Hafen die Zisterzienserabtei St. Nikolaus dem Schutzpatron der Seefahrer errichtete. Von dem Kloster steht heute nur noch die Inselkirche. 1536 wurde im Zuge der Reformation das Kloster geschlossen, es verfiel und wurde im Dreißigjährigen Krieg gänzlich zerstört und die Reste als willkommenes Baumaterial auf der Insel verwendet.

Infos und Adressen

ESSEN UND TRINKEN

Haus Hiddensee. Modern eingerichtetes Restaurant und Pension mit schöner Außenterrasse. Kirchweg 31, 18565 Kloster, Tel. 0 38 30/3 35, www.Haus-Hiddensee.de

BARS UND CAFÉS

Café Wieseneck. In einer wunderschönen Pension gibt es Vegetarisches, Deftiges, Hausgemachtes und ganz wichtig, Eisbecher. Kirchweg 18, 18565 Kloster, Tel. 0 38 30/3 16, www.wieseneck-hiddensee.de

ÜBERNACHTEN

Hotel Hitthim. Liebevoll restauriertes Fachwerkhaus mit schön eingerichteten Zimmern und Ferienwohnungen, die zum Haus passen. Das Restaurant verströmt den Charme der Gründerjahre und die Außenterrasse lädt zum Verweilen ein, um die Hitthim-Sage zu lesen. Hafenweg 8, 18565 Kloster, Tel. 03 83 00/66 60, www.hitthim.de

EINKAUFEN

Nautica. Geschenkartikel und Andenken. Kirchweg 24, 18565 Kloster, Tel. 0 38 30/65 71

Schatzkiste. Bernsteinschmuck. Mai–Sept. tägl.10–18 Uhr, Kirchweg 38, 18565 Kloster, Tel. 0 38 30/4 41

VERANSTALTUNGEN

Hiddenseer Halbmarathon.
Letztes Aprilwochenende, www.lauftreff.de

Inselführungen. Dienstag, Mittwoch, Donnerstag, www.hiddensee-kultur.de.

Literarischer Spaziergang. Auf den Spuren der Künstler durch Kloster. Jeden Freitag 13 Uhr von Juni bis Sept., Treffpunkt: »Strandkiste« am Hafen, Anmeldung: Tel. 01 70/4 12 52 77 oder zum Treffpunkt kommen, Kosten: 7,50€

Reederei Hiddensee. Ausflugsfahrten. Tägl. Tel. 0 83 00/210&240, www.reederei-hiddensee.de

AKTIVITÄTEN

Fuhrunternehmen/Kutschfahrten Fuhrmannshof Neubauer. Hafenweg 10, 18565 Kloster, Tel. 03 83 00/4 87, www.hiddensee-kutschfahrten.de

Ein Eis schmeckt immer.

Inselmuseum Hiddensee. Zw. Nov–März Di–Sa 11–15 Uhr, sonst tägl. 10–16 Uhr, Kirchweg 1, 18565 Kloster, Tel. 0 38 30/3 63, www.inselmuseum-hiddensee.de

INFORMATION

Hafencenter Kloster. April–Okt. Mo–Fr 10–12.30 Uhr, 13.30–17 Uhr, Sa/So 10–12.30 Uhr (im Okt. So. geschlossen) Hafenweg 15, 18565 Kloster, Tel. 03 83 00/6 06 54

40 Wanderungen rund um Kloster

Ab in die Natur

Die lehrreichste Art und Weise, um Hiddensee zu erkunden, ist neben einer Wanderung oder einem Spaziergang eine Inselführung. Entsprechend der persönlichen Neigung findet sich entweder immer ein Plätzchen, wo man sich zurückziehen kann oder man schließt sich einer Gruppe und einen der vielen Rungänge an. Das Angebot ist weit gefächert und reicht von naturkundlichen Erkundungstouren zu den Naturreservaten über erholsames Schlendern am Strand bis hin zu literarischen Spaziergängen.

Hiddensee gliedert sich in verschiedene Naturräume, die alle ihre interessante Seite und eine ganz unterschiedliche Flora und Fauna besitzen. Der Wind, der Regen und das Meer bestimmen bis heute das Landschaftsbild. Wenn der Mensch hier und da nicht mit Küstenschutzmaßnahmen den Kampf mit heranrollenden Wellen und Herbststürmen aufnehmen würde, bliebe die Form des Seepferdchens, der *Söte Lenneken*, in geologischen Zeiträumen, also in Tausenden von Jahren gedacht, nicht lange erhalten. Ein stetiger Strom entlang der Westküste und in die Bodden knapst der Insel hier mal ein Stück ab und fügt es an anderer Stelle wieder an. Im Fachjargon nennt man das Abrasion und Akkumulation. Verloren geht dabei aus Sicht der Natur nichts. Ganz im Gegenteil. Nur die Menschen, die hier leben oder doch Immobilien besitzen, müssen um ihren Besitz und ihre bevorzugten Badestellen bangen. Wie im Jahr 1864, als ein Sturmhochwasser die Insel in zwei Teile teilte.

Mitte: Nördlich von Bergen geht es »bergauf«.
Unten: Pension Wieseneck in Kloster

Wanderungen rund um Kloster

Der Norden

Spaziergänge durch Hiddensees Orte lohnen für den Einzelnen oder mit der Familie nur in Kloster. Der gesamte Rest der Insel und ein gut ausgeschildertes Wanderwegenetz lassen bei jedem Wetter Wanderungen und Spaziergänge in faszinierende Natur- und Kulturräume zu. Im Norden befindet sich der Dornbusch, ein Wald, der im Dreißigjährigen Krieg abgebrannt wurde, um kein Bauholz für dänische Kriegsschiffe zurückzulassen. Wenn man den Leuchtturm erklimmt, kann man zwar nicht bis zur Küste Dänemarks sehen, aber bei optimalen Bedingungen bis zur Insel Møn. Am Fuße der Steilküste kann man im Winter oder Frühjahr die Bernsteinsammler dabei beobachten, wie sie nach einem Sturm bis zur Hüfte im Wasser stehen und ihren Käscher schwingen. Oder man sucht einfach selbst danach.

Der Osten

Im Nordosten, am Kopf des Seepferdchens, geht die Steilküste in die Boddenlandschaft über, und mit einem Fernglas bewaffnet kann man Vögel beobachten oder den Fischern bei ihrer Arbeit zuschauen. Die Landzunge Altbessin führt tief in den Vitter Bodden und ermöglicht so einen Blick auf Hiddensee von der Seeseite aus.

Die Mitte

Entlang der langen Badestrände gelangt man zwischen Vitte und Neuendorf durch die Dünen in das Schwemmland der Dünenheide. Im August zur Heideblüte verwandelt sich die Landschaft in ein violettes Blütenmeer mit weißen Wattebäuschchen, die sich bei näherer Betrachtung allerdings als Schafe entpuppen. Die ersetzen die Biber und sollen dafür sorgen, dass das Gebiet nicht wieder bewaldet.

AUTORENTIPP!

HIDDENSEE FÜR EILIGE

Jedes Jahr starten auf Hiddensee viele Hundert Menschen zum sogenannten Hiddenseelauf. Bei ausreichender körplicher Fitness, mit genügend Ehrgeiz oder einfach nur, weil man Spaß an der Sache hat, kann jeder in einer der vier Disziplinen teilnehmen. Die Strecke des Halbmarathons über 21,1 km beginnt in Vitte und folgt dann dem Bodden bis zum Leuchtturm Dornbusch, führt zurück nach Kloster, geht den Westdeich an der See entlang, durch die Dünenheide bis kurz vor Neuendorf und wieder zurück zum Startpunkt. Weitere Disziplinen sind der Volkslauf über 11,6 km, das Volkswandern auf gleicher Strecke und der Bambinilauf über 800 m. Verlaufen kann man sich kaum, zumal die Strecke für dieses Ereignis mit Streckenmarkierungen und Trassierbändern gekennzeichnet ist.

Oben: Die Insel ist ein Paradies für Vögel.
Unten: Der Süden Hiddensees ist ein Naturreservat.

Der Süden

Im Süden reichen die Wanderwege bis zum Gellen. Noch vor 700 Jahren war die Insel hier einmal zu Ende. Doch Küstenströmungen haben im Zuge der Jahrhunderte dafür gesorgt, und tun es immer noch, dass Hiddensee hier um bis zu fünf Meter wächst. Wären da nicht die Bagger, die die Fahrrinne im Gellenstrom freihalten, würde Hiddensee hier eines Tages mit der gegenüberliegenden Insel Bock zusammenwachsen. Es sei denn, ein weiteres Sturmhochwasser würde die Insel an der Klimphoresbucht, wo sie nur 250 Meter breit ist, wieder auseinanderreißen.

Nationalparkführungen

Die Naturschutzgebiete Gellen, Dünenheide, Bessin und Dornbusch sind Naturschutzgebiete, die man größtenteils durchwandern kann. Lediglich das Vogelschutzgebiet der Fährinsel und die südlichen Spitzen von Bessin und Gellen dürfen vom Menschen nicht betreten werden. Ein Besuch im Nationalpark-Haus in Vitte hilft, die Dinge zu ver-

Rundgang Vitte – Kloster

Die Wanderung beginnt im Hafen von Vitte Ⓐ und führt zunächst den Wallweg hinauf bis zur zweiten Kreuzung. Rechts ab folgt man vorbei am Spielplatz, der Buchhandlung Koralle und der Blauen Scheune Ⓑ der Straße Nordende bis Zum Seglerhafen. Rechts eingebogen, liegt linker Hand das »Karusel« Ⓒ und das Haus mit dem schiefen Dach Ⓓ. Nach knapp 200 m stößt man auf den Boddendeich, geht links und folgt dem Weg bis nach Kloster. Noch vor dem Hafen biegt man links in einen kleinen Weg ein und hält sich rechts. Der Weg führt über die Straße Am Klostertor direkt auf die Inselkirche Ⓔ zu. Alternativ biegt man am Hafen Richtung Norden gehend nach gut 200 m in den Kirchweg ein. Die Kirche liegt rechter Hand. Damit hat man dann auch schon die »City« von Kloster erreicht. Vorsicht, ehe man sich versieht, geht man am Gerhart-Hauptmann-Haus Ⓕ vorbei und steht vor dem Heimatmuseum Ⓖ. Dort endet der Ort schon wieder, und die Wanderung führt Richtung Süden an der Ostsee entlang nach Vitte. Am Ortsrand besteht die Möglichkeit, den Strandaufgang für einen Abstecher zum Nationalpark-Haus Ⓗ zu nutzen. Von dort geht es die Hauptstraße Nordende entlang in den Ort hinein und links ab durch den Wallweg zum Hafen.

VON KLOSTER GEN NORDEN

In Kloster beginnt der Wanderweg zum Vogelschutzgebiet auf dem Bessin, der Steilküste, dem Leuchtturm und den Wäldern im Dornbusch im Hafen. Dazu folgt man vom Hafen in Kloster Ⓘ dem Hafenweg, bis dieser rechts in die Straße Am Reedsal führt. Nun geht es ca. 3 km Richtung Norden, bis ein Weg nach Osten zum gegenüberliegenden Ufer den Bessin Ⓙ abzweigt. Bis hierher muss man dann wieder zurück, um nordwärts zur Ostseeküste zu gelangen und, dem Steilufer folgend, schließlich den Leuchtturm Ⓚ zu erklimmen. Nachts ist es noch einfacher. Man folgt einfach dem Licht. Doch Vorsicht, nicht den Irrlichtern von Strandpiraten folgen. Südwärts gelangt man entlang dem Leuchtturmweg wieder bis zum Abzweig in den Kirchweg.

VON VITTE ZUM SÜDERLEUCHTTURM

Vom Hafen in Vitte geht es am Bodden entlang Richtung Süden, bis der Weg gegenüber der Fährinsel nach rechts abzweigt und auf die Straße In den Dünen trifft. Der Name ist Programm. Denn nun geht es einfach geradeaus durch die Dünenheide und durch Neuendorf, bis zum Süderleuchtturm Ⓛ. In Neuendorf kann man einen Besuch des Fischereimuseums Ⓜ einplanen. Für den Weg zurück wählt man am besten einen Strandspaziergang, der einen zurück nach Vitte bringt. 5 Std. und 20 km sollte man ohne Pause mindestens einplanen.

AUTORENTIPP!

NORDIC WALKING

Böse Zungen nennen diese Sportart »Nordic Talking« oder »Spaziergang mit Skistöcken«. Doch wer sich einmal näher damit beschäftigt hat, weiß, warum die richtige Körperhaltung nicht nur beim Joggen hilft, Muskelkater und Schmerzen zu vermeiden. Außerdem sorgen die speziell entwickelten Stöcke für das »Gesundheitsgehen« und die richtige Gangart nicht nur für einen straffen Po, sondern beanspruchen und trainieren auch die Muskulatur des Oberkörpers. Wer also schon immer mal eine Alternative zum Joggen gesucht hat, kann an einem der Kurse für Anfänger und Fortgeschrittene teilnehmen. Das Reizklima der Insel sorgt für ausreichend frische Luft in den Lungen und die schönen Erlebnisse auf der Insel für ausreichend Gesprächstoff. Organisiert werden die öffentlichen Touren von den Hiddenseer Hafen- und Kurbetrieben und sind kostenlos.

Hiddensee: Heimat der Kreativen und Seefahrer

stehen und kann mit einer Hausführung oder einer naturkundlichen Wanderung kombiniert werden. Ein besonderes Highlight ist die Dämmerungswanderung im Dornbuschwald, wenn im Westen die Sonne untergeht und den Himmel, den Künstlern gleich, in Rottöne tunkt. Das liegt übrigens daran, dass am Abend die Entfernung zur Sonne größer ist, die blauen Lichtanteile stärker abgelenkt und die roten für den Menschen besser sichtbar werden.

Künstler & Co.

»Jeder Mensch ist ein Träger von Fähigkeiten, ein sich selbst bestimmendes Wesen, der Souverän schlechthin in unserer Zeit. Er ist ein Künstler, ob er nun bei der Müllabfuhr ist, Krankenpfleger, Arzt, Ingenieur oder Landwirt. Da, wo er seine Fähigkeiten entfaltet, ist er Künstler.«, sagte Joseph Beuys in einem Interview mit dem Spiegel 1984. Nun, um diese Art von Künstler geht es bei der Führung Auf den Spuren der Künstler durch Kloster leider nicht, auch wenn es über sie sicherlich Spannende zu erzählen gäbe. Hier geht es primär um die Insel-Prominenz. Geschichten über berühmte Autoren wie Thomas Mann, Billie Wilder oder Käthe Kollwitz werden ebenso erzählt wie die über andere Persönlichkeiten wie Albert Einstein oder Sigmund Freud. Dabei geht es nicht nur um deren künstlerisches Schaffen, ob Berichte über Billie Wilders Liebesleben im »Hotel Dornbusch« oder die Schimpfkanonaden von Gerhart Hauptmann gegen die Gründerin des Hiddenseer Künstlerinnenbundes Henni Lehmann, Ute Fritsch führt zu den Original-Schauplätzen und Wohnhäusern wie dem Gerhart-Hauptmann-Haus, der Lietzenburg oder dem Inselfriedhof. Was es im Original nicht zu sehen gibt, wird auf Fotos und Bildern veranschaulicht.Eine Wanderung, geschickt kombiniert mit einer einstündigen Strandlesung für Kinder.

Infos und Adressen

ESSEN UND TRINKEN

Zum kleinen Inselblick. »What you see is what you can get.« Alles, was man an spannemdem Sammelsurium betrachten kann, kann man auch kaufen. Nicht nur eine lustige Idee, ein Restaurant mit einem Trödelladen zu kombinieren, sondern auch gemütlich und interessant. Außerdem gilt es bei vielen Besuchern als das kulinarische Highlight der Insel. April–Okt. Mo,Mi–So 12–23.30 Uhr, Birkenweg 2, 18565 Insel Hiddensee, Tel. 03 83 00/6 80 01,

BARS UND CAFÉS

Café und Galerie Hedins Oe. Gemütliches Speisen wie im heimischen Garten. Und anstatt in der Zeitung zu blättern, schaut man sich die Werke lokaler Künstler an. In der Hauptsaison tägl. 12–20 Uhr, Mühlenberg 43, 18565 Insel Hiddensee, Tel. 03 83 00/2 73, www.hedinsoe.de

ÜBERNACHTEN

Haus Dornbusch. Modern eingerichtetes Appartementhaus hinter historischen Wänden. Schwimmbad, Sauna, Fitness, Kicker, Kegelbahn, Spielecke und Tischtennisplatte machen das Haus ideal für Familienaufenthalte. Die Außenterrasse bildet das Sahnehäubchen. Weißer Weg 2–3, 18565 Insel Hiddensee, Tel. 03 83 00/6 04 00, www.hiddensee-haus-dornbusch.de

Uriges Café im Hafen

Ist die Insel auch klein, so gibt es doch viele Möglichkeiten, sie zu erkunden.

Zum Klausner. Modern eingerichtete Appartements in gemütlichen Blockhäusern oder im Appartementhaus mit angeschlossener Sauna und großem Garten. Kleine Häuschen sind ebenfalls verfügbar. Dornbuschwald 1, 18565 Insel Hiddensee, Tel.03 83 00/66 10, www.klausner-hiddensee.de

VERANSTALTUNGEN

Gerhard-Hauptmann-Haus. Führungen und Besichtigung: Mo–Fr 10–17 Uhr, So 13–17 Uhr, Kirchweg 13, 18565 Insel Hiddensee, Tel. 03 83 00/3 97, www.gerhart-hauptmann.de

Gerhard-Hauptmann-Grab. Inselfriedhof, Kirchweg 42, 18565 Insel Hiddensee

Inselkirche. Kirchweg 42, 18565 Insel Hiddensee, Tel. 03 83 00/3 28, www.kirche-hiddensee.de/inselkirche_kloster.htm

Leuchturm Dornbusch, Schöne Aussicht von der Galerie in 20 m Höhe, Mai–Okt., 10.30–16 Uhr

41 Neuendorf und Plogshagen

Leben mit dem Meer

Plogshagen ist zur gleichen Zeit wie das Zisterzienserkloster Kloster im 13. Jh. gegründet worden und gilt damit als die älteste Ortschaft Hiddensees. Neuendorf entstand erst 400 Jahre später an der dem Bodden zugewandten Seite, wo sich der Hafen mit dem Anleger für die Fähre und die Fischerboote befinden.

Mitte: Fischer vor Hiddensee
Unten: Hier ist immer Zeit für einen Klönschnack.

Obwohl die gesamte Insel autofrei ist, wird nirgendwo sonst auf Hiddensee so deutlich wie hier, wie dieses Attribut das Erscheinungsbild selbst eine Kulturlandschaft beeinflussen kann. Im wahrsten Sinne »ausweglos« ist die Situation zwischen den einzelnen Gebäuden, denn es gibt keine befestigten Zufahrten. Von Haus zu Haus gelangt man über schmale Pfade oder Feldwege. Lediglich vom Hafen zum Strand und in Nord-Süd-Richtung gibt es Wege, da auch hier der Tourismus Einzug gehalten hat. Bisher besteht die touristische Infrastruktur nur aus dem schönen Strand, in dessen Nähe sich ein Café befindet, dem Fischereimuseum und dem Anleger für die Fähre nach Schaprode und Stralsund.

Ein Völkchen für sich

Die Plogshagener sind natürlich stolz auf ihre lange Geschichte und halten ihre alten Traditionen hoch. Auf Hiddensee nennt man sie *de Süder.* Damit wird ein Menschenschlag charakterisiert, der es seit jeher gewohnt ist, den Alltag gemeinsam zu bewältigen. Wurde andernorts in ganzen Abhandlungen über den Begriff Sozialismus philosophiert und ein politisches System darum konstruiert, haben die

Plogshagener das soziale Miteinander von jeher gelebt, um gemeinsam im Alltag bestehen zu können. Die Fischer taten sich zu Fanggemeinschaften, einer sogenannten »Partie« zusammen. Daher der Name des kleinen Fischereimuseums *Lütt Partie* im ehemaligen Reusenschuppen, das über das Leben der Fischer und ihre Gepflogenheiten informiert. Betrieben wird das Museum von einem allgemeinnützigen Verein und der Eintritt ist kostenlos – sozial eben.

Eine Handbreit Sand unterm Haus

Nur eine kleine Erhöhung, auf der ihre Häuser stehen, entscheidet für die Bewohner der beiden kleinen Siedlungen Neuenkamp und Plogshagen darüber, ob sie bei Hochwasser nasse Füße bekommen oder nicht. Damit haben die Einwohner Erfahrung. 1864 wurde Hiddensee südlich von Plogshagen während einer Sturmflut in zwei Teile gerissen. Das Meer bahnte sich an der Schwarzer Peter genannten Bucht eine 15 Meter breite Verbindung zwischen Bodden und Ostsee mitten durch die Insel. Zwölf Jahre später wiederholte sich dieses spektakuläre Naturschauspiel und ver-

Oben: Fischereimuseum in Neuendorf
Unten: Kunst und Kultur

AUTORENTIPP!

AUSFLUG MIT DEM ZEESBOOT
Dieser Bootstyp mit der roten Gaffelbetakelung und dem geringen Tiefgang wurde traditionell zum Fischen in den flachen Boddengewässern eingesetzt. Die Schwerter an der Seite verliehen den flach im Wasser liegenden Booten ausreichend Stabilität, um die schweren Netze einzuholen. Die haben den Booten den Namen gegeben und hießen im Plattdeutschen »Zeesen«. Viele dieser Boote werden heute für Freizeitzwecke genutzt. So auch die »Sophia Theresa«, auf der Tagestörns oder Sonnenuntergangstouren angeboten werden. An Bord gibt es warme Verpflegung und heiße Getränke. Decken, Pullover und Jacken gibt es auch, sollte man aber besser selbst mitbringen. Die Touren finden ganzjährig ab Vitte-Hafen statt. Im Sommer im offenen Boot, von Juni bis September wird die *Mittelplicht,* wo einst der Fang gelagert wurde, überdacht. Die riecht aber nicht mehr nach Fisch, es sei denn, der wird dort serviert. sophiatheresa@web.de

breiterte den Graben auf 200 Meter. Der Rest der Insel war nun abgeschnitten vom Gellen, dem südlichsten Teil Hiddensees. Auch hier hatte die See einst die Verbindung zur Insel Bock gekappt. Das Meer nimmt und das Meer gibt: Würde der Gellenstrom nicht ausgebaggert werden, um die Zufahrt nach Stralsund freizuhalten, würde sich diese Lücke durch Versandungen wieder schließen. Die Inselbewohner, die es ohnehin schon schwer genug hatten und nicht noch mehr Weideland verlieren wollten, schickten eine Delegation nach Berlin zu Kaiser Wilhelm I. Der bewilligte höchstpersönlich die Mittel für die Schließung des Durchbruchs. Doch immer noch leben die Inselbewohner mit der Gefahr, dass sich bei der nächsten Sturmflut das Szenario wiederholt.

Naturschutz ein Luxusproblem?

Bewohner, Wissenschaftler und Naturschützer diskutieren seit geraumer Zeit die Frage, was zu tun wäre, nicht um einen derartigen Durchbruch zu verhindern, sondern ob man einen solchen wieder schließen sollte. Wird man eine Brücke bauen oder, wie nach Plänen von engagierten Umweltaktivisten, Menschen den Zugang verwehren? Jeder kann sich selbst ein Bild davon machen und seine eigene Meinung bilden. Denn noch sind die feinsandigen Strände für die Öffentlichkeit zugänglich, und das Naturschutzgebiet darf im Rahmen von geführten Touren betreten werden. Ansonsten ist hinter dem Süderleuchtturm Schluss. Der ist ein Indiz dafür, dass Hiddensee hier einmal zu Ende war, bevor Küstenströmungen den Gellen aufschütteten. Eine sogenannte Luchte (Vorläufer des Leuchtturms) stellten die Stralsunder nämlich bereits Anfang des 14. Jh. auf, die von den Mönchen des Klosters betrieben wurde. Wie ärgerlich für die Hiddenseer, die sich doch gern etwas dazu verdienten, wenn ein Schiff auf dem Weg in den Strelasund strandete.

Infos und Adressen

ESSEN UND TRINKEN

Am Hafen von Neuendorf. Sitzen wie auf'm Kutter, Essen wie auf'm Kutter, Tonfall wie auf'm Kutter. Aber schließlich soll man sich nicht in die Bedienung, sondern in das Essen verlieben. Königsbarg 18, 18565 Neuendorf.

Gasthaus & Café Rosi. Rezepte zu den Fischgerichten findet man im Internet. Pappelallee 11, 18565 Neuendorf, Tel. 03 83 00/5 01 68, info@gasthaus-cafe-rosi.de, www.gasthaus-cafe-rosi.de

ÜBERNACHTEN

Das Süderhaus. Wellness und Appartements unter einem schönen Dach. Die Zimmer sind modern eingerichtet, halten aber leider nicht, was der romantische Anblick des Hauses verspricht. Plogshagen 35, 18565 Neuendorf, Tel. 03 83 00/6 66 40, www.suederhaus-hiddensee.de

Fischerhaus Neuendorf. Das Haus erinnert an die »guten alten Zeiten«, als hier vielleicht Fischer unter dem tief gezogenen Dach gewohnt haben. Die beiden Appartements sind allerdings auch so einfach mit modernen Kiefernmöbeln eingerichtet. Krämerstraat 7, 18565 Neuendorf, info@fischerhaus-hiddensee.de, www.fischerhaus-hiddensee.de

VERANSTALTUNGEN

Ausflugsfahrten nach Rügen und Stralsund. Tägl. ab Hafen Neuendorf, Tel. 03 83 00/2 10

Wanderung Dünenheide. Treffpunkt in Vitte, Hotelanlage Heiderose, Tel. 03 83 00/2 40

Wanderung durch Vitte und Kloster. Geschichten aus der DDR. Treffpunkt ist vor dem Zeltkino in Vitte. www.hiddensee.de/aktuelles/programm06.html

Führung durch das Fischereimuseum, Pluderbarg 7, 18565 Neuendorf, Mai–Okt. Mo–Sa 14–17 Uhr, Eintritt frei.

Weitere Wanderungen, Führungen und Veranstaltungen unter www.hiddensee.de/aktuelles/programm06.html

Fährt man an einem Gasthaus vorbei, kommt bestimmt bald das nächste.

42 Mit dem Rad über die Insel

Radler unter sich

Ein stetiger Wind aus Westen weht im Sommer und im Frühling immer auf der Insel und macht besonders an heißen Tagen einen Sommerurlaub so angenehm. Die durchschnittliche Windgeschwindigkeit von 6 m/s wird von Meteorologen als »mäßig« eingestuft. Mit Durchschnittswerten ist das aber so eine Sache. Was sollte einen also dazu bewegen, in dieser windigen Gegend Fahrrad zu fahren? Ein E-Bike!

Viele Möglichkeiten, Hiddensee mit dem eigenen Fahrzeug zu erkunden, gibt es nicht. Da bleiben nur das Skateboard, die Rollerblades und das Fahrrad. Doch das ist genau der Grund, warum die Menschen auf die Insel kommen. Außer einigen wenigen Versorgungsfahrzeugen und dem Inselbus gibt es hier keinen Individualverkehr, der lärmt,

Mitte und Unten: Das Rad ist neben dem Pferd das einzige legitime Transportmittel auf der Insel.

MAL EHRLICH

Letztendlich bleibt jedem selbst überlassen, ob er als Tagestourist die Insel mit dem Fahrrad erkunden möchte. Ob die Streckenführung auf dem Deich und durch die in der Sommersaison doch sehr vollen Orte ein Häkchen auf der persönlichen To-Do-Liste erfordert, ist doch sehr fraglich. Wer nach Hiddensee kommt, sollte die bewusst in Kauf genommene Langsamkeit nicht dadurch verpassen, dass er versucht, binnen eines Tages alle Sehenswürdigkeiten abzufahren. Die Kutschen oder der Inselbus eignen sich hervorragend, größere Distanzen zurückzulegen und ansonsten das autofreie Lebensgefühl zu genießen.

stinkt und einem permant das Gefühl gibt, durch die Straßen gehetzt zu werden. Bleibt das Auto in Schaprode am Hafen stehen, sind die Fähren darauf eingerichtet, auch Fahrräder mit an Bord zu nehmen und haben dafür einen eigenen Tarif. Während man selbst auf dem Sonnendeck die Aussicht genießen kann, werden die Fahrräder zusammen mit dem Gepäck einfach am Heck des Schiffes verstaut. Allerdings sollte man Kraft und Geschick besitzen, um das Zweirad die Gangway heraufzutragen. Hilfe naht nicht immer.

Fahrradverleih

Wer nur einen Tagesausflug nach Hiddensee macht, hat die Möglichkeit, direkt am Hafen von Vitte ein Fahrrad zu mieten. Die Preise beginnen bei 3 Euro/Tag für ein Kinderfahrrad. Fahrradhelme, Kindersitze und Fahrradanhänger gibt es ebenfalls. Die Wochenpreise beginnen meist bei 25 Euro. Einige Vermieter bieten wie im PKW-Verleih sogenannte One-Way-Mieten an. Das hat den Vorteil, dass man in Neuendorf anlanden und die Fähre von Vitte oder Kloster zurück zum Festland nehmen kann, ohne die Strecke noch einmal zurückradeln zu müssen.

Da nicht alle Wege einen festen Untergrund haben, ist es ratsam, ein Fahrrad mit breiten Reifen und einer anständigen Gangschaltung auszuwählen.

AUTORENTIPP!

2-PS-GROSSRAUMTAXEN

Bereits vom Schiff aus sieht man am Anleger die 2 PS starken Großraumtaxen der Insel stehen. Wer es eilig hat, was von vornherein als nicht empfehlenswert für einen Aufenthalt auf Hiddensee gilt, macht besser einen Bogen um dieses Beförderungsmittel und versucht sein Glück beim Inselbus oder auf einem Rennrad. Egal, wie eilig Sie es haben, die Haflinger werden nicht in mehr als in einen lockeren Trab verfallen. Wenn man genau hinschaut, handelt es sich bei der Bereifung der Kutschen auch nicht um mit H gekennzeichnete Hochgeschwindigkeits-Pneus.

Als Letztes bleibt noch der Kutscher zu erwähnen. Die Worte »ich muss schnell nach« hat er gar nicht in seinem Repertoire. Dafür aber jede Menge Geschichten über Land, Leute und natürlich ein fundiertes Wissen rund ums Wetter. Ein perfekter Start in einen gemächlich genüsslichen Inselurlaub auf Hiddensee.

AUTORENTIPP!

LEUCHTE DES NORDENS

Hat man die Zeit mitgebracht und ist während eines eintägigen Aufenthaltes nicht so sehr an den kulturellen Sehenswürdigkeiten Hiddensees interessiert, bietet es sich an, den Drahtesel einfach mal abzustellen und per pedes einen Abstecher z. B. auf den Leuchtturm Dornbusch zu unternehmen. Der liegt auf dem Schluckwieksberg und bietet bei schönem Wetter eine Sicht bis nach Stralsund. Höher geht es auf Hiddensee nicht. 72,5 m misst der Berg über NN und noch einmal 20 m und 102 Stufen bis zur Aussichtsplattform. Weniger steil verlaufen die Wanderwege durch die bewaldete »Bergwelt« des Dornbusch in Richtung Strand. Vom Leuchtfeuer (Leuchtturm) weiter Richtung Norden gelangt man an die Steilküste und blickt Richtung Dänemark. Auf jeden Fall sollte man die Zeit im Auge behalten, wenn man diese Abstecher macht. Der Reiz, an der Küste nach Bernstein zu suchen, ist groß und lässt die Zeit wie im Fluge vergehen. Und die Fähre auch.

Inselautobahnen

Da das Fahrrad das beliebteste Fortbewegungsmittel für Kurz- und Langzeiturlauber ist, kann es schnell mal eng werden auf den Radwegen. Leider wird bei einigen Zeitgenossen lediglich der fahrbare Untersatz ausgetauscht und nicht das Benehmen, das jede Fahrt zu einem Wettbewerb gegen den vermeintlichen Gegner macht. Die häufigsten Disziplinen sind dabei das Rasen, unverhoffte Spurwechsel und die Entwicklung einer allgemeinen Abneigung gegen alles, was nicht nach dem ersten Klingelzeichen zur Seite springt. Man sollte sich Zeit nehmen, man ist schließlich im Urlaub und nicht auf der Jagd. Übrigens gibt es hier einen Inselpolizisten. Das ist Herr Henk. Und der mag es nicht, wenn man nachts ohne Licht Fahrrad fährt.

Pfeif auf den Wind

Nicht jeder Urlauber ist ein Tourenbiker oder bestreitet seinen Lebensunterhalt als Radkurier. Und dann wäre da noch, wie bereits beschrieben, der Wind. Sicherlich inspiriert durch ein Umdenken in der Automobilindustrie und als »saubere« Alternative zu Benzin betriebenen Rollern oder Mofas, kann man auf Hiddensee Elektrofahrräder leihen. Meist handelt es sich dabei um sogenannte Pedelecs, die ihre Leistung nur bei Tretunterstützung abgeben und deswegen von der Führerschein- und Versicherungspflicht ausgenommen sind, wenn sie eine Höchstgeschwindigkeit von 25 Kilometer in der Stunde nicht überschreiten. Das reicht. Bei dieser angestrebten Durchschnittsgeschwindigkeit hätte man die Insel theoretisch in weniger als einer Stunde von Nord nach Süd durchquert. Der Umgang mit den Gefährten ist einfach und nach einer kurzen Einweisung kann es losgehen.

Wie beim PKW hängen der Verbrauch und die Reichweite des Fahrzeugs in erheblichem Maße vom Fahrverhalten seines Lenkers ab. Moderne Akkus reichen bei vernünftiger Fahrweise bis zu 50 Kilometer. Für Hiddensee reicht das auf jeden Fall, zumal man davon ausgehen kann, dass die Vermieter die Akkus immer vollgeladen haben. Möchte man das Rad mehrere Tage nutzen, ohne es aufzutanken, erhöht sich die Akkulaufzeit in Abhängigkeit von der Trittfrequenz. Je langsamer man tritt und je schaltfauler man ist, desto schneller entleert sich die Batterie, weil der Motor unterstützend tätig wird. Routinierte E-Biker kennen die optimale Drehzahl. Für den Gelegenheitsnutzer im Urlaub empfiehlt sich da eher das regelmäßige »Auftanken«, bevor man statt die schöne Aussicht zu genießen auf den Bordcomputer starrt. Und sollte es mal ein wenig an Energie fehlen, kann der Akku in den Häfen von Neuendorf, Vitte oder Kloster und auf den Fährschiffen Vitte und Stralsund kostenfrei aufgeladen werden.

Wohin denn nu?

Für denjenigen, der seinen gesamten Urlaub auf Hiddensee verbringt, stellt sich diese Frage wohl kaum, da das Fahrrad die einzige Alternative zu den eigenen Beinen darstellt.

Tages- oder Wochenendtouristen möchten oft möglichst viel von der Insel sehen. Da die Insel nur 16,8 Kilometer lang ist, an ihrer breitesten Stelle 3,7 Kilometer misst und die höchste Erhebung 72 Meter hoch ist, kann man bereits an einem einzigen Tag einiges bewerkstelligen. Für einen Tagesausflug mit dem Fahrrad gibt es drei Alternativen. Die Nord- oder die Südinsel, um die Natur zu erkunden oder die »Städteverbindungen« zwischen Neuendorf, Vitte und Kloster, um die kulturellen Highlights abzufahren. Dazwischen gibt es nur recht begrenzte Ausweichmöglichkeiten, die meist besser zu Fuß erreicht werden können.

Oben: Ganz entspannt radeln
Mitte: Auch spontane Abstecher ins Wasser sind hier möglich.
Unten: Unterwegs auf der Insel

Der Leuchtturm Dornbusch
ist ein beliebtes Ausflugsziel.

Von Vitte nach Kloster

Die Route startet im Hafen von Vitte Ⓐ und führt auf dem Deich am Bodden entlang Richtung Norden. Am Ende des Seglerhafens zweigt die Straße Zum Seglerhafen ab. Ein kurzer Abstecher führt zum ehemaligen Sommerwohnsitz der Stummfilmschauspielerin Asta Nielsen Ⓑ. Zurück auf dem Deich geht die Fahrt bis zum Hafen von Kloster. Möchte man die Sehenswürdigkeiten des Ortes besuchen, kann man sein Fahrrad getrost stehen lassen, so groß ist der Ort nicht. Wenn nicht, biegt man nach einem kurzen Rechts-/Linkschwenk in den Kirchweg ein und gelangt nach ca. 150 m zur Inselkirche Ⓒ. Dem Kirchweg weiter folgend geht es durch den Ort weiter zum nächsten lohnenden Stopp, dem Gerhart-Hauptmann-Haus Ⓓ, und gute 100 m weiter zum Inselmuseum Ⓔ. Einkehrmöglichkeiten sind im Ort reichlich vorhanden. Zurück nach Vitte geht es auf der Seeseite. Man folgt der Weggabelung links der Betonpiste, bis nach ca. 350 m auf der rechten Seite das Nationalpark-Haus Ⓕ einen Zwischenstopp lohnt. Die Straße Nordende führt weiter in den Ort, und biegt man links in den Wallweg ein, gelangt man zurück zum Hafen.

DIE ALTERNATIVE BIS ZUM LEUCHTTURM DORNBUSCH

In Kloster bietet sich die Möglichkeit, nicht links in den Kirchweg, sondern rechts in die Dorfstraße einzubiegen und hinter den letzten Gebäuden am Bodden links in den Weg Am Leuchtturm zum Leuchtturm Dornbusch Ⓖ einzubiegen. Südwärts gelangt man entlang dem Leuchtturmweg wieder bis zum Abzweig in den Kirchweg.

VON VITTE NACH NEUENDORF

Vom Hafen in Vitte geht es auf dem Deich entlang Richtung Süden, bis links die Straße In den Dünen abzweigt. Durch die Heidelandschaften der Insel macht der Weg einen großen Bogen bis an die Ostsee und führt über die Königsbarg zum Hafen von Neuendorf Ⓗ. Hält man sich rechts und folgt dem Schild Plogshagen, gelangt man zum Strandcafé Ⓘ und dem Grumkiel folgend bis an die Nationalparkgrenze zum Süderleuchtturm Ⓙ. Zurück kommt man leider nur auf dem gleichen Weg.

AUSFLÜGE

Vorangehende Doppelseite: Blick über Stralsund bis zur Insel Rügen
Mitte: Blick von der Marienkirche
Unten: Der Alte Markt

43 Stralsund

Traditionelle Hansestadt

Wehrhafte Mauern umschließen seit dem Mittelalter den historischen Stadtkern und untermauern so im wahrsten Sinne des Wortes die wirtschaftliche und militärische Bedeutung der zu jener Zeit nach Lübeck bedeutendsten Hansestadt im Ostseeraum. Die schmalen Gassen zwischen den restaurierten Gebäuden in der Innenstadt, prachtvolle Kirchen, das prunkvolle Rathaus und stattliche Kaufmannshäuser zeugen vom ehemaligen Reichtum und machen einen Ausflug in die Stadt zu einer Reise in die architektonische Vergangenheit.

Strategisch günstiger kann eine Stadt wohl kaum liegen. Und das nicht nur aus militärischer Sicht. Der Freizeitwert mit den Kneipen und Restaurants in den schmalen Wegen zwischen den alten Backsteinbauten, das Wasser, welches die Stadt umschließt, und eines der schönsten Wassersportreviere der Ostsee sowie die Insel Rügen mit ihren unvergleichlich schönen Naturlandschaften direkt vor der Haustür, sind zumindest für den Tourismus ein Segen. Dies spiegelt sich auch in einem unterdurchschnittlichen Anteil an Senioren und Pensionären wider. Die Stadt wirkt trotz der Masse an historischen Bauwerken jung.

Erster Eindruck

Für die meisten ist Stralsund nur eine Durchgangsstation auf dem Weg nach Rügen. Das spiegeln zumindest die Übernachtungszahlen wider, die bei ca. einem Fünftel der Übernachtungszahlen von Binz liegen. Doch gerade die Tatsache, dass die Stadt nicht allein touristisch geprägt ist, macht den Ort so interessant. Die Mittelstadt, die nur 60 000 Einwohner zählt, hat neben Einkaufsmöglichkeiten jenseits von Nippes- und Andenkenshops, einige Attraktionen zu bieten, die man so nicht auf Rügen finden wird und auf jeden Fall einen Ausflug oder Zwischenstopp wert sind. Zu den Hauptattraktionen gehören das Deutsche Meeresmuseum, das Kulturhistorische Museum, das Marinemuseum, das Segelschulschiff »Gorch Fock«, das Theater Vorpommern, die Spielbank, der Tierpark und das Erlebnisbad. Doch genauso aufregend kann ein Spaziergang durch die Stadt entlang der alten Stadtmauer oder durch das Hafenviertel sein, wo der alte Geist der Kaufmannsgilden erhalten geblieben ist. 2002 wurde die Altstadt von Stralsund zum UNESCO-Welterbe erklärt. Über die Hintergründe klärt eine Dauerausstellung im barocken Olthofschen Palais am Alten Markt auf.

Maritimes Ambiente

Kaum eine Hafenstadt in Norddeutschland hat es geschafft, einen derart fließenden Übergang von der Stadt in den Hafenbereich bzw. zum Meer hin zu erhalten. Vorbei an den riesigen Speichern und dem Lotsenhaus gelangt man zu einer der Hauptsehenswürdigkeiten der Hansestadt, dem Ozeaneum. Dessen Außenfassade wirkt allerdings, als hätte E.T. versucht, inmitten der historischen Gebäude zu landen und dabei sein Raumschiff zertrümmert. Dafür ist der Innenraum lichtdurchflutet und bricht mit dem Konzept muffiger Sammlungen von Exponaten. Wer sich näher mit der Architektur und der Grundidee eines Gebäudes, das den Eindruck von umspülten Steinen erwecken soll, vertraut machen möchte, für den hält der Museumsshop einen Architekturführer bereit. Anschließend bietet sich eine Schiffsbesichtigung auf der 1933 von Blohm & Voss in Hamburg gebauten »Gorch Fock« an. Der Anblick des Voll-

AUTORENTIPP!

STRALSUNDER SEGELWOCHE

Für alle Hobbykapitäne ist die Stralsunder Segelwoche im Juni jeden Jahres eine gute Gelegenheit, die Boddengewässer und die Ostsee rund um Rügen kennenzulernen. Den meisten wird es dabei nicht um eine Platzierung innerhalb der verschiedenen Bootsklassen gehen, sondern um das Erlebnis, die Inseln Rügen und Hiddensee umrundet zu haben. Ein bisschen Ergeiz tut der Sache natürlich keinen Abbruch. Revierfremden können nämlich wechselnde Wetter- und Windverhältnisse in den engen Wasserstraßen und den Untiefen der Boddengewässer einiges an seemännischem Können abverlangen. Jugendliche »Optimisten« messen sich bei der Jollenregatta auf dem Strelasund. Den Zuschauern wird ein toller Anblick geboten, wenn die weißen Segel wie Pfeilspitzen durch die Meerenge zwischen Stralsund und Altefähr durch das Wasser schießen.

Stralsunder Segelwoche.
www.ycstr.de/segelwoche

AUTORENTIPP!

SUNDSCHWIMMEN
Wer nicht an der Stralsunder Segelwoche teilnehmen kann, dem bietet die DLRG Stralsund jedes Jahr im Juli eine Alternative. Und die heißt, den Strelasund zwischen Altefähr und Stralsund schwimmend zu durchqueren. Geübt ist man ja im Zweifelsfall. Voraussetzung ist ein Mindestalter von 14 Jahren, um die Distanz von 2315 m zu überwinden. Bojen weisen den Weg und Begleitboote überwachen das Feld der Schwimmer. Dem Sieger winkt ein Wanderpokal, den er so lange wieder rausrücken muss, bis er das Rennen dreimal in Folge gewonnen hat. Die Veranstaltung hat eine lange Tradition. Erste Berichte stammen aus dem Jahr 1825. Seit 1920 ist daraus eine regelmäßige Veranstaltung mit entsprechendem Rahmenprogramm geworden. Wenn tausend Menschen auf einmal ins Wasser springen, kocht die See.

Sundschwimmen.
www.sundschwimmen.de

schiffs kann allerdings schmerzhaftes Fernweh auslösen. Wie stark selbiges ausgeprägt ist, lässt sich bei einem Riggtraining herausfinden. In fachkundiger Begleitung entern die Teilnehmer den Großmast und haben in 12 Metern Höhe Gelegenheit zu überlegen, ob sie dort auch noch bei Windstärke 10 vor Kap Hoorn die Segel einholen möchten. Wer sich dessen sicher ist, wendet sich dann einfach an den Tall-Ship Friends e.V., welcher Mitfahrgelegenheiten auf Großseglern organisiert. Vielleicht tut es aber auch zunächst eine Hafenrundfahrt oder das Anmieten eines Motor- oder Segelbootes im Sportboothafen auf dem Dänholm, um sich langsam an ein solches Abenteuer heranzutasten.

Geschichte

Am Strelasund, der Meerenge zwischen dem Festland und der Insel Rügen gelegen, haben die Menschen die geschützte Lage des Hafens durch die vorgelagerte Insel Dänholm früh erkannt. 1234 erhielt Stralsund das Stadtrecht und entwickelte sich fortan zu einer der bedeutendsten Hansestädte im gesamten Ostseeraum. Der Schiffsbau etablierte sich schnell, denn für den Nah- und Fernhandel brauchte man Schiffe, die Hansekoggen. Bis heute gehören die Werften zu einem der wichtigsten Wirtschaftfaktoren der Region. Nach dem Dreißigjährigen Krieg gehörte Stralsund 200 Jahre zu Schweden, ab 1815 zu Preußen. Bis dahin hatte die Stadt Festungscharakter, da es in der Geschichte immer wieder kriegerische Auseinandersetzungen um Stralsund gegeben hatte. Der Name der vorgelagerten Insel Dänholm erinnert daran, dass die Dänen von hier aus auf Beutezug gingen und versuchten, Stralsund der Hanse abzujagen. Diese hat stattdessen die Dänen in einer großen Seeschlacht 1429 zum Teufel gejagt. Später errichteten die Preußen auf der Insel eine Marineakademie. Nach dem Zweiten

Stadtrundgang

Ein Spaziergang durch die Stadt gleicht einer Führung durch die Geschichte des Mittelalters. Man braucht die Museen nicht einmal zu betreten, allein die Außenfassaden lohnen den Besuch.

A **Rathaus**

B **Museumshaus**

C **St.-Marien-Kirche**

D **St. Katharinenkloster**

E **Kulturhistorisches Museum**

F **Kütertor**

G **Stadtmauer**

H **Johanniskloster**

I **Scheelehaus**

J **Gorch Fock**

K **Ozeaneum**

L **Heilgeistkloster**

M **St.-Jakobi-Kirche**

N **St.-Nikolai-Kirche**

AUTORENTIPP!

STRALSUNDER HAFENFEST

Es sind zwar nicht die ganz großen Vollschiffe, die den Hafen von Stralsund während der Festwoche anlaufen, doch ihre Zahl ist schon beeindruckend. Nicht nur bemannte Zeesenboote und Barken oder Gastschiffe wie die »Alexander von Humboldt II.« im Jahr 2012 machen im Hafen fest. Modellbauer bringen ganze Hafenanlagen mit, von denen aus die ferngesteuerten Boote in »See stechen«. Wenn die Powerboote durch den Sund jagen, lässt sich das Publikum gern einmal vom Rahmenprogramm ablenken. Wen wundert's bei dem Lärm. Zeit für die Piraten des Piratenlagers, heimlich in die Stadt einzudringen und zu plündern. Interessanterweise wurde dieses Event 2012 durch eine Bank und Versicherung unterstützt. Wer mag da Böses denken. Werden sie erwischt, werden sie zur »Gerichtsverhandlung« geführt. Da bleibt ihnen wohl nur noch übrig, den Rettungsschirm aufzuspannen.

Hafenfest Stralsund.
www.hafenfeststralsund.de

Weltkrieg drohten die historischen Bauwerke Stralsunds durch die Plattenbauweise verdrängt zu werden. Mit der Sanierung der Stadt seit 1990 konnten allerdings an die 500 Gebäude restauriert und gerettet werden.

Die Hansestadt

Immer wieder trifft man an der Ostseeküste auf sogenannte Hansestädte. Die Hanse ist ein mittelalterlicher Kaufmannsverbund, der heute vergleichbar wäre mit einer Handelsgenossenschaft. Der Begriff stammt von dem althochdeutschen Wort *hansa* ab und bezeichnet das gemeinschaftliche Handeln in ökonomischer wie politischer Sicht. Denn insbesondere die Errichtung von Außenhandelsposten sowie der Schutz der Handelswege standen im Mittelpunkt gemeinsamer Interessen. Stralsund unterhielt so enge Handelsbeziehungen mit den skandinavischen Ostseeanrainern und mit Russland als Rohstofflieferanten. In Holland, England, Frankreich und Portugal unterhielt man Handelsniederlassungen. Zum Symbol wurde neben den Farben Rot und Weiß die Kogge, ein Schiffs-

Hoch ragen die Türme der Nikolaikirche über die Dächer der Stadt empor.

typ, der in erster Linie für den Warentransport konstruiert wurde. Im Ernstfall konnten diese Segelschiffe mit einem einzelnen Segel am Mast im Kampf gegen Piraten mit Kanonen bestückt werden. Prominentestes Opfer eines gemeinschaftlichen Schlages der Hanse gegen das Treiben von Piraten ist wohl Klaus Störtebeker, der von der Hanse vor Helgoland gestellt und 1401 in Hamburg hingerichtet wurde.

Die Backsteingotik

Der Wohlstand der Hansestadt spiegelt sich am ehesten in den prachtvollen Bauten der Backsteingotik wider. Sind die Reste der Klosteranlage von Bergen auf Rügen bereits sehenswert, haben die Gebäude in Stralsund vergleichsweise gewaltige Dimensionen. Trotzdem, nach außen strahlen die Gebäude immer noch eine bescheidene Zurückhaltung und Nüchternheit aus. Man muss, wie auch bei den Menschen des Nordens, schon das eine oder andere Türchen öffnen, damit sie ihren Charme offenlegen. Lediglich die Kirchen tragen ihren einstigen Reichtum offen zutage. Zu diesen Sakralbauten gehören die St.-Nikolai-Kirche (1276), die St.-Marien-Kirche (1298) und einige Klosteranlagen, deren stille Höfe und Gärten zum Verweilen und Nachdenken einladen. In der Galerie des Rathauses und in der Rathaushalle fällt es nicht schwer sich vorzustellen, wie geschäftige Hanseaten hier damals wie heute ein- und ausgingen, um die Geschicke ihrer Unternehmungen zu lenken. Die hohe Fassade ist allerdings eine Mogelpackung bzw. ein sogenannter Schaugiebel. Die Fassade überragt das eigentliche Gebäude um einige »Stockwerke«. Hier ist nichts ausgebrannt oder eingestürzt. Es handelt sich einfach nur um ein klassisches Stilelement mittelalterlicher Gebäude der öffentlichen Verwaltung. Die Kaufleute hingegen stellten schon eher ihren Reichtum zur Schau.

Oben: Säulengang im Rathaus
Mitte: Das prächtige Innere der Nikolaikirche
Unten: Die berühmte Backsteinfassade des Rathauses

Infos und Adressen

ESSEN UND TRINKEN

Brasserie Grand Café. Eine Brasserie, die den französischen Namen verdient und zudem noch urgemütlich ist. Man weiß nicht, was man bewundern soll: das Essen oder die Architektur. Neuer Markt 2, 18439 Stralsund, Tel. 0 38 31/70 33 14, www.brasseriegrandcafe-hst.de

Brauhaus Zum Alten Fritz. Zünftige Mahlzeiten zu einem zünftigen Bier, in der rustikalen Atmosphäre der wunderschön sanierten Brauerei. Der Biergarten ist eine tolle Location im Sommer, um am Stadtleben teilzuhaben. Eine Brauerei in Betrieb steht gegenüber und kann besichtigt werden. Verkostung inklusive. Greifswalder Chaussee 84–85, 18439 Stralsund, Tel. 0 38 31/25 55 00, bgh-hst@alter-fritz.de, www.alter-fritz.de/de/gasthaeuser/stralsund

BARS UND CAFÉS

Nicolai Café. Schöne Kuchenauswahl in gemütlichem kleinen Café direkt am Markt in der Altstadt. Alter Markt 12, 18439 Stralsund

Fischermann's. Ambiente und Lage passen zur Hafenstadt und die Speisekarte zu einer Kaufmannsstadt. Speicher V, Hafeninsel, An der Fährbrücke 3, 18439 Stralsund, Tel. 0 38 31/29 23 22, www.fischermanns-restaurant.de

ÜBERNACHTEN

Hafenspeicher. Tolle Zimmer, die das historische Ambiente des Gebäudes aufnehmen und durch die Lage des Hotels einen direkten Blick auf das Wasser und den Hafen ermöglichen. Hafenstraße 13/Am Querkanal 3a, 18439 Stralsund, Tel. 0 38 31/70 36 76 info@hafenspeicher-stralsund.de, www.hafenspeicher-stralsund.de

Hotel Amber. Gediegene Atmosphäre mitten in der Altstadt. Heilgeiststrasse 50, 18439 Stralsund, Tel. 0 38 31/2 82 58 0 oder 0 38 31/28 25 81, kontakt@hotel-amber.de, www.hotelamber.de

Hotel Baltic. Modern eingerichtetes Hotel mit hellen, freundlichen Zimmern. Frankendamm 22, 18439 Stralsund, Tel. 0 38 31/20 40, info@baltic.arcona.de, www.baltic.arcona.de/kontakt

Hotel Kontorhaus. Neubau mit modern ausgestatteten Zimmern. Nah am Wasser gebaut und mit Blick auf den Hafen. Am Querkanal 1, 18439 Stralsund, Tel. 0 38 31/28 98 00, info@kontorhaus-stralsund.de, www.hotel-kontorhaus-stralsund.de

AUSGEHEN

Brazil. Hafenkneipe am Wasser und mit Blick darauf. Am Querkanal 4, 18439 Stralsund, Tel. 0 38 31/29 84 80

8vorne. Studentenkeller in alten Gewölben. An der Fährbrücke 3, 18439 Stralsund, Tel. 0 38 31/28 18 88

Der Imbiss Fischhalle am Hafen

Bummeln in der Altstadt

EINKAUFEN

Hanse Galerie im Rathaus. Wechselnde Ausstellungen vorwiegend nordischer Künstler und Verkauf. Alter Markt (im Rathaus), 18439 Stralsund, Tel. 0 38 31/29 28 89, hansegalerie@aol.com, www.hanse-galerie-stralsund.de.

Stralsunder Whiskyhaus. Zum Besuch einer Hafenstadt gehört auch Hochprozentiges. Erst recht, wenn (der schottische) Whisky über das Wasser transportiert wurde. Alter Markt 9, 18439 Stralsund, Tel. 0 38 31/28 92 80

Schokoladerie de Prie. Hier sollte sich doch Hüftgold finden lassen. Schon das Ambiente verlockt zum Kauf. Alter Markt 10, Rathauspassage, 18439 Stralsund, Tel. 0 38 31/6 67 69 91, info@schokoladerie.com, www.schokoladerie.com

VERANSTALTUNGEN

Lange Nacht des Offenen Denkmals. Die Liste der möglichen Museen und Galerien wäre zu lang. Das Ticket lohnt auf jeden Fall. Sogar in privaten Häusern werden Lesungen abgehalten, aber auch musiziert. Tourismuszentrale der Hansestadt Stralsund, Alter Markt 9, 18439 Stralsund, Tel.0 38 31/24 69 0, info@stralsundtourismus.de

INFORMATION

Touristenzentrale. Mai–Okt. Mo–Fr 10–18 Uhr, Sa/So 10–16 Uhr, Nov–April Mo–Fr 10–17 Uhr, Sa 10–16 Uhr, So geschl., Alter Markt 9, 18439 Stralsund, Tel. 0 38 31/2 46 90 oder 0 38 31/24 69 22, www.stralsundtourismus.de

Yachtclub Strelasund. Zum Kleinen Dänholm 21, 18439 Stralsund Tel. 0 38 31/29 73 00, info@ycstr.de, www.ycstr.de

Sportboothafen auf dem Dänholm. Im Bereich der Ostmole, Gastliegeplätze, Sanitäranlagen, Vermittlung von Serviceleistungen durch den Hafenmeister. Wassersportzentrum Nord e. V., Liebitzweg 22, 18439 Stralsund, Tel. 0 38 31/29 78 54 (Hafenmeister)

Sportboothafen Dänholm-Süd. An der Südseite des Dänholm. Gastliegeplätze, Wasser- und Stromanschlüsse am Steg. Am alten Marinehafen 11, 18439 Stralsund, Tel. 0 38 31/29 74 44, 01 70/02 84 56

Breite Auswahl an frischen Waren auf dem Markt

44 Stralsund-Ozeaneum

Der Gesang der Wale

Der Raum taucht in ein mystisches Blau und verdunkelt sich zum Grund hin, während unter der schillernden Oberfläche die Giganten der Meere still im Wasser treiben. Wer sich auf das stimmungsvolle, von sanfter Musik untermalte Szenario einlässt, verspürt bald das Bedürfnis, den Rufen der Wale zu folgen und mit dem 16 Meter langen Buckelwalweibchen und ihrem fünf Meter langen Jungtier durch die imaginäre Unterwasserwelt zu schweben.

Mitte: Riesen der Meere ganz nah
Unten: Der futuristische Bau des Ozeaneums

Diejenigen, die das Zuhause von Walen, Rochen und Haien in den Weltmeeren dieser Erde seit jeher fasziniert hat, haben bestimmt einmal davon geträumt, wie der an die Wand projizierte Taucher, mit den Tieren zu schwimmen. Ohne Tauchausrüstung und einen Sprung in das kalte Nass wird man den *Gentle Giants*, den sanften Riesen, wohl kaum näher kommen können als hier. Sie wirken unglaublich echt, tatsächlich handelt es sich um erstklassige Nachbildungen, die von Bildhauern aus verschiedensten Materialien geschaffen wurden.

Erlebniswelt Ozeaneum

Das erst 2008 eröffnete Ozeaneum gehört zu den modernsten Erlebniswelten Europas. Eingebettet in den Hafen von Stralsund, bestimmen die See und deren Bewohner die Exponate und Aquarien. Der Grundgedanke der Architekten, das Gebäude wie umspülte Steine im Wasser wirken zu lassen, setzt sich im Inneren fort. Das Schwarmfischbecken und der gläserne Tunnel im Nordseeaquarium sowie die rundlichen Becken im Ostseeaquarium greifen die Formen der Steine auf und ermöglichen einen

Rundgang, der, wenn man nur nah genug an die Bassins herantritt, wiederum den Eindruck erzeugt, auf dem Meeresboden spazieren zu gehen und sich mitten unter den Tieren im Wasser zu bewegen.

Eine Forschungsreise in die Tiefsee

Neben den mit über 200 000 Litern Wasser gefüllten Großbecken wartet eine Vielzahl von kleineren Aquarien darauf, von den Besuchern entdeckt zu werden. Und genau so sollte man an die Sache herangehen. Der Besuch ist wie eine Entdeckungsreise in die Tiefen der Meere, die der Normalsterbliche nie zu sehen bekommt. Im Kino geht es stattdessen mit Wissenschaftlern auf eine virtuelle Tauchfahrt oder man steckt den Kopf in einen Tauchhelm, um die Unterwasserwelt aus dem Blickwinkel eines Unterwasserforschers zu betrachten. »Verstehen um zu bewahren«, das ist das Motto des World-Wildlife-Fonds (WWF), von Greenpeace und dem Forschungsministerium, welche die Bemühungen des Ozeaneums, über das empfindliche Gleichgewicht der Ozeane aufzuklären, aktiv unterstützen.

MAL EHRLICH

Das Ozeaneum wirbt mit einem Logo für Barrierefreiheit. Darin eingeschlossen sind jedenfalls nicht die Eintrittspreise für eine vier- oder mehrköpfige Familie. Kombiniert man seinen Besuch mit den anderen Museen, landet man schnell bei über 50 Euro, je nach Anzahl der Kinder und benötigten Fotoerlaubnissen. Wer hat sich denn das einfallen lassen? Wer Ähnliches schon andernorts gesehen hat, sollte sich einen Besuch gut überlegen. Wer nicht, für den lohnt der Besuch.

Oben: Ein beeindruckendes Walskelett
Mitte: Die Muschelsammlung
Unten: Der Tunnel: wie ein Unterwasserspaziergang

Oben: Lebensgroß: ein Orca
Mitte: Ein schönes Plätzchen zum Verweilen
Unten: Keine Angst vor Eisbären – ein großer Teddy

Nachts im Museum

Der gleichnamige Hollywoodstreifen wäre ein guter Einstieg, um Kinder ab acht Jahren auf dieses Abenteuer vorzubereiten. Wie im Film kann man sich nach Schließung der Tore des Museums mit der Taschenlampe auf einen Rundgang durch das Haus begeben. Dabei stehen die Veranstaltungen immer wieder unter einem anderen Motto. *Unter Haien, Mythen und Wahrheiten* und *Schatzsuche im Dunkeln* sind nur einige Themen der einstündigen Veranstaltungen.

Nachwuchsförderung

Für Kinder bis zwölf Jahre ist das Forschungsdeck konzipiert worden. Früh übt sich, wer ein Weltverbesserer werden möchte. Für Schulgruppen veranstaltet das Ozeaneum Rallyes durch das Haus. Die Arbeitsblätter kann man sich aber auch im Internet ausdrucken und mit der Familie bearbeiten.

Luft holen

Um aus dem Meer wieder aufzutauchen, braucht man nur auf die Dachterrasse des Ozeaneums zu gehen. Dort bietet sich ein toller Ausblick über die Stadt und auf die Insel Rügen. Die zehn Humboldt-Pinguine können den Tag genießen – beneidenswert. Die Lieblinge der Kinder sind ein gutes Beispiel gelungener Integrationspolitik. Vielleicht hat Frau Merkel deswegen die Patenschaft für eine der Pinguindamen übernommen. Eigentlich sind die Tiere an den Pazifikküsten Perus und Nordchiles beheimatet. Diese Prachtexemplare wurden allerdings alle in Mecklenburg-Vorpommern geboren, ein Weibchen sogar hier im Ozeaneum. Die Tiere werden jeden Tag um 11.30 Uhr gefüttert.

Meeresmuseum

Es ist wohl die Lage der Stadt an der See, die es möglich macht, dass neben dem Ozeaneum noch drei weitere Museen mit Bezug zum Meer in Stralsund ihren Platz gefunden haben. Das Meeresmuseum ist in einem alten Dominikanerkloster untergebracht und besticht durch seine gemütliche Atmosphäre. Neben den Haien und Schildkröten oder den farbenprächtigen Fischen im tropischen und im Mittelmeeraquarium stehen hier die Exponate wie Skelette und präparierte Tiere im Vordergrund. Spannend ist die Haifisch- und Schildkrötenfütterung durch Taucher.

Nautineum

Im Nautineum hat man Gelegenheit, sich mit allem auszustatten, was man für eine fachgerechte Exkursion in die Tiefsee braucht. Vor den Toren der Stadt auf der Insel Dänholm liegt das über zwei Hektar große Ausstellungsgelände. Auf dem Außengelände und in der alten Tonnenhalle sind all die Exponate untergebracht, die offenbar in die anderen beiden Museen nicht reinpassten. Da findet man alles, was man zur Messung von Druck, Temperatur und Strömungsgeschwindigkeit und zur Probennahme auf dem Meeresgrund benötigt. Draußen beeindrucken Tauchboote, eine Unterwasserstation und das 14 Meter lange und 86 Tonnen schwere Unterwasserlabor Helgoland. Das sollte für den Einstieg reichen. Sogar eine

AUTORENTIPP!

ZUR FÄHRE, EINE ECHTE SEEMANNSKNEIPE

Nach einem solchen Bildungsmarathon braucht der Geist ein wenig Zeit, das Gesehene zu verarbeiten. Was kann da stilechter sein als der Besuch einer richtigen Hafenkneipe im historischen Viertel von Stralsund. Keine Sorge, hier muss man keine Angst haben, für den nächsten Bananendampfer nach Südamerika *schanghait* zu werden. Immerhin lud die Kanzlerin hier 2012 die Mitglieder des Ostseerates zum Umtrunk ein. Allerdings prostete sie den Kollegen zwischen all den Steuerrädern, Schwimmwesten und anderem seemännischen Gedöns an der Wand mit Weißwein zu. Für echte Seefahrer hält die Wirtin stattdessen einen hausgemachten Kräuterschnaps bereit.

Zur Fähre. Fährstraße 17, 18439 Stralsund, Tel. 0 38 31/29 71 96, www.zurfaehre-kneipe.de

Oben: Geheimnisvolle Unterwasserwelt
Mitte: Uniformen im Marinemuseum
Unten: Buntes Treiben unter Wasser

kleine Diesellokomotive, mit Bojen beladen, die zur Kennzeichnung des Fahrwassers gedient haben, befindet sich auf dem Gelände. Besonders rücksichtsvoll ist es, den Fischen in den beiden anderen Aquarien den Anblick der traditionellen Küstenfischerboote und der Fischerhütte erspart zu haben. Modellbootbauer können sich in den Vitrinen 35 traditionelle Arbeitsboote anschauen. Die Modelle im Maßstab 1:14 sind alle aus Eichenholz von Hand gefertigt und jedes für sich ein Schmuckstück.

Marinemuseum

Wenn man einmal auf dem Dänholm ist oder ein besonderes Interesse an der Marinegeschichte der Insel hat, bietet es sich an, auch gleich noch dem Marinemuseum einen Besuch abzustatten. Neben Uniformen, Orden und Schiffsmodellen klären Schautafeln über die bewegte Geschichte der Stadt Stralsund und der Insel Dänholm auf. Einst in der Hand der Slawen, schenkte Witzlaw I. (um 1180–1250) die Insel 1234 der Stadt Stralsund. Die kaiserlichen Truppen unter Wallenstein errichteten auf der Insel Festungsanlagen, die der Heerführer dazu nutzte, die Stadt 1628 zu belagern und zu beschießen, weil diese seinen Truppen kein Winterlager gewähren wollten. Zusammen mit den Dänen und Schweden vertrieb man Wallenstein, und die Schweden legten die sogenannte Sternschanze an, von der heute nur noch ein kleiner Rest zu sehen ist. Denn auch die Franzosen unter Napoleon nahmen 1807 an der Balgerei um diesen strategisch bedeutsamen Ort teil. Er ließ die Festungsanlagen schleifen, was soviel bedeutet wie abreißen. Später zogen die kaiserliche Marine, die Reichsmarine, die Volksmarine und die Bundesmarine in die Kasernengebäude ein. Geblieben sind dem Museum Minenräumgerätschaften, ein Hubschrauber, ein Torpedoschnellboot, Torpedos und Seeminen, die das Außengelände zieren.

Infos und Adressen

ESSEN UND TRINKEN

Goldener Löwe. Mediterrane und regionale Küche wie Grünkohl, Sauerbraten, Matjes und anderer Fisch. Gemütlich eingerichtet mit Außenbereich direkt am alten Markt. Alter Markt 1, 18439 Stralsund, Tel. 0 38 31/30 63 90

Imbiss in der Fischhalle

Hotel & Hafenkneipe Klabautermann. Urgemütliche Hafenkneipe direkt am Hafen. Obwohl die Chancen gut stehen, dass man hier nicht untergeht, weil der Klabautermann, der Schutzpatron der Schiffe, hier sein Zuhause hat, ist für den Fall der Fälle eine Pension mit angeschlossen. Da der Gute für seine Besatzungen sorgt, werden auch Speisen serviert. Am Querkanal 2, 18439 Stralsund, Tel. 0 38 31/29 36 28 www.pension-klabautermann.de

AKTIVITÄTEN

Ozeaneum. 15. Sept.–Mai tägl. 9.30–19 Uhr, Juni–14.Sept. tägl. 9.30–21 Uhr, 24. Dez. geschlossen, 31. Dez. 10–15 Uhr. Hafenstraße 11, 18439 Stralsund, Tel. 0 38 31/2 65 06 10, www.ozeaneum.de

Meeresmuseum. Juni–Sept. tägl. 10–18 Uhr, Okt.–Mai, tägl. 10–17 Uhr, 24.Dez. geschlossen, 31.Dez. 10–15 Uhr. Katharinenberg 14–20, 18439 Stralsund, Tel. 0 38 31/2 65 02 10, info@meeresmuseum.de, www.meeresmuseum.de

Nautineum. Mai und Okt. tägl. 10–17 Uhr, Juni–Sept. tägl. 10–18 Uhr, Nov.–April geschlossen. Zum Kleinen Dänholm, 18439 Stralsund, Tel. 0 38 31/28 80 10, www.meeresmuseum.de

Marinemuseum. 1.Mai–31.Okt. Di.–So. 10–17 Uhr (Montag geschlossen). Zur Sternenschanze 7, 18439 Stralsund, Tel. 0 38 31/29 73 27, www.marinemuseum-daenholm.beepworld.de

Die Außenfassade des Museums

45 Greifswald

»Kleiner Mann was nun«

Es waren wieder mal die fleißigen Mönche des Zisterzienserordens, von deren Kloster Eldena die Gründung der Stadt ausging. Heute ist Greifswald eine Universitätsstadt, in der auf jeden Studierenden fast zwei Universitäts-Mitarbeiter kommen und jeder fünfte Einwohner Student ist. Das sorgt für Dynamik im historischen Ambiente der über 750 Jahre alten Stadt.

Mitte: Sportboothafen in Greifswald
Unten: Fischerboote im Hafen

Im Umfeld der Universität haben sich Forschungsinstitutionen namhafter Unternehmen angesiedelt, die gern auf die Kapazitäten der Ausgründungen aus der Universität zurückgreifen. Ohnehin ist die Stadt mit großen Namen verbunden. Ernst-Moritz Arndt, der auf Rügen geboren wurde, lehrte an der Universität Geschichte und Philologie. Caspar David Friedrich wurde in der Langen Str. 47 geboren. In dem Haus befindet sich das gleichnamige Zentrum, das einen Einblick in das Leben und Schaffen des Künstlers gewährt. Ganz in der Nähe befindet sich das Geburtshaus von Hans Fallada (1893–1947).

Nunquam retrorsum – niemals rückwärts

Die Gegensätze sind es, die den Ort so interessant machen. Die in die Zukunft orientierte Innovationskraft junger Forscher und Intellektueller haucht der kuscheligen Gemütlichkeit des alten Marktes, dem historischen Hafen und der altehrwürdigen Universität bis spät in die Nacht Leben ein. Traditionen haben einen hohen Stellenwert. Im Zeitalter sozialer Netzwerke gibt es wieder Bruderschaften. Die verpassen sich unserer Tage keinen

Schmiss mehr mit dem Degen, sondern bieten neuen Kommilitonen Unterstützung bei der Wohnungssuche oder zeigen ihnen den Weg durch den Universitätsdschungel. Zu einer Universitätsstadt gehören natürlich auch die entsprechenden Kneipen. Wenn die zu teuer sind, und Studenten haben oft nicht genug Geld, schafft man sich eben günstige Alternativen. Eng verbunden mit ihrer Arbeit und bereits seit vielen Jahrzehnten etabliert, befinden sich der Geographen- und der Geologenkeller, einfach ausgestattete Kellerraumkneipen, unterhalb der Universitätsgebäude.

Bibelfeste Bauern

Die Geschichte der Stadt ist eng verzahnt mit der der Insel Rügen. Im heutigen Ortsteil Eldena gründete der slawische Rügenfürst Jaromar I., nachdem er von den Dänen »überzeugt« worden war, zum christlichen Glauben zu konvertieren, Anfang des 13. Jh. das gleichnamige Kloster. Von dort gingen die Gründungen der Klöster und der wirtschaftliche Erfolg der Insel Rügen aus. Leider sind nur noch die Ruinen der ehemaligen Anlage zu besichtigen. Deren imposante Ausmaße lassen allerdings die Bedeutung und den Einfluss des Ordens erahnen.

Stadt am Meer

Die Stadt liegt am Meer. Deshalb gehören der Fischfang und die Seefahrt seit jeher zu den Einnahmequellen der Bewohner. Im historischen Hafen an der Museumswerft liegen einige Schiffe vor Anker, von denen die meisten fahrtüchtig sind und für Ausflugsfahrten bereit stehen. Auf dem Weg zum Meer müssen sie im Ortsteil Wiek die Holzzugbrücke passieren. Der Bau von Segelyachten hat in Greifswald Tradition. Gemessen an der Zahl verkaufter Boote befindet sich hier der drittgrößte Hersteller für seetüchtige Segelyachten.

Infos und Adressen

ESSEN UND TRINKEN

Hotel Restaurant »utkiek«. Direkt an der Promenade. Am Hafen 19, 17493 Greifswald, Tel. 0 38 34/8 33 10, www.utkiek-wieck.de

ÜBERNACHTEN

Ferienhaus-Finnhütten. Gemütlich eingerichtete Hütten. Am Teich 4a, 17493 Greifswald, Tel. 0 38 34/84 30 45, Fax 0 38 34/83 07 50, www.ferienhaus-finnhütten.de

AKTIVITÄTEN

Führungen Kloster Eldena. Fremdenverkehrsverein der Hansestadt Greifswald und Land e. V. Das Gelände ist ganzjährig geöffnet. Rathaus/Markt, 17493 Greifswald, Tel. 0 38 34/52 13 80

Greifswalder Museumswerft e. V. Salinenstraße 20, 17489 Greifswald, Tel. 0 38 34/52 13 80, www.museumswerft-greifswald.de

Museumshafen Greifswald e. V. Ganzjährig geöffnet. Führungen und Mitsegeln sind jederzeit nach Absprache möglich. Hafenstraße 31, 17489 Greifswald, Tel. 0 38 34/52 13 80, www.museumshafen-greifswald.de

INFORMATION

Fremdenverkehrsvereins Greifswald Stadt und Land e. V. Rathaus Arkaden, Markt, 17489 Greifswald, Tel. 0 38 34/52 13 80, www.greifswald.de

Mitte: Bootshäuser in Ahrenshoop
Unten: Ferienhaus in Wustrow

46 Fischland – Darß – Zingst
Wildes Land

Am Darßer Ort schickt der älteste noch in Betrieb befindliche Leuchtturm an der Ostseeküste seine Willkommensgrüße an Besucher und heimkehrende Seeleute. Ist Hiddensee autofrei und die Überfahrt recht teuer, lässt dieses Eiland zwischen Bodden und Meer dem Besucher die freie Wahl des Verkehrmittels. Allerdings lässt sich die Insel mit dem gut ausgebauten Rad- und Wanderwegenetz auch ohne Verbrennungsmotor erkunden.

Dort, wo der Strand direkt in den Wald übergeht, bietet sich dem Besucher ein wildromantisches Natur- und Badeerlebnis. Dort liegen entwurzelte Bäume, von denen einige durch das Salzwasser ausgeblichen und gräulich sind. Anders als auf Rügen ist die Halbinsel nicht durch eine Hebung des Meeresbodens entstanden. Sie ist der Rest eines Inselkerns und besteht aus dem Sand, der vor 10 000 Jahren aus den sich zurückziehenden Gletschertoren gespült und von Grundmoränen zurückgelassenen Granitgesteinen geformt wurde. Die bizarre Gestalt des Küstenverlaufs verdankt die Halbinsel dem ewigen Nagen des Meeres an ihren Ufern.

Naturbeobachtungen

Fast die gesamte Halbinsel gehört zum Nationalpark Vorpommersche Boddenlandschaft, denn auch hier landen im Herbst Zehntausende von Kranichen. Im Ostseeheilbad Zingst gibt es aus diesem Grund mehrere Vogelbeobachtungshütten und -plattformen. Eine weitere befindet sich mitten im Naturschutzgebiet Pramort. Der Zugang ist hier nur mit dem Fahrrad oder zu Fuß möglich und unterliegt im Herbst besonderen Bedingungen. Mehr über die Naturlandschaften erfährt man im Natureum im Hauptgebäude des Leuchtturmgehöfts des 160 Jahre alten Leuchtturms. Wer die 136 Stufen des Leuchtturms erklimmt, hat die Chance, die Tiere der Darßlandschaft in ihrem natürlichen Umfeld zu sehen. Darüber hinaus reicht der Blick bei schönem Wetter bis zur Insel Hiddensee. Fischland war vor langer Zeit mit der Insel verbunden, bevor das Meer die Landenge an mehreren Stellen durchbrach.

Ahrenshoop

Ende des 19. Jhs. entdeckten Landschaftsmaler das kleine Fischerdorf erstmalig als Motiv. Mit der Gründung einer Künstlerkolonie strömten nach und nach immer mehr Maler und Dichter herbei und verteilten sich über die gesamte Halbinsel. Ihnen folgten zahlungskräftige Touristen, die es dem Ort ermöglichten, die künstlerische Tradition in wunderschönen Fischerkaten zu erhalten. Acht Galerien und Ausstellungsräume haben sich am Ort angesiedelt, zeigen die Werke regionaler Künstler und bieten sie zum Kauf an. In der Klanggalerie, einem Gebäude, das aufgebaut ist wie ein Ohr, gibt es für den Besucher etwas »an die Ohren«.

Zingst

In dem Erholungsort findet jedes Jahr das Natur- und Umweltfotofestival – Horizonte Zingst statt. Im Zeitalter der digitalen Fotografie, scheinbar unerschöpflicher Speicherkapazität und einer wahren Flut an Bildern ist diese Veranstaltung eine willkommene Bereicherung für jeden, der auf Qualität und nicht auf Quantität setzen möchte. Profis wie Amateure haben während der neuntägigen Veranstaltung die Möglichkeit, an Workshops, Shootings, Vorträgen und Diskussionen teilzunehmen.

Infos und Adressen

ESSEN UND TRINKEN

Kurhaus Zingst. Wunderschön inmitten der Dünen gelegen. Seestraße 57, 18374 Zingst, Tel. 03 82 32/8 15 76

ÜBERNACHTEN

Strandhotel Fischland. Große und trotzdem schöne Hotelanlage. Ernst-Moritz-Arndt-Str. 6, 18347 Ostseebad Dierhagen, www.strandhotel-fischland.de

AKTIVITÄTEN

LGM-Klanggalerie »Das Ohr«. Dorfstraße 31, 18347 Ahrenshoop, Tel. 03 82 20/6 67 00, www.ostseebad-ahrenshoop.de

Bunte Stube. Bücher, Kunsthandwerk, Naturwaren, Ausstellung. Dorfstraße 24, 18347 Ahrenshoop, Tel. 03 82 20/23 8, www.bunte-stube.de

VERANSTALTUNGEN

Umweltfotofestival »horizonte zingst«. Kur- und Tourismus GmbH. Seestraße 56, 18374 Ostseeheilbad Zingst, Tel. 03 82 32/16 51 21, fotografie@zingst.de, www.erlebniswelt-fotografie-zingst.de

INFORMATION

Kur- und Tourismus GmbH. Seestraße 56, 18374 Ostseeheilbad Zingst, Tel. 03 82 32/8 15 21, info@zingst.de, www.zingst.de

Mitte: Am Strand von Bansin
Unten: Seebrücke in Ahlbeck auf Usedom

47 Usedom und Wolin
Abstecher nach Osten

Warum sollte man schon von einer Insel auf die andere hüpfen, wenn Seebrücken, Bernsteinausbeute und Wellnesshotels hier auch nicht anders aussehen als auf Rügen? Ganz einfach: Die Insel ist zur Hälfte polnisch. Und wenn man schon einmal den Osten der Republik besucht, ist ein Besuch der nächsten europäischen Nachbarn eine interessante Ergänzung zum üblichen Urlaubsprogramm.

Bei einem flüchtigen Blick auf die Karte fällt nicht auf, dass die Insel Usedom mitten im Zentrum von Swinemünde (Świnoujście) endet und sich auf der anderen Seite die polnische Insel Wollin befindet. Die erreicht man mit verschiedenen Stadtfähren von Swinemünde aus.

Billig, billig, billig

Einige treten die Reise in das Nachbarland nur in der Hoffnung an, ein Schnäppchen auf dem Polenmarkt zu machen. Das ist manchmal sogar möglich, doch viel interessanter ist es doch zu sehen, wie unsere Nachbarn leben, Handel treiben und Urlaub machen. Es waren die westslawischen Völker und Stämme, die die Küsten des Nordostens besiedelten. Und das lange bevor Preußen Rügen, Usedom und Wollin für sich beanspruchte. Neben dem auch in Deutschland bekannten und im Sommer stark frequentierten Seebad Misdroy (Międzyzdroje) gehört der Nationalpark Wolin zu den Hauptattraktionen der Insel. Dort gibt es neben einigen seltenen Vogelarten wie dem Wappentier des Nationalparks, dem Seeadler, auch noch Wisente (Europäischer Bison).

Peenemünde

Doch auch Usedom hält noch einige Sehenswürdigkeiten bereit. Eine der interessantesten ist die ehemalige Raketenversuchsanlage der Nationalsozialisten in Peenemünde. Die offizielle Bezeichnung war Heeresversuchsanlage Peenemünde. Hier entwickelte der bekannte Raketeningenieur Wernher Magnus Maximilian Freiherr von Braun (1912–1977), besser bekannt unter dem Namen Wernher von Braun, mit seinen Kollegen die ersten Flüssigtreibstoffraketen, die u. a. auf England abgeschossen wurden und verheerende Verluste unter der Zivilbevölkerung in London anrichteten. Später arbeitete Braun in leitender Position im Weltraumprogramm der NASA (National Aeronautics and Space Administration). Peenemünde gilt heute als Geburtsstätte der Raketentechnologie, war aber immer nur eine Versuchsanlage. Nach 1945 nutzte die Volksarmee das Gelände als Militärflughafen. Neben der Ausstellung im ehemaligen Kraftwerk sind hier Hubschrauber, Düsenjets und natürlich Modelle der V1 und V2 ausgestellt. Im Hafen liegen ein Raketenschiff und das sowjetische U-Boot U-461 aus dem Jahr 1965, das besichtigt werden kann. So sahen sie aus, die Gegner des britischen U-Bootes im Hafen von Sassnitz während des Kalten Krieges.

Die Kaiserbäder

Sind die Seebrücken schon auf Rügen eine Sehenswürdigkeit, setzt der Bootssteg in Heringsdorf noch einen drauf. Auf der Kaiser-Wilhem-Brücke befindet sich nicht nur ein Restaurant, das im Sommer viele Außensitzplätze und somit einen schönen Blick auf die Ostsee bietet. Hier kann man in der Verlängerung der Shoppingmeile am Strand in einigen kleinen Geschäften über dem Wasser wandelnd einkaufen.

Infos und Adressen

ESSEN UND TRINKEN

Jazz Club Centrala Swinemünde. Armii Krajowej 3, 72–600 Świnoujście, Polska, Tel.(+48)91/3 21 26 40

Terrassen Kaffee Heringsdorf. Pension, Café und Restaurant mit wunderschönem Blick auf das Meer von der Terrasse aus. Kulmstraße 29, 17424 Heringsdorf, Tel. 03 83 78/2 25 40, www.terrassenkaffee.de

ÜBERNACHTEN

Hotel TROFANA Misdroy. Luxuriöses Hotel mit großzügigem Spa-Bereich. 500 m von Strand und Mole entfernt. 72–500 Międzyzdroje, ul. Zdrojowa 9, Tel. (+48)91/32 80 482, info@trofana.pl, www.trofana.pl

AKTIVITÄTEN

Historisch-Technisches Museum Peenemünde. Dokumente und Filme über/und Originalteile der Raketenversuchsanlage. April–Sept. tägl. 10–18 Uhr, Okt.–März tägl. 10–16 Uhr, Nov.–März Mo. geschlossen, 24.–26. Dez. geschlossen, Im Kraftwerk, 17449 Peenemünde, Tel. 03 83 71/50 50, htm@peenemuende.de

Bootsausflug nach Misdroy ab Heringsdorf. Adler Schiffe, 1.–30. April jeden Do und Sa zusätzlich Ostermontag, 1. Mai –6. Okt. jeden Mo, Mi, Do, Sa, So, 7. – 31. Okt. jeden Do und Sa, Seebrücke Heringsdorf, Tel. 0 18 05/12 33 44, info@adler-schiffe.de, www.adler-schiffe.de

Mitte: »Turning Torso« in Malmö
Unten: Universität von Lund

48 Rundreise Südschweden

Kurze Wege von Rügen

Auch wenn es in Bergen auf Rügen einen Ikea-Markt gibt, ist es doch vielleicht lohnenswert, mal eben über die Ostsee zu hüpfen und einen Vergleich mit dem Original vorzunehmen. Vor allem in der Weihnachtszeit, wenn die traditionellen schwedischen Weihnachtsmärkte ihre Pforten öffnen, lohnt sich der Besuch besonders.

Zwischen den Schweden und den Rüganern gab es schon immer eine enge Verbundenheit. Wenn es nicht gerade die Dänen waren, die Anspruch auf das Land erhoben, kamen die Schweden daher. Das erste Mal im Rahmen des Westfälischen Friedens, als Rügen nach dem Dreißigjährigen Krieg Schwedisch-Pommern zugesprochen wurde. Der Haken an der Geschichte: Immer wenn sich die Schweden irgendwo balgten, wurde man in die Kriege mit hineingezogen. Mal waren es die Dänen, ein anderes Mal die Franzosen – und nach dem Wiener Kongress, der nach den napoleonischen Feldzügen Europa neu ordnete, waren es die Preußen, die Rügen für sich beanspruchen durften.

Trelleborg

Von Rügen gelangt man mit der Fähre von Sassnitz aus nach Trelleborg. Wenn man den Hafen verlässt, passiert man eine Palmenallee. Was für uns das Tor in den Norden ist für die Schweden eben das Tor in den Süden, und da wachsen nun einmal Palmen. Besonders gemütlich ist die Stadt ansonsten nicht. Sehenswert ist am ehesten die 1991 wiederentdeckte und rekonstruierte Verteidigungsanlage aus dem 10. Jh. Für Film- und Hollywoodfans wartet die Stadt noch mit der Skulptur einer nackten Schönheit über dem Hafen auf. Modell stand die Großmutter der bekannten amerikanischen Schauspielerin Uma Thurman. Offensichtlich weiß die Familie sich ins rechte Licht zu rücken.

Das Tor nach Schweden – Malmö

Ähnlich wie um Rügen, haben sich die Schweden und Dänen auch um die Stadt Malmö gezankt. Mit 300 000 Einwohnern hat es der Ort jedoch geschafft, die Geschichte zu überdauern und mit der Fertigstellung der Öresundbrücke erheblich an Bedeutung, man muss sagen, wieder gewonnen. Denn schon immer gehörte die Stadt zu den bedeutenden Handelsstädten Skandinaviens. Und nun hat die drittgrößte Stadt Schwedens wieder große Ambitionen. Spätestens seit dem Neubau des Turning Torso, dem mit 190 Meter höchsten Hochhaus Skandinaviens, haben die Menschen in Malmö deutlich gemacht, dass sie nicht in der lieblichen Verschlafenheit ihrer Fachwerkhäuser verharren möchten. Trotzdem bleiben der Alte Markt, das Rathaus und das Malmöhus, das alte Schloss, wohl die Hauptattraktionen der Stadt. Wäre da nicht das Emporia, das größte und modernste Shopping-Center Skandinaviens, das zumindest für dänische Besucher ein Schnäppchenmarkt ist.

Studentenstadt Lund

Ein Drittel der gut 80 000 Einwohner Lunds sind Studenten. Wahrscheinlich ist das der Grund, warum das Hauptverkehrsmittel das Fahrrad ist. Der vorwiegend mittelalterliche Charakter der Stadt wird durch Backsteingebäude wie den Dom, die Universitätsbibliothek oder das Haus der akademischen Gesellschaft und die vielen Fachwerkhäuser und kopfsteingepflasterten Wege geprägt.

Infos und Adressen

EINKAUFEN

Emporia Shopping Center. Tägl. 10 bis 20 Uhr, Tel. (+46)40/36 36 00, Emporia, Hyllie Boulevard 19, 215 32 Malmö, info.emporia@steenstrom.com, www.emporia.se

INFORMATION

Visit Sweden. Touristeninformation Schweden, Box 3030, (+46)/1 03 61 Stockholm, info@visitsweden.com, www.visitsweden.com

Fähre Sassnitz–Trelleborg. Scandlines-Servicecenter, Tel. 0 18 02/11 66 99, www.sassnitz-trelleborg.scandlines.de

Busfahrt, Fährüberfahrt Mukran – Trelleburg – Mukran. Rundfahrt und Stadtrundfahrt mit Reisebegleitung. www.ruegen-bus.de

Fotevikens Wikingerdorf. Geführte Touren, 8. Mai–1. Juni. Di–Fr 10–16 Uhr, 2. Juni–31. Aug. tägl. 10–16 Uhr, 4. Sept.–14. Sept. Di–Fr 10–16 Uhr 22. Juni geschlossen, Fotevikens Museum, Museivägen 24, S-236 91 Höllviken, (+46)40/33 08 00, museum @foteviken.se

Tourismusinformation Südschweden. www.visitsweden.com

Unten: Das Zentrum von Kopenhagen

49 Kopenhagen
Königliche Stadt am Meer

Hat Rügen mit seinen Herrensitzen und der Residenzstadt Putbus schon einiges an Pomp und Gloria zu bieten, wird dies ohne Frage durch den Wohn- und Herrschaftssitz der dänischen Königsfamilie deutlich in den Schatten gestellt. So verträumt der Rest Dänemarks auch sein mag, diese Stadt gehört zu dem Schönsten und Aufregendsten, was Nordeuropa zu bieten hat.

Da machen die Dänen den schönen Svantovit-Tempel am Kap Arkona kaputt, wo sie doch in Kopenhagen ihr eigenes Kastell und Schloss, das Christiansborg Slot, hatten. Das wurde allerdings auch von den Wikingern dem Erdboden gleichgemacht, doch ist das noch lange kein Grund, den Ranen ihre vergleichsweise primitive Kultstätte zu zerstören. Das sahen der dänische König Waldemar I. (1131–1182) und sein Heerführer Bischof Absalon von Roskilde (1128–1201) 1168 offensichtlich ganz anders. Denn die Ranen plünderten gerne an der dänischen Küste und auf der Ostsee. So sah man offensichtlich keinen anderen Ausweg, als dem religiösen Zentrum des westslawischen Volkes einen Besuch abzustatten und sie nebenbei auch gleich noch zu christianisieren.

Die Überfahrt

Bereits die Anreise mit der Fähre vom Hafen Neu Mukran bei Sassnitz nach Trelleborg ist ein lohnenswertes Erlebnis. Wer nicht gleich in Schweden bei der Rekonstruktion der Wikingerburg Trelleborg bleibt, kann mit dem eigenen PKW in 60 Min. die 70 Kilometer bis ins Zentrum von Kopenhagen bequem schaffen. Auf der E22 vor Malmö, wieder

so ein Ort, an dem man bleiben könnte, biegt man nach Westen auf die Öresundbrücke (dän. Øresundsbroen) ab. Auf 1000 Metern Länge rollt man knapp 60 Meter über die Schornsteine der Frachter und Fähren hinweg, die von der Ostsee über das Kattegat in die Nordsee oder den Nordatlantik dampfen.

Der Nyhavn

Den besten Eindruck von der gelassenen Stimmung in Kopenhagen bekommt man im Neuen Hafen – Nyhavn. Einst befand sich hier die sündige Meile, als der Hafen noch dem Be- und Entladen der Frachtsegler diente. Heute ist das Hafenbecken von Kneipen, Restaurants, Galerien und kleinen Geschäften gesäumt, die das Viertel im Sommer wie im Winter mit Leben füllen. Die alten Kaufmannshäuser und ehemaligen Speicher mit den bunten Farben tragen zum lebenslustigen Ambiente des Viertels bei, wo sich an warmen Tagen die Menschen mit einem Bier in der Hand auf der Hafenmauer oder einem der Restaurantschiffe treffen. Interessant ist, wie es den Dänen gelingt, englische Pubs im Zentrum einer dänischen Stadt zu etablieren. Gelinde gesagt geht dort bei viel Livemusik abends die Post ab. Von hier starten auch die Hafenbusse, die die durch Kanäle und den Hafen getrennten Stadtviertel verbinden und dabei wunderbare Ausblicke auf historische Wohnviertel, innerstädtische Bootshäfen und natürlich auf die

Oben: Die Sightseeingboote dienen auch als Wassertaxi.
Mitte: Die berühmte Meerjungfrau an der Einfahrt zum Hafen
Unten: Das alte Kaufmannsviertel Nyhavn

AUTORENTIPP!

NICHT POLITIK, SONDERN PARTY

Mitten im Zentrum von Kopenhagen befindet sich einer der ältesten Vergnügungsparks Europas. Um die 4 Mio. Besucher verzeichnet das parkähnliche Gelände mit Achterbahnen, Kettenkarussell und vielen anderen Fahrgeschäften. Die Anlage konnte seit ihrer Eröffnung am 15. August 1843 allen Bestrebungen, die Fläche mit Hotels oder Shoppingcentern zu bebauen, widerstehen. Immerhin ist es die meistbesuchte Attraktion Dänemarks und laut ihrem Erbauer Georg Carstensen (1812–1857) das beste Mittel, das Volk davon abzuhalten, sich in die Politik einzumischen. Ein Argument, dem sich König Christian VIII. (1786–1848) nicht verschließen konnte und das Gelände zur Errichtung des Freizeitparks den Gründern überließ. Wesentlicher Bestandteil des Programms ist Livemusik von Rock bis Jazz und von Bigbands bis zu klassischen Orchestern.

Tivoli. Vesterbrogade 3, 1630 Copenhagen, Denmark, Tel. (+33)15/1001, tivoli.dk

Amalienborg, den Wohnsitz der Königin Margarethe II., ermöglichen. Mindestens ebenso beeindruckend ist der Blick auf die Oper am anderen Ufer.

Amalienborg und Schloss Christiansborg

Dass Margarethe II. zu Hause ist, erkennt man daran, dass die Flagge auf dem Dach des Hauses gehisst ist. Jeden Mittag um 12 Uhr findet, begleitet von vielen Schaulustigen, die Wachablösung der königlichen Garde mit ihren Bärenfellmützen und den schneidigen Uniformen statt – auch das ein wenig britisch. Schloss Christiansborg wurde hingegen einige Male neu errichtet und beherbergt als weltweit einziges Regierungsgebäude die drei Staatsgewalten unter einem Dach. Der Sitz des Parlaments liegt auf einer Insel, die mit dem Rest der Stadt über insgesamt acht Brücken verbunden und ebenfalls Haltepunkt des Hafenbusses ist.

Den Lille Havfrue

Wer kennt sie nicht, das Wahrzeichen Kopenhagens, die Kleine Meerjungfrau. Auf den Fotos wird der Eindruck erweckt, dass sie mitten in der Hafeneinfahrt platziert ist und in Richtung Hafeneinfahrt blickend die Seeleute empfängt. Tatsächlich steht die nur 1,25 Meter hohe 1913 von dem Kopenhagener Bildhauer Edvard Eriksen (1876–1959) geschaffene Skulptur so nah an der Uferpromenade, dass man sie meistens nicht ohne einen Touristen zu sehen bekommt, der der Märchenfigur des Dichters Hans Christian Andersen (1805–1875) den Kopf streichelt. Ein Rundgang durch die Grünanlagen des Kastells, an dessen Fuß die junge Dame verweilt, gehört zu den schönsten Spaziergängen der Stadt und ist ein schöner Abschluss, bevor man sich wieder auf die Rückreise macht.

Infos und Adressen

ESSEN UND TRINKEN

Nyhavnskroen. Traditionelle dänische Gerichte in schönem und gemütlichem Ambiente direkt am Nyhavn. Tel. (+45)33 32 14 19, Nyhavn 47–1051, København K., www.nyhavnskroen.dk

Restaurant Heering. Das können die Dänen: rustikale Location und trotzdem stilvolles Ambiente direkt am Nyhavn. Nyhavn 15, 1051 Kopenhagen. K., Tel. (+45)33 14/56 14, www.restaurantheering.dk

ÜBERNACHTEN

71 Nyhavn Hotel. Wunderschön an der Einfahrt zum Nyhavn gelegenes 4-Sterne-Hotel in einem alten Speicher. Nyhavn 71, 1051 København K, Dänemark, Tel. (+45)33 43 62 00, www.71nyhavnhotel.dk/

AKTIVITÄTEN

Amalienborg. Di–So 10–16 Uhr, 1257 København, Tel. (+45)5 33 92 63 00, sesmail@ses.dk

Arken Museum of Modern Art. Di–So 10–17 Uhr, Skovvej 100, Ishøj, Tel. (+45)9 43 54 02 22, reception@arken.dk, www.arken.dk

Kopenhagen steht für Gelassenheit.

Restaurant »Heering«

Busfahrt, Fährüberfahrt Mukran – Trelleborg – Mukran. 2x Überfahrt Öresundbrücke, Stadtrundfahrt mit Reisebegleitung. www.ruegen-bus.de

Canal Tours Copenhagen. Mindeankeret Nyhavn, 1051 København, Tel. (+45)32 96 30 00, CanalTours@CanalTours.dk, www.stromma.dk/en/CANAL-TOURS/

Den Lille Havfrue. Wenn man von Nyhavn aus der Promenade in Richtung Kastell folgt, gelangt man automatisch dorthin. Langelinie, 2100 København, www.mermaidsculpture.dk

Kopenhagen Bernstein Museum. House of Amber. Tägl. 10–18 Uhr, Kongens Nytorv 2, 1050 København, Tel. (+45)39 55/08 00, houseofamber@houseofamber.dk, www.houseofamber.com

Schloss Christiansborg. Di–So 10–17 Uhr, Prins Jørgens Gård, 1468 København, Tel. (+45) 33 92 64 92,

INFORMATION

Tourismusverband. www.visitcopenhagen.de

Mitte: Festung Hammershus
Unten: Bornholm von See aus

50 Bornholm
Festung Hammershus

Wer auf Rügen Urlaub macht, erfährt viel von den Kämpfen um die Insel, liest von Slawen, Schweden und Dänen, die sich alle der strategischen Bedeutung der Ostseeinseln als Vorposten zum Schutz der Heimat oder für Eroberungsfeldzüge bewusst waren. Wer also endlich mal im Original eine Festung derer sehen möchte, die den Rüganern an den Kragen wollten, findet auf Bornholm Nordeuropas größte noch erhaltene Burganlage.

72 Meter ragt die Burganlage Hammershus im Norden der Insel über die Granitfelsen auf. Mächtige Mauern mit einer Gesamtlänge von 750 Metern und 9 Metern Höhe beflügeln die Fantasie, und man kann sich gut vorstellen, wie im Mittelalter die dänische Krone gegen die Kirchenfürsten, Schweden und Lübecker gekämpft hat.

Mittelalterliche Feste

Ein ganz besonderes Erlebnis sind die Feuernächte auf Hammershus. Gaukler in historischen Kostümen schleudern Fackeln um die tanzenden Körper. Zu mittelalterlichen Klängen wird die Festung in ein mystisches, feuerrotes Licht getaucht. Wenn dann noch die Kanonen und alten Flinten knallen, fehlt eigentlich nur noch der gute alte Thor, der seinen Hammer schwingt. Den nutzen dann aber doch eher die Handwerker des Mittelaltercenters in Østerlars. In dem Erlebniscenter führen diese ein Leben wie vor 500 Jahren vor, als Klaus Störtebeker die Gewässer rund um Bornholm und Rügen unsicher machte.

Christiansø

Nicht ganz so groß wie Hammershus, aber ähnlich wehrhaft, sind die Festungsanlagen von Christiansø, wo die Kanonen immer noch auf das Meer ausgerichtet sind. Die Festung liegt auf einer vorgelagerten Insel, die ihren ganz eigenen Lebensrhythmus hat. Es gibt keine Autos, und die alten Häuser, aus Felssteinen und Holz gebaut, säumen enge Kopfsteinpflastergassen, in denen man noch das Klappern von Hufen und das Knarren von Wagenrädern zu hören glaubt.

Rønne

Es ist der größte Ort der Insel und beheimatet das Bornholmsmuseum. Wer sich also ganz genau über die Dänen, welche sich von hier aus auf den Weg machten, den Rüganern und Stralsundern einen Besuch abzustatten, informieren möchte, ist hier bestens aufgehoben. Obwohl es der größte Wirtschaftshafen Bornholms ist und trotz der Bombardierungen der Sowjets im Mai 1945, konnte sich die Stadt ihren historischen Charme erhalten. Dazu tragen vor allen Dingen der Freizeithafen und die holprigen Gassen entlang der alten Fachwerkhäuser bei.

Rundreise durch Südskandinavien

Wer von Rügen nach Bornholm übersetzt, sollte mindestens eine Übernachtung einplanen. Die Fähren verlassen Rügen ab Sassnitz gegen Mittag und erreichen ihr Ziel erst nach 15 Uhr am selben Tag. Wer seinen Rügen-Aufenthalt sogar um einige Tage verlängern möchte, gelangt über Bornhom nach Ystad in Schweden, macht einen Abstecher nach Malmö, quert die Öresundbrücke nach Kopenhagen und gelangt über Köge wieder zurück nach Bornholm und Rügen. Fertig ist die Rundreise durch Südskandinavien.

Infos und Adressen

ESSEN UND TRINKEN

Bryghuset Svaneke. Rustikales Brauhausrestaurant mit einfachen Speisen zum Mittagstisch. Svaneke, Svaneke Torv 5,Tel. (+45)56 49 73 21

ÜBERNACHTEN

Aparthotel Bølshavn. Wunderschön und romantisch inmitten der Natur am Wasser gelegen. Bølshavn 9, 740 Svaneke, Tel. (+45)56 49 61 21, info@pension-boelshavn.de, www.bornholm.info

VERANSTALTUNGEN

Feuernächte.
www.bornholmsmiddelaldercenter.dk.

AKTIVITÄTEN

Burgruine Hammershus. Das ganze Jahr freier Eintritt. Langebjergvej 128, 3770 Allinge, www.bornholm.info

Bornholmsmuseum.
Sct. Mortensgade 29, DK, 3700 Rønne, Tel. (+45)56 95 07 35, www.bornholmsmuseum.dk

INFORMATION

Fähren Bornholm. Hinfahrt: 11.50 bis 15.10 Uhr oder 13.30 bis 17.15 Uhr, Rückfahrt: 8 bis 11.20 Uhr oder 9.15 bis 12.45 Uhr. Fahrplan saisonabhängig, www.faehren-bornholm.de/sassnitz-ronne.php

Tourismusinformation.
www.bornholm.de

REISEINFOS

Rügen von A bis Z

Angeln

Ihre Familie wird es lieben, wenn Sie jeden Tag mit einem frischen Fisch nach Hause kommen. Voraussetzung dafür ist allerdings ein Angel- und Berechtigungsschein, den es in allen regionalen Touristeninformationen, Angelshops und Kurverwaltungen gibt. In fast allen Häfen können Boote gemietet werden, die auch ohne Bootsführerschein gefahren werden dürfen (max. 5 PS). Damit ist man nicht an die hochfrequentierten Fanggründe in Landnähe gebunden. Auch Angelfahrten in die Bodden und auf das Meer werden in fast jedem Hafenort angeboten. Falls man einmal kein Glück hatte, gibt es aureichend Möglichkeiten, frischen Fisch zu kaufen, um vor den Augen von Freunden und Familie zu bestehen.

Baden

Die meisten öffentlichen Strände sind unterteilt in Textil-, FKK- und Hundestrände. Wenn man sich nicht gleich als Besucher outen möchte, sollte man auf fehlende Badebekleidung nicht zu empfindlich reagieren. Das Nacktbaden hat im Osten Deutschlands eine lange Tradition. Hier ist man ungezwungen. Wesentlich empfindlicher hingegen reagieren viele Besucher auf Hunde. Um Diskussionen zu vermeiden, kann man die gekennzeichneten Bereiche aufsuchen und sollte mitnehmen, was die Vierbeiner in den Sand setzen. Die gezahlte Kurtaxe wird u.a. dafür verwendet, die Strände sauber zu halten und von Müll zu befreien, weswegen selbige meist sehr ordentlich aussehen. Wenn sich lange Streifen wie von einer Harke im Sand abzeichnen, war das kein japanischer Mönch, sondern eine Egge, mit der man Müll auch unter der Oberfläche entsorgt hat.

Vorangehende Doppelseite: Abendidylle in Altefähr
Oben: Der perfekte Sonnenuntergang
Mitte: Schnorcheln: die Vorstufe zum ersten Tauchgang
Unten: Auf Rügen ist alles gut ausgeschildert.

Barrierefreiheit

Gerade in neueren Hotels, Pensionen, Gaststätten und öffentlichen Orten wie Museen ist dafür gesorgt, dass sie auch von Menschen mit Behinderungen besucht werden können. Eine Liste der barrierefreien Hotels und Gastronomie findet man bei der Tourismuszentrale unter www.ruegen.de/ueber-ruegen/barrierefrei-fuer-alle.html. Dort sind auch die öffentlichen und privaten Beförderungsmittel aufgelistet, die auf die Situation eingestellt sind.

Bus. Der Rügener Personen-Nahverkehr (RPNV) setzt nicht auf allen Strecken Niederflurbusse mit Rampe ein und hat dies auch nicht auf den Fahrplänen gekennzeichnet. Auskunft erteilt die InfoThek am Busbahnhof Bergen, Mo–Fr 8.30 bis 12.30 Uhr und 13–17 Uhr, Sa 8.30–12.30 Uhr, Friedenstraße 24, 18528 Bergen auf Rügen, Tel. 0 38 38/20 29 55, infothek@rpnv.de, www. rpnv.de

»RADzfatz« über die Insel. Diese Busse nehmen Fahrräder, Handbikes oder Hilfsmittel im Anhänger mit. Allerdings machen die eine Winterpause von Oktober bis Mai. Infos bei der Rügener Personennahverkehrs GmbH, Tilzower Weg 33, 18528 Bergen auf Rügen, Tel. 0 38 38/20 29 55, www.rpnv.de

Taxi. Information für Personen mit mobilem Rollstuhl, die selbstständig in das Taxi einsteigen können. Tel. 0 38 38/25 26 27

DRK-Fahrtendienst Rügen. Information für Personen mit elektronischem und mobilem Rollstuhl und Sitzendtransporte im Rollstuhl, Tel. 0 38 38/8 28 76 03

Strände. Es gibt eine ganze Reihe Strände mit barrierefreien Zugang, der es auch gehbehinderten ermöglicht, an den Strand zu gelangen.

Oben: Parkplätze vor dem Hotel sind nicht immer selbstverständlich.
Mitte: Die Regionalbahn ist während des Stop-and-go-Verkehrs auf den Landstraßen eine gute Alternative.
Unten: Eine echte Mutprobe: die Kletterwälder auf Rügen

Oben: Gingst, einer der wenigen Freizeitparks auf Rügen
Mitte: Viel Platz zum Wandern
Unten: Ausreichend Wind für Surfer gibt es fast immer.

Binz. Die Strandabgänge 15 Seebrücke, 21 Margarethenstraße, 36 Rugard-Strandhotel und 42 IFA-Ferienpark reichen bis zum Ende der Dünen. Am Zugang 28 Nähe Goethestraße werden im Sommer Gummimatten bis zum Wasser ausgelegt. An den Abgängen 15, 28, 36 und 47 befinden sich behindertengerechte WCs mit Euroschlüssel.

Sellin. An der Selliner Seebrücke befindet sich ein Fahrstuhl. Einen direkten Zugang zum Wasser gibt es nicht. Am Haupt- und Südstrand befinden sich behindertengerechte WCs, die aus unerklärlichen Gründen im Winter geschlossen sind.

Baabe. Am Ende der Strandstraße sind Matten bis zum Ende der Dünen ausgelegt. Ein mit Rollstühlen befahrbarer Weg führt parallel zum Strand bis Göhren. Am Hauptstrand befindet sich ein behindertengerechtes WC mit Euroschlüssel.

Göhren. Am Nordstrand sind die Zugänge 4, 5 und 7 bis zum Ende der Dünen befahrbar. Ein behindertengerechtes WC befindet sich am Kurpavillon.

Thiessow. Am DLRG-Rettungsturm helfen Rettungsschwimmer gern, den Zugang zum Strand zu ermöglichen. Bis zum Ende der Dünen gibt es eine befestigte Zuwegung, im Sommer reicht die bis zum Wasser. Ein behindertengerechtes WC mit Euroschlüssel befindet sich an der Strandpromenade.

Glowe. Am Kurplatz ist der Zugang bis zum Ende der Dünen möglich. Ein behindertengerechtes WC befindet sich am Kurplatz.

Breege und Juliusruh. Am Strandzugang Am Fischerweg reichen Betonplatten bis zum Wasser. Allerdings sollte der Zugang nur in Begleitung genutzt werden, da er ein wenig huckelig ist. Der

Zugang Am Dünenhaus reicht bis zum Ende der Dünen. Behindertengerechte WCs mit Euroschlüssel befinden sich an diesen Zugängen ebenfalls.

Essen und Trinken

Hier kommt Fisch auf den Tisch. Zu den besonderen Genüssen gehören neben allen anderen Kiemenatmern, die sich in der Ostsee tummeln, der Hering und der Hornfisch. Doch keine Bange. Wer keinen Fisch mag, kommt vielleicht bei den weitverbreiteten Wildmenüs auf seine Kosten. Freunde von Fastfood bekannter Marken dürften eher enttäuscht werden. Davon gibt es nur ein Restaurant in Bergen, dann wieder in Stralsund. Dafür sind Bratwurst und Fischbrötchen als »Volksmahlzeit« bis an die Strände weitverbreitet. Pizza und Pasta und alles, was das kulinarische Begehren sonst noch befriedigen könnte, ist ebenfalls überall zu finden. In der Saison ist es ratsam, in gehobenen oder sehr beliebten und belebten Orten einen Tisch zu reservieren. Wer mag, kauft sich einfach fangfrischen oder geräucherten Fisch direkt vom Kutter und bereitet sich sein eigenes Mahl. Supermärkte für die passenden Zutaten gibt es immer irgendwo in Reichweite. Darüber hinaus wird man geradezu wie aus einem Füllhorn überschüttet mit regionalen Produkten, von denen einige es wert sind, probiert zu werden. Andere nicht.

Klima, Temperatur und Niederschlag

Nicht umsonst wird Rügen die Sonneninsel genannt. Die durchschnittliche Sonnenscheindauer auf Rügen liegt laut Tourismusverband bei 1800 bis 1870 Stunden, und Kap Arkona und Putbus sind in jüngster Vergangenheit mit Rekordwerten von 291 und 373 Stunden für den Zeitraum März bis Mai im wahrsten Sinne des Wortes »erstrahlt«. Keine

Oben: Unterwegs auf dem Fischkutter
Unten: Cafés am Wasser sind weitverbreitet.

Oben: Die Rügenbrücke verbindet Insel und Festland.
Mitte: Auch Kurse für Golfeinsteiger werden angeboten.
Unten: Ob Imbissbude oder Sternerestaurant, Fisch steht immer auf der Karte.

große Kunst für eine Insel, aber vor allen Dingen gut für den Besucher. Traue nie einer Statistik, die du nicht selber gefälscht hast (siehe Tabelle).

Es sind nicht gerade Temperaturen wie auf den Kanaren, aber immerhin: das langjährige Jahresmittel der Lufttemperatur liegt auf Rügen und Hiddensee bei 8 °C. Im März kann die Lufttemperatur bereits auf 20 °C ansteigen und im Mai auch schon einmal über die 30 °C-Marke klettern. Zur Sommersaison im Juli und August liegen die Durchschnittswerte bei knapp über 20 °C. Interessanterweise sind das mit gut 55 mm die niederschlagreichsten Monate. Wer keinen Regen mag, dessen Chancen stehen am besten zwischen Januar und März. Wenn der Regen dann als Schnee fällt und womöglich die Bodden und das Meer zufrieren, verwandelt sich Rügen in eine zauberhafte Landschaft in Weiß. Leider lässt sich die Sonne nicht so häufig blicken. Das macht sie auf Rügen besonders gern im Mai.

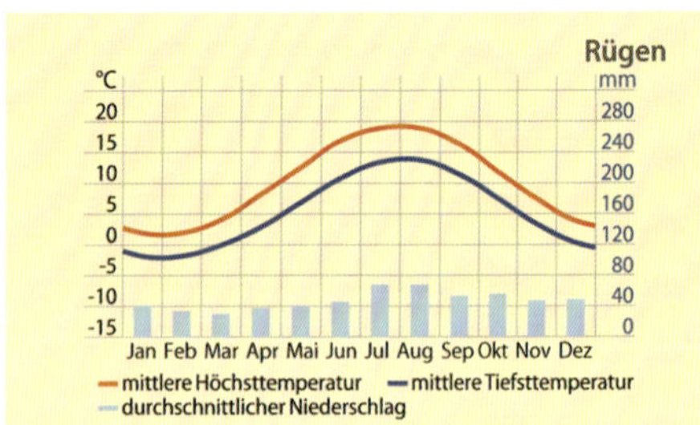

Notrufnummern

Am Rande der Republik gelten die gleichen Notfallnummern wie im Rest des Landes. Im Folgenden sind noch einige zusätzliche aufgelistet, die den Besonderheiten der Region geschuldet sind. Dazu gehören zum Beispiel die DLRG und der Giftnotruf, falls man einmal Streit mit einer Kreuzotter hatte.

Polizei, Notruf. Tel. 110, Polizeistation Bergen, Breitsprecherstaße 11, 18528 Bergen auf Rügen, Tel. 0 38 38 /81 00

Feuerwehr, Notruf. Tel. 112

Rettungsdienst, Notruf. Tel. 112

Ärztenotdienst für Rügen und Hiddensee. Tel. 11 61 17

Rettungsleitstelle. Tel. 0 38 38/2 20 77 (Hausbesuche nur bei nicht transportfähigen Patienten).

Augenärztlicher Notdienst, Universitäts-Augenklinik, Greifswald. Tel. 0 38 34/8 60, 0 38 34/86 59 20

Zahnärztlicher Notdienst für Rügen u. Hiddensee, Tel. 0 18 05/92 46 68

Rettungshubschrauber. Christoph 47, Greifswald-Uniklinikum, Deutsche Rettungsflugwacht e.V., Tel. 07 11/70 10 70 oder 0 18 02–32 36 32

DLRG Einsatzleitung. Tel. 0 38 31/29 72 06

Giftnotrufzentrale Berlin. Tel. 0 30/1 92 40 oder 0 30/3 02 30 22. Giftnotrufzentrale Hamburg, Tel. 0 40/63 85 33 45

Katastrophen, Brandschutz- und Rettungsleitstelle Kreis Rügen. Tel. 0 38 38/80 13 16

Tierärzte. TA Nieburg, Tel. 01 78/5 00 79 92, TÄ Lang, Tel. 01 72/6 10 86 69, Amtstierärztlicher Dienst Dr. Nostitz, Tel. 01 73/3 45 81 98

Telefonseelsorge. Tel. 08 00/1 11 01 11, 08 00/11 02 22

Oben: Einst kamen viele Urlauber mit dem Trabant, inzwischen sind es nur noch wenige.
Unten: Wenn das Mobiltelefon streikt, hilft der klassische Münzfernsprecher.

Oben: Viele Gästehäuser waren einst private Villen.
Unten: Vergleichen lohnt sich, denn die Auswahl ist vielfältig.

Tag und Nacht erreichbar, am Wochenende und an Feiertagen über die Polizei

Weisser Ring. Tel. 03 83 01 89 83 60, weisser-ring.ruegen@t-online.de

Ambulanter Hospizdienst Rügen.
Tel. 0 38 38/39 19 30 (kostenlos, Tag und Nacht)

AWO-Familien- und Schwangerenberatung. Bergen, Störtebeker Str. 38, Tel. 0 38 38/2 49 82

DRK Service, Pflegeheime, Häusliche Pflege, Behindertenhilfe. Tägl. 7–22 Uhr,
Tel. 01 80/3 65 01 80 (6 ct./min.)

Störung Strom. Tel. 0 38 38/81 62 99

Störung Erdgas. Tel. 0 38 38/80 09 90 oder 01 80/2 31 42 31

Störung Wasser, Abwasser, Zentrale.
Tel. 0 38 38/8 00 40 oder Bereitschaftsdienst
Tel. 08 00/9 92 71 12

Öffnungszeiten

In vielen Orten gilt die sogenannte Bäderregelung, d. h. dass die Geschäfte auch sonntags geöffnet haben dürfen. Viele, aber nicht alle machen davon Gebrauch. Bevor man sich auf einen langen Weg macht, sollte man sich telefonisch rückversichern. Gerade außerhalb der Saison, und die Meinungen, wann diese beginnt und endet, gehen auf Rügen stark auseinander, haben Museen auch gern mal sonntags geschlossen. Das kann einem bei einer Bevölkerungsdichte von 70 Einwohnern pro km² auch bei einer Kirche passieren. In manchen Regionen werden Gottesdienste nur alle 14 Tage abgehalten.

Sprache

Plattdeutsch ist auf den Inseln nach wie vor weitverbreitet. Sollte einem also einmal der Ehemann über Bord gehen und Frau ein Interesse daran haben, ihn wiederzubekommen, helfen ein paar Worte den Kapitän zu verstehen. Ein Beispiel:
Frau: »Er ist Achtern (= hinten) über Bord gegangen, als ich gerade die Gummistiefel antrecken (= anziehen) wollte.« KAPITÄN: »Musst mich nicht so traurig ankieken (= ansehen) Deern (= Mädchen), der ist noch dicht bi (= nah bei). Mach mal die Dör (= tür) da auf und sag der Bangbüx (= Angsthase) von deinem Gör (= Kind), es soll den Schwimmreifen rausrücken. Sonst komm ich in Brass (= Wut). Da gibt es nichts zu hökern (= handeln), die Aktion kost sowieso extra. Dann schmeißt du den Reifen da zu deinem Kerl und musst ordentlich trecken (= ziehen) und nich verfiern (= erschrecken). Ich fahr schon mal weiter. Ich will nämlich Klock (= Uhr) sechs die Sportschau gucken und hab keine Zeit zu klönen (= reden). Aber der soll nich mit den nassen Klamotten in die saubere Kajüte petten (= treten) und gefälligst lies (= leise) jammern, sonst tuscheln hinterher noch die Lüd (= Leute) und vertelln (= erzählen) dum Tüch (= dummes Zeug).«

Strände

Die Strände auf Rügen sind sehr vielgestaltig. An den Badeorten sind sie überwacht, und es mühen sich Eisverkäufer ab, ihre Wagen durch den Sand zu karren. Man sollte nur aufpassen, wo man sich eingräbt. Es ist schon vorgekommen, dass ein motorisiertes Eisfahrzeug über eine Person gerollt ist (kein Scherz!). Grundsätzlich ist es eine schlechte Idee, sich in den Strand einzugraben. Auch wenn es an heißen Tagen hilft, den Körper zu kühlen, sollte man sich lieber ein schattiges Plätzchen suchen. Zu den unterhalb der Promenaden gelegenen Stränden mit Strandkorbvermietung und Zuweisung des eigenen

Oben: Typisches Regelwerk in Naturschutzgebieten
Unten: Weststrand bei Vitte

Oben: Ville für jedermann: eine Pension auf Rügen
Mitte: Schon die Namen der Pensionen sollen Vorfreude wecken.
Unten: Traditionelle Schnitzereien auf den Türen

Claims für die Bernsteinsuche gehören die in Baabe, Binz, Sellin, Göhren und Thiessow. Die Strände sind feinsandig wie auch die an der Proraer Wiek bei Prora oder die Schaabe, eine 11 km lange Nehrung zwischen Glowe und Juliusruh. Die sind natürlich zur Hochsaison stark frequentiert, und manchmal werden sie auch von Veranstaltungen heimgesucht, die allerdings auch einen gewissen Unterhaltungswert aufweisen können. Ruhe hat man hingegen eher an den Naturstränden in Putbus, Neu Mukran, am Palmer Ort auf der Halbinsel Zudar, am Südstrand bei Göhren, am Nordstrand am Kap Arkona, bei Dranske oder an den kleineren Boddenstränden bei Wreechen oder Lietzow. Einige der Naturstrände sind von Steinen durchsetzt oder wie der bei Sassnitz beinahe vollflächig mit Steinen übersät. An diesen Orten sollte man auch vorsichtig sein, da sich unter Wasser größere Findlinge befinden können und zerschlagener Flint messerscharfe Stücke in Sand oder Wasser hinterlässt. An einigen Stränden werden auch Tretboote, Kajaks oder Surfbretter verliehen, und es jagen Bananenboote die Küste rauf und runter. Wartet man noch auf Nachzügler am Strand, lohnt es sich die Hinweistafeln zu studieren. Man wird überrascht sein, was alles zum Schutze der Natur verboten ist.

Übernachten

Ganz oben auf der Beliebtheitsskala stehen die Wellnessresorts, die im Allgemeinen eine breite Palette an Wellness-, Fitness- und Beautyangeboten im Programm haben. Wirklich schlechte Hotels findet man kaum noch. Es müssen jedoch nicht immer die großen Badeorte und Hotels sein, die den besten Gesamteindruck oder die schönste Erholung bieten. Pensionen, Ferienwohnungen, -appartements und -häuser gibt es ebenfalls reichlich auf den beiden Inseln, und manchmal sind gerade sie in der kalten Jahreszeit viel kuscheliger

als halbleere Hotels. Deren Wellnessangebote kann man in den meisten Fällen auch als »Externer« in Anspruch nehmen. Bei diesen Unterkünften sollte man im Vorfeld gut recherchieren, da die Standards erheblich voneinander abweichen können.

Wasserqualität

In den letzten Jahren hat sich die Wasserqualität rund um Rügen erheblich verbessert. Mit der blauen Flagge, die über den Köpfen weht, werben die Gemeinden dafür. Die Wasserqualität wird an der gesamten Nordsee regelmäßig geprüft. Das begehrte Qualitätssiegel wird von der Stiftung für Umwelterziehung allerdings nur vergeben, wenn auch das Umweltmanagement der Region, die Abfallentsorgung und die Sicherheitsvorschriften z. B. in den Marinas eingehalten werden. Infos unter www.blaue-flagge.de

Wassertemperatur

Viele glauben, dass die Ostsee wärmer sei als die Nordsee, weil es sich um ein Binnenmeer handelt. Tatsächlich unterscheiden sich die durchschnittlichen Wassertemperaturen von Sylt und Rügen kaum. In der Ostsee bleibt das Wasser sogar länger kalt, und die Chance, dass sie zufriert, ist aufgrund des geringeren Salzgehaltes ebenfalls höher. Im Mai, beim Anbaden, liegen die Temperaturen um die 7 °C und klettern dann bis auf 17 °C im August.

Oben: In der Badesaison kann es schnell mal voll werden an den Stränden.
Mitte: Musik wird im Sommer auf vielen Promenaden gespielt.
Unten: Typisch für Hiddensee, der maritime Look

Rügen speziell: Tipps für Kinder und Jugendliche

Für eine Reise nach Rügen mit Kindern sollten eigentlich eine Schaufel, ein Eimerchen und eine Badehose ausreichen. Das ist die Grundausrüstung für den Bau einer anständigen Sandburg. Doch die Erfahrung lehrt, dass die Kleinen dann und wann Begehrlichkeiten entwickeln, die über das »normale« Strandprogramm hinausreichen. Um die eigenen Nerven zu schonen und das Kind nicht mit Tonnen von Eis abzulenken, bietet die Insel zahlreiche Alternativen, die zudem sehr lehrreich sein können.

Das Wichtigste zuerst – die Unterkunft

Besondere Beachtung sollte man der Wahl der Unterkunft schenken. Einige Internetportale bieten Listen mit kinderfreundlichen Ferienwohnungen und Hotels an, bei denen man davon ausgehen kann, dass entweder die Entfernung zum Strand nicht zu übermäßigen Nörgeleien führt und Spielgeräte oder Sandkisten auf dem Grundstück Kinder willkommen heißen. Wenn die Wohnung dann noch über ein WLAN verfügt, lässt sich auch noch der grummeligste Teenager für eine Weile vom Urlaubsalltag ablenken. Rügen ABC. Hauptstraße 2, 18573 Rambin, Tel. 03 83 06/6 24 49, info@ruegen-abc.de, www.ruegen-abc.de/kinderfreundlich

Unterwegs mit dem Ranger

Ganz oben auf der Beliebtheitsskala kultureller oder naturwissenschaftlicher Aktivitäten stehen Ausflüge mit den Rangern der Nationalparks. Das Personal ist darauf geschult, mit Kindern umzugehen, und manchmal amüsieren sich die Kleinen besser, wenn Mutti und Vati mal für eine Weile in den Hintergrund treten. Der Trick bei der Sache ist, nach der Veranstaltung die Kinder zu motivieren, Gelerntes anzuwenden. Sei es die Suche nach Bernstein, das Basteln von Ketten aus Hühnergöttern oder ein nächtlicher Spaziergang auf der Suche nach Fledermäusen. Wenn der Nachwuchs erst mal Blut geleckt hat, wird es ihn und die Eltern gleichermaßen freuen, die Aktivitäten die nächsten Tage gemeinsam fortzuführen. Kleine Forscher werden im Dinosaurierland Spyker, im Nationalparkzentrum Königsstuhl, in der Welt der Experimente in Putbus oder dem Kreidemuseum in Gummanz fündig werden.

Baden bei Regen

Nicht nur bei Regen bieten Spaßbäder eine Menge Abwechslung und vor allen Dingen den Kontakt mit Gleichaltrigen und -gesinnten. Das Inselparadies in Sellin lockt mit einer 100 Meter langen Rutsche mit Laser- und Nebeleffekten. Auch die Jasmar-Therme in Neddevitz, die Binz-Therme, das Vitamar im IFA-Rügen-Hotel und der Hansedom bieten mit Sauna und Wellness Entspannungspotenzial für die Eltern. Bucht man das richtige Hotel wie z. B. das Jasmar-Resort gleich dazu, kann man die Angebote für die Kinderanimation, die es auch an vielen überwachten Stränden gibt, gleich mitnutzen. Das gilt ebenfalls für einige Campingplätze wie die Camping-Oase in Thiessow.

Kinder haben auf Rügen auf jeden Fall ihren Spaß.

Für Technik-Freaks und kleine Romantiker

Die Fahrt mit der Schmalspurbahn »Rasender Roland« ist insbesondere für Kinder, die vielleicht noch gern mit der Holz- oder elektrischen Eisenbahn spielen, ein besonderes Erlebnis. Bei den Kleineren reichen da oft schon die Bäderbahnen, die durch die Kurorte tingeln und die Besucher durch die Stadt oder zum Schloss Granitz transportieren. Das Technikmuseum in Prora hingegen bietet die gesamte Palette maschineller Fortbewegungsmittel wie das Auto, den Flieger und Lokomotiven.

Bewegungstherapie

Wissen die kleinen Racker mal nicht, wohin mit ihrer Energie, wirken die Seilgärten in Prora und Altefähr wahre Wunder. Reicht dies immer noch nicht, stünden noch die Kartbahn und die Inselrodelbahn in Kombination mit einem Seilgarten in Bergen zur Auswahl. Manchmal hilft es auch, das Kind auf ein Surfbrett zu stellen, in ein Kanu oder auf ein Bananenboot zu setzen. Die Gelegenheit dazu bietet sich in Binz, Göhren und Juliusruh. In fast jeder Marina werden Segelkurse auch für Kinder angeboten. Das kann schnell zu einer Liebe für das ganze Leben werden. Verlieben tun sich besonders gern die jungen Damen in schöne Pferde. Über die gesamte Insel verteilt werden auf Reiterhöfen Ausritte und Lehrgänge im Umgang mit Black Beauty angeboten.

Auch an trüben Tagen kann man mit der richtigen Kleidung viel erleben.

Vorfreude oder Erinnerung an eine
erlebnisreiche Zeit auf Rügen.

Produktmanagement: Ullrich Jahn
Lektorat: Nadja Pietraszek, Konstanz
Satz/Layout: Roman Bold & Black, Köln
Repro: Repro Ludwig, Zell am See
Umschlaggestaltung: Ulrike Huber, www.uhu-design.de, Kolbermoor
Kartografie: Kartographie Huber, Heike Block, München
Korrektorat: Anke Höhne, München
Herstellung: Bettina Schippel
Printed in Slovenia by Korotan, Ljubljana

Alle Angaben dieses Werkes wurden vom Autor sorgfältig recherchiert und auf den aktuellen Stand gebracht sowie vom Verlag geprüft. Für die Richtigkeit der Angaben kann jedoch keine Haftung übernommen werden. Für Hinweise und Anregungen sind wir jederzeit dankbar. Bitte richten Sie diese an:

Bruckmann Verlag
Postfach 40 02 09
80702 München
E-Mail: lektorat@verlagshaus.de

Bildnachweis:
Alle Bilder des Innenteils und des Umschlags stammen von Hans Zaglitsch, außer:
Appartment Anlage Lancken-Granitz: S.105; Aquamaris Piratenland: S.134; Artepuri Hotel Meersinn: S.43; Bildagentur Huber/Bäck: Umschlag vorne links; Bildagentur Huber/Szyszka S.95 o.; Carsten Dohme: S.71 u., 77 u., 109, 118, 156, 160, 186, 191 o., 208, 220, 223, 230 o., 275, 277, 280 o., 283; Ferienhof Birkengrund: S.112; Fussballschule Frank Elser: S.128; Hotels By HR GmbH: S.154; Karls Erlebnishof Zirkow: S.188, 189, 190, 191 u.; Ralf Lindemann: S.113; Jochen Lumpe: S.243; Marinemuseum Stralsund: S.254; Restaurant Heering: S.267 u.; Ruegen Kerzen: S.138; Ruegen Resort Jasmar: S.125; Shutterstock (www.shutterstock.com): Umschlag Detail oben (Swetlana Wall), S.42 (Ruff), 105 u. (Przemyslaw, W.), 153 (Nikonaft), 163 (Papa), 225 u. (Woronowa,J.), 226 u. (Aunins, A.), 244 (Rhonda, R.), 258 u. (RicoK), 262 o. (tomtsya), 262 u. (Wawrzyniuk, P.), 264 (Gradin, A.), 265 u. (titus manea), 265 m. (Scirocco 340), 266 (Valar), 267 o. (JPF), 268 o. (Mazurowska, K.), 268 u. (JGade); Stoertebeker Festspiele GmbH: S.178, 179 (Hick, A.-T.); Stroemma Danmark A/S: S.265 o.; Sund Event: S.246; Tauchschule Binz: S.36; Tourismus Binz: S.39 (Gohlke, D.); Ruediger Schestag: S.85, 281

Umschlag:
Vorderseite: Detail Mohnblüte (o.), Sonnenbad auf der Seebrücke in Sellin(M.l.),Strand und Seebrücke Sellin (M.r.);Kreidefelsen im Nationalpark Jasmund (u.);
Rückseite: Kutschfahrt auf Hiddensee (l.), Pfarrwitwenhaus Mönchgut (r.)

Die Deutsche Nationalbibliothek verzeichnet diese Publikation in der Deutschen Nationalbibliografie; detaillierte bibliografische Daten sind im Internet über http://dnb.d-nb.de abrufbar.

© 2013 Bruckmann Verlag GmbH, München
ISBN 978-3-7654-5847-7

Unser komplettes Programm:
www.bruckmann.de

G.O.631
G.O.60
.606